JN021119

民事訴訟法 ［第3版］

CIVIL PROCEDURE

著・安西明子
安達栄司
村上正子
畑　宏樹

有斐閣ストゥディア

第3版　はしがき

　第2版刊行から5年が過ぎた。この間に，本書は広く読者を得て8刷を重ねてきたが，今回，令和4年民事訴訟法改正を機に，改訂することとした。

　令和4年改正については，これまでの改正をまとめた箇所（序章②(1)(c)）で損害賠償請求訴訟等における被害者の住所等の相手方（加害者）への秘匿制度，法定審理期間訴訟手続も含めて紹介するほか，IT化につき手続の開始から終了まで改正を反映して内容を改訂した。改正前に運用開始しているウェブ会議を利用した争点整理手続をはじめ，訴状記載，訴状のシステム送達，ウェブ会議による口頭弁論や和解，証人尋問や鑑定，電磁的記録情報に係る証拠調べ，電子判決書や和解調書と，改正に対応して補充修正している。ただ，今次改正は段階的に施行され，システム送達が義務づけられるのも訴訟代理人がつく場合に限定される等，運用が一新されるわけではない。手続の基本は変わらないことから，基本的な手続の記載等は残し，各手続段階毎に改正点をまとめ，他の箇所からも改正点が確認できるようリファーを加えて，本書の特長であるコンパクトさ，わかりやすさを維持するよう心がけた。

　改訂にあたっては，執筆者が有斐閣の会議室に現に集まり，改正点につき各担当部分での記載や互いの参照の方法につき議論した。同時に，これまで講義等で使用する過程で各自が気づいた点についても議論を交わし，講義のみならず自学自習でも利用しやすいよう，記載をわかりやすくし，CHECK問題も改めている。

　第3版についても，有斐閣書籍編集部の渡邉和哲さん，小室穂乃佳さんに，大変なるご尽力をいただいた。ここに記して心よりお礼申し上げる。

　2023年2月

執筆者を代表して　　安 西 明 子

初版　はしがき

　本書は，初めて民事訴訟法，民事のもめごとを話し合い調整する手続を学ぶ人のための入門書である。民事訴訟法の基礎を分量を抑えて解説しているが，国際裁判管轄に関する新改正や家事事件手続法の立法にも触れ，重複訴訟禁止や文書提出命令，多数当事者訴訟など民事訴訟法判例百選掲載の重要判例を踏まえた議論に到達するよう配慮している。一度基本は学んだが，あらためて民事訴訟法を学ぼうとする人にも是非使ってもらいたい。

　民事訴訟法が難解とされる理由は，第一に，手続は鎖状につながっていて，訴えを理解するにはその後の審理・判決の理解を必要とするというように，手続の全体を見通す必要があること，第二に，訴訟が学ぶ人にとって未経験で，裁判官や弁護士などの専門家に独占された領域と受け取られやすいことにあるだろう。そこで，本書では，第一の点に配慮して，序章や第 **2** 章第 **1** 節をはじめ，個別問題の説明に入る前に，身近な具体例を出しながら手続の概要を平易に説明した。また，第二の点に配慮して，手続の平板で技術的な記述は避け，法改正や重要判例のある箇所，学説の分かれる具体的なポイントに絞って，議論の筋道を示しつつも簡潔に解説するよう心がけた。

　われわれ執筆者 4 名は，日頃，研究会で議論を戦わせている近しい研究仲間である。本書は各自が担当部分を執筆したが，有斐閣の会議室に何度も集まり，その間メール交換も重ねて，互いの担当部分につき率直に意見を述べ，時には激しい議論の対立も経たチームワークの成果である。執筆者を異にするが，一部請求論や送達と再審の箇所，資料として掲載した訴状と判決文などは，叙述を連携させた。一方，審判権の限界と訴えの利益のように，議論が分かれ，あえてそれ以上立ち入らなかった部分もある。会議の最終回は，夏休みに軽井沢で合宿をして，さわやかな空気のなか集中的に全体調整を行った。

　本書が成るにあたり，資料の判決文の作成につき，早稲田大学大学院法務研究科の内田義厚先生にチェックしていただいた。有斐閣の高橋俊文さん，清田美咲さんには，終始にわたり大変なご尽力をいただいた。深く感謝する。

　2014 年 2 月

執筆者を代表して　安 西 明 子

著者紹介

［　］内は担当箇所

安西明子 ［序章, 第3章, 第4章第2節6(3)～7, 第6章］
（あんざいあきこ）

九州大学大学院法学研究科修士課程修了

現職　上智大学法学部教授

主要著作

『民事訴訟における争点形成』（有斐閣, 2016年）

『民事訴訟法 Visual Materials』（共著, 有斐閣, 2010年）

『ブリッジブック民事訴訟法〔第3版〕』（共著, 信山社, 2022年）

安達栄司 ［第2章第4節・第5節, 第4章第1節］
（あだちえいじ）

早稲田大学大学院法学研究科博士後期課程退学

現職　立教大学法学部教授

主要著作

『国際民事訴訟法の展開』（成文堂, 2000年）

『民事手続法の革新と国際化』（成文堂, 2006年）

『最新 EU 民事訴訟法判例研究 I』（共編著, 信山社, 2013年）

村上正子 ［第1章, 第4章第2節1～6(2)］
（むらかみまさこ）

一橋大学大学院法学研究科博士後期課程修了

現職　名古屋大学大学院法学研究科教授

主要著作

『民事訴訟法』（共著, 法学書院, 2007年）

『国際民事訴訟法』（共著, 弘文堂, 2009年）

『国際裁判管轄の理論と実務』（共著, 新日本法規出版, 2017年）

畑　宏樹 ［第2章第1節～第3節, 第5章］
（はたひろき）

上智大学大学院法学研究科博士後期課程単位取得満期退学

現職　明治学院大学法学部教授

主要著作

『民事訴訟法〔第2版〕〔Next 教科書シリーズ〕』（共著, 弘文堂, 2016年）

『法学講義 民事訴訟法』（共著, 弘文堂, 2018年）

『Law Practice 民事訴訟法〔第4版〕』（共著, 商事法務, 2021年）

目　次

第3章　訴訟の終了　　　　　　　　　　　　　167

Column ● コラム一覧

本書の使い方

　本書は大学の学部の民事訴訟法，民事手続法，民事訴訟を主とした裁判法などの教材として，あるいは法科大学院で民事訴訟法を初めて学ぶ人の入門書として，さらには自習書として広く活用されることをねらって執筆されている。

　●リード文

　各節（序章）の冒頭には，そこで学ぶ内容のポイントを，その節の叙述の順序に従って説明している。手続全体のなかで各節はどこに位置づけられるのか，どのような問題が論じられるのかを，あらかじめ把握してほしい。

　●コラム

　本文に関連して，民事訴訟の実務や法改正，判例・学説のポイントに関する理解を深めるための説明を加えている。内容は，訴訟の利用者としても役立つ裁判制度や実務の解説から，法改正の説明，錯綜している議論の整理など多岐にわたる。

　● CHECK

　序章以外の各節の末尾に，その節で学んだ内容，ポイントを確認し，理解を深めるための論述用問題を置いている。各節の内容に応じて，手続の種類・内容，概念の定義を整理し確認する問題もあれば，具体的な事例を用いた問題もある。基本的に，その節と関連箇所を読めば解答できる内容となっているので，レポート課題や試験問題，自習課題として活用してほしい。

　●リファー

　民事訴訟法，手続法は円環構造であり，手続を一通りつながって理解する必要がある。そこで，序章では民事訴訟手続の全体像につき，そのテーマが触れられる箇所を，（→第○章第□節）のように挙げながらあらかじめ概説した。また，一度学んだ点が，それ以降に出てくる場合にも，該当箇所，関連する箇所を繰り返し示して，復習しやすいように配慮した。

　勉強の際は，はじめはリファーにとらわれず全体をざっと読み通してよい。のちに各節を読み進めながら，一度学んだ点を確認したいときに，リファーを確認し復習することを勧める。同様に，同じ事項がほかにどこに出てくるか知りたいときは，事項索引も活用してほしい。

略語表 ●

●法令名略語

本文中の（ ）内の条文引用で，法令名の表記がないものは民事訴訟法，「規」
は民事訴訟規則を示す。以下は主要なもの。その他の略語は有斐閣六法全書に従う。

人訴	人事訴訟法	憲	日本国憲法
非訟	非訟事件手続法	民	民法
家事	家事事件手続法	刑	刑法
民調	民事調停法	会社	会社法
仲裁	仲裁法	自治	地方自治法
民執	民事執行法	裁	裁判所法
民保	民事保全法	司書	司法書士法
破	破産法	弁護	弁護士法

● 「民事訴訟法等の一部を改正する法律」（令和4年法律第48号）は，令和8（2026）
年5月24日までに段階的に施行される。本書ではこの改正を「令和4年IT化改
正」と呼ぶことがあり，条文引用で（改正前○条，改正後○条）と表すことがある。

●裁判例・判例集等略語

大判	大審院判決
最大判（決）	最高裁判所大法廷判決（決定）
最判（決）	最高裁判所判決（決定）
高判（決）	高等裁判所判決（決定）
地判（決）	地方裁判所判決（決定）

民録	大審院民事判決録
民（刑）集	最高裁判所民（刑）事判例集
高民	高等裁判所民事判例集
下民	下級裁判所民事裁判例集
家月	家庭裁判月報
判時	判例時報
判タ	判例タイムズ
新聞	法律新聞

百選　民事訴訟法判例百選〔第6版〕（有斐閣，2023年）
ウェブサポートがある場合には，小社サイトに掲載します（https://www.
yuhikaku.co.jp/books/detail/9784641151109）。

民事訴訟手続の全体像

　この章では，本格的に民事訴訟法を勉強する前に，予備知識として，民事の訴訟とはどのような手続なのか，各種の訴訟や訴訟以外のさまざまな紛争調整の場があるなかで，どのように位置づけられるのかを概観しておく。

　まず，われわれの間でもめごとが起きたとき，訴訟に至るとすれば，概略どのようになるのか，民事の訴訟と刑事の訴訟との関係，民事の訴訟の大まかな経過と原則を見る。また，身近なもめごとを話し合う場は訴訟＝裁判に限られない。裁判以外の紛争調整方式やそれを用いる機関（ADR）にはどのようなものがあるかを概観したうえで，民事訴訟の役割，目的を検討する。

　次に，民事訴訟の流れ，基本的仕組みを概観する。その際，訴訟手続にはどのような人々が登場するか，裁判官や弁護士のほか，さまざまな役割を持つ主体を紹介するとともに，通常の訴訟手続のほかに，特別訴訟としてどのようなものが用意されているか，それらを規定している民事訴訟法および関連の法律等にどのようなものがあるか整理しておく。

1 民事の紛争とその調整手続

(1) 民事紛争と民事訴訟

　本書は，お金の貸し借り，賃貸家屋の明渡しなどといった私人間の争い，すなわち民事の紛争を調整する手続のうち，主に民事の訴訟を扱う。人と人とが関わればもめごとが起きるのは自然なことであって，それ自体は決して悪ではないが，そうであるとしても，もめごと，紛争に至ったとき，互いに話し合い利害を調整し合う場，手続は必要である。一方の求めに他方が応じず，相互の対立状況が激化したときは，その紛争を裁判所に持ち込むことが想定される。たとえば，ある交通事故をめぐり紛争が生じたとすると，被害者が加害者に損害の金銭賠償を求めるのは民事訴訟にあたる（民709条，自賠3条）。これと，国家の刑罰権行使として加害者の過失運転致傷罪（自動車運転致死傷5条）を問う刑事訴訟が並行したり，行政庁による加害者に対する自動車運転免許停止処分が重なって，加害者がこの処分を取り消そうとする行政訴訟（これも広義では民事訴訟に含まれる）が並行することもありうる。上記それぞれの手続は独立しており，加害者の過失の有無などについて同じ結論が出るとは限らず，先になされた判決の判断に他の訴訟の裁判所の判断が拘束されることもない。

　民事の紛争については，当事者自身がその調整の方法，手続を決める。民事紛争には私的自治が妥当するから，その紛争を放置しておくことも，裁判所に持ち込むことも当事者の決断による。これは，訴訟の主導権を当事者が持つという原則（**当事者主義**）の現れであり，そのうちでも，訴訟の開始・終了と内容については当事者が決めるという原則である**処分権主義**にあたる（→第1章第1節1(1)）。これを具体的に見れば，病院で患者が死亡し患者遺族が医療過誤を疑う場合，訴訟を起こすかどうか，訴えるとして患者遺族のうち誰が原告となるかを決めるのも，主治医を相手にするか，病院や看護師を相手どるか，被告を選ぶのも，原告となる患者遺族側である。つまり本来はさまざまな人々が関わる紛争のなかから誰を切り取って当事者とするかは，基本的に原告となる者が決めるのであり，原告・被告が1対1でなく複数となること（**多数当事**

者訴訟→第**4**章第**2**節）は珍しくない。ただし，民事訴訟の内容を当事者，ま⁼²¹⁸頁
ずは原告が決めるといっても，そこには法による紛争調整としての限界があり，
民事訴訟で提供できる内容，メニューは個々の事件では意外に選択の幅が狭い。
医療過誤が問題となる事案で，患者遺族はお金の問題ではないと思っていても，
民事訴訟においては相手の落ち度でこちらが受けた損害を金銭に見積もってそ
の賠償を求めるほかはない（謝罪を内容とする当事者の和解は可能）。また，この
民事訴訟の枠内で，当事者が複数になるのと同様，求める内容，すなわち**訴訟
上の請求**（→第**1**章第**1**節**1(3)**）が複数になること（**複数請求訴訟**→第**4**章第**1**節）
も珍しくない。そして訴訟をきっかけに話し合いが進み，原告が訴えを取り下
げたり，両当事者が和解を結んだりして判決なしに自ら訴訟を終わらせること
も少なくない（→第**3**章第**1**節）。

　なお，訴訟の開始・終了に関わる処分権主義と並んで，訴訟手続の真ん中の
部分，言い換えると訴訟の資料を収集し提出する責任も当事者にある。裁判所
が事実や証拠を集めてくれるわけではない。この原則を**弁論主義**といい（→第
2章第**2**節**2(1)**），処分権主義とあわせて訴訟の内容面については当事者が主導
する当事者主義が妥当している。一方，民事訴訟の手続進行については民事訴
訟法に従って裁判所が主導するのが原則となっており，これを**職権進行主義**と
呼ぶ（→第**2**章第**2**節**4(1)**）。

⑵　多様な紛争調整手続──ADR

　紛争を調整する場としては，訴訟（裁判）だけでなくさまざまな方式の機関
が整備され，紛争の性格や状況によって当事者が選択できることが望ましい。
現実の紛争は，どれかひとつの方式だけで調整されるとは限らず，むしろ諸種
の方式を積み重ねることによって調整されていくことが多い。

　紛争調整手続，機関にはどのようなものがあるか，まずはそこで用いられる
諸方式を見ておこう。基本的に実際の紛争は当事者同士の**直接交渉**によって調
整されるところ，当事者以外の第三者が介入する段階としては，通常，以下の
方式が定義されている。**相談**は，当事者の一方が，第三者や一定の機関に知
識・情報・判断などを求めて自分の行動を方向づけようとすることである。相
談を受ける人や機関としては，知人や職場の上司などから，行政機関の窓口，

弁護士会の法律相談，消費者センターなどの組織的，恒常的なものまでさまざまある。さらに第三者の介入が進み，当事者の話合い・交渉を橋渡しして，当事者間に合意による調整がもたらされるように働きかける方式が**斡旋**である。これを進めて，第三者が当事者の話合いを基に調整案を提示するのが**調停**である。裁判所で行われる民事や家事の調停（民調2条，家事244条）は，文字どおりこの方式の手続であり，実際の事件数も多い。民間や行政の紛争処理機関にも，この方式を基本とするものが多いが，裁判所ほど事件数は多くないのが現状である。この方式は，法による画一的な処理にとらわれず，当事者間の合意による柔軟な調整を図ることができるといった長所があるが，第三者が提示する調整案には拘束力がなく，手続の進め方にも強制的要素は弱い。これに比べて第三者の介入の度合い，強制力が強いのが**仲裁**である。仲裁とは，当事者双方が紛争が起きたときには民間の第三者（機関）の処理と裁定に委ねることをあらかじめ合意していること（**仲裁合意**。仲裁2条1項・13条）を前提に，その第三者＝仲裁人が仲立ちして裁定を下す方式である。仲裁人は，当事者がそれに従うと合意した法的基準により裁定するか，当事者の求めがある場合にはその事案に即した「善と衡平」により調整を目指すものとされる（同36条）。当事者には紛争の調整に仲裁を使うかどうかの自由はあるが，有効な仲裁合意がある限りその対象紛争は仲裁に持ち込まねばならず，仲裁契約の一方当事者がこれを無視して訴えを提起しても，被告とされた相手方は，裁判所に仲裁契約の存在を主張して，提起された訴えを却下するよう申し立てることができる（**仲裁の抗弁**。同14条）。この方式をより利用しやすく実効的にするため，**仲裁法**（平成15年法律第138号）が制定されている。最後に，最も強制的要素が強いとされる紛争調整方式が**裁判**（→第**3**章第②節**1**(**1**)）である。原告の訴え提起により，被告が同意しなくとも訴訟手続は始まり，裁判官の仲立ちする話合いの結果，当事者間で調整がつかないときは，法律に従って裁判所が拘束力のある判決を下す。

　上記の裁判以外の方式をまとめて**裁判外紛争処理**（Alternative Dispute Resolution ＝ **ADR**）と呼ぶ。通常，ADR として論じられる方式は主に調停と仲裁であり，これらの方式を用いる裁判所以外の機関を ADR 機関と呼ぶ。裁判所における手続ではあるが，民事や家事の調停は主要な ADR である。また訴

訟においても，裁判所の裁判である判決を下すまでもなく，当事者による**和解**（→第**3**章第**1**節**3**）^{⇒171頁}が成立して手続が終わるときは，上記の斡旋・調停と重なる。このように ADR の定義，分類は一義的でない。便宜上，設営主体により司法型（例，裁判所による調停，労働審判），行政型（例，公害紛争審査会，消費者センター），民間型（例，交通事故紛争処理センター，国際商事仲裁協会）に分類されることが多い。ADR の長所として挙げられるのは主に，手続が簡易・迅速で費用も低廉であること，非公開手続でプライバシーや営業秘密が保持されること，個別紛争に即した柔軟な手続や解決基準を用いることができることなどである。さらに，法律以外の専門知見の活用が ADR の長所となりうることは，多くの ADR 機関が交通事故，医療紛争，知的財産など当該紛争類型を示す名称をつけ，その領域の専門家を手続に関与させていることに現れている。なお，多数ある ADR 機関のうち，当該紛争に最も適した機関を紹介するなどの情報提供を行っているのは，日本司法支援センター（通称「法テラス」→第**1**章第**4**節**1**（**3**）コラム）^{⇒75頁}である。

　現在の ADR は極めて多様であり，全体についての基本的な法規制の要請から，**ADR 法**（裁判外紛争解決手続の利用の促進に関する法律。平成 16 年法律第 151 号）が制定された。この法律では，多数存在する割に利用の少ない民間型 ADR 機関の利用促進のため，法務大臣の認証を受けた民間 ADR 機関による手続に時効の完成猶予（平成 29 年民法改正前の時効中断）などの一定の法的効果を付与したり（ADR 25 条），同じ紛争につき訴訟と上記民間 ADR による調停手続が重なるようなときは，当事者の共同の申立てにより，訴訟手続を一定期間中止することができるようにしている（同 26 条）。

(3) 訴訟の役割

(a) 民事訴訟の目的

　社会に多様な紛争調整手続があるなかで，**民事訴訟の目的**は何か，訴訟の役割の中心はどこに求めるべきだろうか。

　訴訟の目的は何かをめぐっては学説史上，深遠な議論がある。従来，訴訟目的は権利を保護することにあると見る**権利保護説**，訴訟によって実体法が予定する秩序を維持し，新たな実体法秩序を形成するのだとする**法秩序維持説**，訴

訟は端的に当事者の紛争を解決することを目的とすると見る**紛争解決説**などが主張されてきた。しかし従来の見解には問題が指摘されてきた。権利保護説は，訴訟前にすでに存在する権利を裁判官が発見し宣言するのが訴訟の目的・役割であると見るが，紛争主体ないし当事者による訴訟のなかから権利を作り出していくという訴訟手続過程の機能を見落としている。法秩序維持説は，法は人々が公正に関わるための手段であるはずなのに，法に従った秩序維持を訴訟目的とする点で手段を自己目的化しているうえ，国家から当事者を見下ろし当事者が訴訟の主体であることを考慮していない。紛争解決説も，訴訟は紛争を解決するものだ，しなければならないというイメージを与えやすく，個別紛争の調整過程のなかで，訴訟がどのような位置・役割を占めるべきかという視点が欠けている。上記の諸説は，いずれも訴訟だけが紛争調整手続の唯一絶対の方式であるかのような議論のたて方をしており，判決という結果ばかりを見ていたのではないかと思われる。そこで，これからの展望としては，具体的な利用者を想定し，多様な紛争調整手続のなかで，訴訟が当事者による紛争調整の過程においてどのような役割機能を果たすべきかを考えるべきであろう。特に，人間関係が希薄になり，紛争当事者自身およびその周辺社会が自律的に紛争を調整していく能力が低下している現状では，私的自治を原則とする民事紛争について当事者自身が対論し，紛争調整能力を回復することをサポートするという訴訟過程の役割・機能が見いだされてよい（**手続保障説**）。

(b) 民事訴訟に親しむか──審判権の限界

　社会におけるもめごと，紛争は多様であるが，民事訴訟で取り上げるにふさわしい紛争には限界がある。たとえば自分の学説が正しいかどうかの争いは，法を解釈適用して決められるものでも，決めるべきものでもないので司法審査には親しまない。また，法的な争いであっても，ある法規が憲法に違反するかどうか自体の判定を求める訴えも，具体的な権利や法律関係に関わる紛争とはいえないので，司法の扱う**法律上の争訟**（裁3条）にあたらない。この概念は，当事者間の具体的な権利関係の存否に関する紛争であって（事件性），それが法律の適用により終局的に解決できるものであること（法律性）と定義される。そしてこの基準により，具体的な紛争がなく，立法や行政の領域に司法が立ち入ることになりかねない，警察予備隊（自衛隊の前身）設置の無効確認を求め

る訴訟，国会に対して特定内容の決議を求める訴訟は受け付けられない。団体の自律（憲21条1項）と学問の自由（同23条）に触れるおそれがある，国家試験の不合格判定の変更を求める訴訟も，訴えが却下されている。**訴え却下判決**とは，裁判所が訴訟上の請求について判決する前提要件＝**訴訟要件**がないから，訴えを取り上げないという意味の，門前払いの判決である（→第**3**章第**2**節**1**(2)(c)）。^{⇒178頁}

　民事紛争の領域で従来から特に議論があるのは，団体の自律と信教の自由（憲20条）に関わる宗教団体の内部紛争である。判例の判断枠組み（いわゆる二段審査）によれば，まず原告の求める訴訟上の請求が，住職の地位確認など，宗教上の問題であるときは，法律上の争訟とは認められない。次に，訴訟上の請求は建物明渡しなど具体的な権利関係の存否問題であっても，その前提問題としての不可欠の争点が宗教上の教義の解釈に深く関わるときは，法律上の争訟にあたらないとされ訴えは不適法として却下される（最判昭和55・1・11民集34巻1号1頁〈百選2〉，最判平成元・9・8民集43巻8号889頁など）。このように宗教団体の内部紛争に消極的な判例に対しては，それでは裁判所，司法の役割が果たせないとして学説の批判が強い。たとえば，団体内で住職を罷免（除籍）する処分をしたから寺院建物を明け渡せとの請求については，宗教上の教義問題に立ち入ることなく，もっぱら処分手続が適法・公正かという観点から審理・判決がなされるべきであって，要は争点が宗教上の教義問題に触れないようにすればよく，それは審理の工夫の問題に解消できよう。

　以上の問題は，民事裁判権，司法権の限界を画する問題と位置づけられ，**審判権の限界**の問題として論じられているが，問題の性質は，原告の訴えが被告を裁判所の審理に応じさせ判決するだけの利益があるかという問題，**訴えの利益**（→第**1**章第**1**節**2**）の一局面といえる。^{⇒35頁}

(c) 訴訟と非訟

　裁判所が取り扱う民事事件のうちには，通常の訴訟事件とは違い，訴訟手続によらずに，より弾力的な手続で裁判する，**非訟事件**がある。訴訟と非訟では手続にかなりの違いがあり，非訟手続を見てみれば訴訟手続の特徴がわかる。

　非訟事件とされるもののうち，身近なのは，家庭裁判所の**家事審判**である（裁31条の3第1項1号，家事39条）。審判事項は，後見開始の審判（民7条），保佐開始の審判（同11条），婚姻費用の分担に関する処分（同760条），離婚に

伴う子の監護・財産分与に関する処分（同766条・768条），遺言書の検認（同1004条1項），遺産分割に関する処分（同907条2項3項）などである。非訟事件は，このような家裁の審判事件や**非訟事件手続法**（平成23年法律第51号）が直接規定している事件に限られない。このほか，会社関係非訟事件（検査役・清算人の選任，株主総会招集の許可など。会社868条～906条），借地非訟事件（借地条件の変更・増改築の許可，借地権の譲渡・転貸に関する賃貸人の承諾に代わる裁判など。借地借家17条～20条）などさまざまな種類にわたる。また各種の調停事件も，性質上は非訟事件に属する。

　これらの雑多な事件を非訟事件として訴訟事件と区別する基準については従来から争いがあるが，一般には，裁判の基準となる実体法の内容に幅があり，裁判所の裁量の余地が大きく，裁判所に司法作用というよりは行政作用的な後見的関与が求められる事件とされる。そこで非訟事件を扱う非訟手続では，二当事者対立構造を基本とする訴訟手続とは異なり，前述(1)の**処分権主義**や**弁論主義**は適用されず（非訟49条），手続は非公開である（同30条）。裁判所の判断も判決でなく，**決定**（→第2章第2節1(2)）という簡略な方式で示され（同54条），それに対する不服申立ては控訴でなく抗告である（同66条）。このように非訟手続は，裁判所の裁量を広く認めて個別事件に合った手続を弾力的に実施できるため，借地法の改正による借地非訟事件の創設（昭和41年）など，いわゆる「訴訟（事件）の非訟化」が進んでいる。平成18年に始まった**労働審判**手続（労働審判法。平成16年法律第45号）もその現れである。これは，会社を解雇された，給料が支払われないといった労働者と事業主との個別紛争を，裁判官である労働審判官と労働関係の専門家である労働審判員により構成される労働審判委員会の関与のもと，原則3回以内の期日で調停と審判により調整する手続であり，活発に利用されている。

　社会が複雑化し紛争が多様化するなかで，手続が迅速で柔軟であり，一般的・固定的な法規に拘束されず将来的な措置を執ることができる非訟手続を求める傾向が強まったことは自然であるが，訴訟の非訟化はどこまで許されるのか。もとは訴訟事件であったものが，上記のとおり訴訟手続に比べて手続における当事者の地位（**当事者権**）が低い非訟手続で扱われることに批判が加えられてきた。けれども最高裁は，家事審判が公開法廷における対審・判決によら

ずになされても，権利義務を終局的に確定する裁判ではないから，憲法32条・82条には反しないとしている（最大決昭和40・6・30民集19巻4号1089頁〈百選1〉，最決平成20・5・8家月60巻8号51頁〈百選（4版）A1〉）。この判例理論はあまりに形式的で，学説の強い批判がある。たとえ権利義務の存在ではなく，それを前提として権利義務の具体的内容を決めるのみであるとしても，当事者には裁判事項につき十分な主張・立証の機会が保障されなければならない。

　そこで，全面改正された前掲の非訟事件手続法，および家庭裁判所の調停・審判につき新しく制定された**家事事件手続法**（平成23年法律第52号）では当事者や利害関係人の手続保障が重視されている。第一に，当事者や利害関係者が手続主体として主張や資料提出できるよう参加制度を整備し拡充した（非訟20条・21条，家事41条・42条）。第二に，当事者らに対する手続保障の前提として，手続行為の内容や裁判所によって収集された資料を当事者らが知る機会を保障するよう，記録の閲覧・謄写の制度を充実させた（非訟31条・32条，家事46条・47条）。第三に，裁判所の事実調査について当事者らに通知し（非訟52条，家事63条・70条），当事者らに反論の機会を付与している（非訟59条3項，家事78条3項）。

 ## 民事の訴訟

（1）　民事訴訟の仕組み

(a)　訴訟手続およびその前後の民事手続の基本的な流れ

①　代理人の選任と資料の収集

　民事の訴訟は，紛争の当事者本人が専門家である弁護士を代理人に立てて行うこともできるし，当事者本人が代理人を立てずに自ら行うこともできる（**本人訴訟**）。簡易裁判所を第一審とする事件では当事者双方が本人訴訟である割合は多く，地方裁判所以上では代理人に頼む場合がかなりの率に及ぶ。なお，より身近な事件を扱う簡裁においては，個別に裁判所の許可を得て弁護士でない者でも代理人となることができるし（54条1項ただし書），一定の司法書士も

代理人となることができる（司書3条2項）（→第1章第2節**4**(3)(b)）。^{⇒54頁}

　訴訟に踏み切るには，自分の要求についてある程度の見通しを立てておく必要があるので，事前にかなりの調査活動や資料収集を行う。手持ちの資料を整理しておくのはもちろん，事件関係者に面接して事情を聴き取ったり，必要な文書を閲覧しておくことなどは，ごく普通の準備活動である。さらに**訴え提起前の証拠収集制度**を利用することもできる（→第**2**章第**4**節**1**(2)）。

　②　緊急の保全措置

　訴えを提起するに先立って，あらかじめ何らかの緊急措置をとりあえず講じておくこともある。その証拠を調べておかないと，本格的に訴訟になった段階では証拠調べは困難になるような特別事情がある場合には，**証拠保全**の申立てができる（234条）（→第**2**章第**4**節**1**(4)）。医療過誤訴訟におけるカルテの証拠保全が典型例であった。

　金銭の支払を求める訴訟を提起する際には，あらかじめ相手方のめぼしい財産を差し押さえておいたり（**仮差押え**），不動産の訴訟を起こす際に，相手方がその不動産を処分したり他人を住まわせたりすることができないような暫定的措置（**仮処分**）を講じておくことも多い。**民事保全**といわれるこれらの緊急措置は，後の(c)で触れる**民事保全法**（平成元年法律第91号）に規定されており，あらかじめ何らかの手を打って将来の訴訟のために備えておくことが，その本来の趣旨とされている。しかし，この「とりあえずの調整手続」が，それ自体として独立の紛争調整機能を持っていることも見逃せない。そのため近時は，保全の後に必ず訴訟（本案）が提起されるとは限らず，保全手続だけで紛争が調整され訴訟にならないという現象が見られる。これは，主に仮処分の領域で生じるため**仮処分の本案代替化**と呼ばれる。

　③　訴えの提起

　訴訟は，原告による**訴えの提起**によって始まる（→第1章第1節**1**(2)）。訴えの提起は，原告が**訴状**という書面を裁判所に提出して行う。訴えによって裁判所に持ち出された紛争は，ひとつの「事件」として扱われることになり，その事件についての訴訟は，口頭弁論を経て判決により決着がつけられることになる。しかし判決があれば，それによって必ず紛争が解決されるとは限らない。判決は紛争の法的側面に関して決着をつける。それにより実生活における争い

が終わることは多いであろうが，争いが形を変えて続くことは少なくない。

　民事の裁判は法律を適用して，訴訟上の請求となっている原告の権利があるかないかを判定する形で行われるので，通常は，権利を持っていると主張する者が原告となり，原告が自分に対して義務を負っていると考える者を被告として訴えを提起することになる。訴訟における当事者となる資格については**当事者適格**などの概念によって規律されている（→第1章第2節2）。^{⇒44頁}

　原告は訴状をどの裁判所に提出すればよいのかは，裁判所の**管轄**の問題である（→第1章第3節3）。^{⇒59頁}なお，社会生活の国際化が進んだ現在，原告が持ち込んだ事件について日本の裁判所が**民事裁判権**（→第1章第3節2）を行使して審^{⇒57頁}理・判決することができるかが問題となる場合も多い。

　誰が誰に対して何を求めているのか（訴訟上の請求）が，裁判所が法律を適用して裁判するのに適した形で書かれており，定められた手数料が納められていれば（必要な額の印紙が貼ってあれば），裁判所は最初の期日（期日とは裁判所で当事者が会って話し合う日のこと）の呼出状とともに，その訴状を被告に通例は特別な郵便で**送達**する（→第1章第4節2）。^{⇒76頁}

　送達を受けて，被告は応訴の準備に入る。弁護士に相談したり，どのように争うかの心づもりをしながら，必要な調査や資料集めをすることになるが，原告の訴えに対して大筋としてどのように対応するかの態度決定をしなければならない。この応答は，**答弁書**（→第2章第1節1）と呼ばれる書面でなされ，第^{⇒86頁}1回の口頭弁論の期日までに提出し，そこで陳述することになる。

☝ 裁判所

　日本では，通常の民事事件・刑事事件をはじめ行政事件や家事事件などもすべてひとつの司法権の範囲であり，**最高裁判所**（最高裁），**高等裁判所**（高裁。本部は全国8カ所），**地方裁判所**（地裁。各都道府県1カ所と北海道に4つで計50カ所），**簡易裁判所**（簡裁。438カ所）という4階級の裁判所が同一事件の審理・裁判を3つの審級にわたって行う三審制が採られている（憲76条1項）。原告の提起するのが通常の民事事件であれば，まずは第一審裁判所である簡裁か地裁に訴状を提出することになる。

　上記のほかにも第一審裁判所には**家庭裁判所**（家裁。50カ所）がある。従来は

家事事件について調停や審判を行うだけであったが，**人事訴訟法**（平成15年法律第109号）により，従来は地裁が扱っていた離婚訴訟などの**人事訴訟**の第一審が，家裁の管轄に移された。以上の最高裁および高裁をはじめとする下級裁判所の権限や構成などに関しては裁判所法が規定している。

さらに，特許権や実用新案権などの知的財産をめぐる訴訟では，特に高度な専門技術的な事項が対象となり審理に特別なノウハウを要するため，平成15（2003）年の民訴法改正により，専門処理体制が整備されている東京地裁と大阪地裁が取り扱うこととなっている（6条）。さらにその控訴に備え，**知的財産高等裁判所**が東京高裁の特別の支部として設置され，知的財産に関する事件を専門的に取り扱う（知的財産高等裁判所設置法。平成16年法律第119号）。

④　口頭弁論

第1回期日には，原告は訴状，被告は答弁書を陳述する。これは公開の法廷において裁判所の面前で両当事者の要求や言い分を戦わせる**口頭弁論**と呼ばれる本格的な訴訟手続の段階である。ただし，実際には「訴状（または答弁書）のとおり陳述します」と発言するだけであり，その後に次回の予定を打ち合わせても，それほどの時間はかからないので，裁判所は通常，同じ法廷で30分に2，3件の第1回の口頭弁論期日を次々に行う。

訴訟では，当事者が口頭弁論で述べたことだけが意味を持ち，判決の基礎となるとされており（87条）（**必要的口頭弁論の原則**），口頭弁論は公開，口頭などそれだけの条件を備えたものでなければならない（口頭弁論の諸原則→第**2**章第
⇒92頁
2節**1**）。原告の申立てとそれに対する被告の応答に始まって，主張や立証活動を経て判決に至る訴訟活動は，基本的に，この口頭弁論の場で展開される。もっとも，第1回の口頭弁論期日だけは，当事者が欠席しても，その当事者があらかじめ訴状または答弁書を提出していれば，その書面の内容を口頭で述べたものと扱い訴訟の進行を図ることにしている（158条）。被告が答弁書も出さずに欠席することも，実務上は少なくない。そこで欠席を典型とする当事者の**不熱心な訴訟追行**に対策も設けられている（→第**2**章第**2**節**3**(**2**)）。
⇒108頁

訴えと判決の間の段階は，理念上，当事者が言い分を述べる「主張」段階と，互いの言い分が食い違う点（争点）につき裏付けとなる証（あかし）を立てる「立証」段階に分けられる。実際には主張と証拠はそれほど判然と峻別しきれないとは

いえ，かつては実務では，書面交換と次回期日の設定を行うだけの期日が数か月おきにポツン，ポツンと開かれ（五月雨式審理），当事者が互いに主張をかみ合わせないまま，主張と立証の段階を行きつ戻りつして（漂流型審理）漫然と期日が重ねられることが多かった。これを改善しようと，現在の訴訟では，主張の段階と立証の段階にメリハリをつけるよう，さまざまな仕組みが備えられている。その第一が，訴訟の争点を明らかにして，必要な証拠を整理するための**争点整理手続**である（→第**2**章第**3**節）。その手続では，第1回期日以降の当事者の主張が次第に具体的になる段階で対話をかみ合わせ，両当事者の主張が一致する点（**裁判上の自白**→第**2**章第**2**節**2**(1)(b)②）をそぎ落とし，食い違う点（争点）を浮き彫りにする（主張段階）。そのうえで当事者は争点につき証拠立てるのに必要な書類を取捨選択して提出し，必要な場合には第三者から取り寄せ提出させて，提出書類についての証拠調べまでしてしまう（立証段階）。証拠のうち，その記載内容を見るための書類，またはその書類を調べることを**書証**という（→第**2**章第**4**節**2**(7)）。

その後の段階は証拠調べ段階のうち，主に証拠となる人，当事者本人や証人（**人証**）を呼んで行う尋問となる。公開の法廷で，尋問すべき人をすべて集合させて1回の期日で一気に調べる**集中証拠調べ**が通常である（→第**2**章第**4**節**2**(3)）。尋問を行うのは主に弁護士であるから，この場面は弁護士の腕の見せどころであると同時に，一般市民，法学部の学生が傍聴する際の一番の見どころでもある。これが済むと，難しい事件ではまとめの最終弁論が行われたり，これまでの審理を踏まえて和解が試みられることもあるが，こうして当事者が主張と立証を尽くすと，裁判所は弁論を終結し，判決言渡しの期日を指定する。

⑤　手続の終了

訴訟手続は，すべてが判決で終わるわけではない。むしろ訴訟の途中で原告が訴えを取り下げたり（261条），訴訟の過程で和解が成立して，それによって手続が終了することも多い。これも，訴訟の開始・終了を当事者が決める，第**1**節(1)で前述の**処分権主義**の一環である（→第**3**章第**1**節）。このうち，**訴訟上の和解**は，それまでの訴訟手続で行われた当事者間のやりとりを踏まえて，裁判所が調整案を提示するなどして，当事者が合意に至った場合に成立する。和解内容は裁判所書記官が作成する調書（和解調書）に記載されることにより，

裁判所の判決がなされたのと同等の効力が生じる（267条）。

　一方，当事者が自ら手続を終わらせないときは，裁判所が判決を下す。**判決**（→第**3**章第**2**節**1**）は，当事者それぞれの主張がどの程度支持され，法に照らして原告の請求がどの限度で認められるかについての，裁判所の判定であり，当事者にとって一応の指針となる。どちらの主張を採用するか（事実認定）は微妙で困難な作業であり，証拠調べをした結果，一定の事実の有無が不明の場合にも，裁判を拒否できないので（憲32条），その場合にどちらの当事者に不利益を課すかのルール＝**証明責任**（→第**2**章第**5**節**4(1)**）も備えられている。加えて法の内容も個別事件に当てはめる際それほど明確でないのが普通であるから，判決の結論も唯一絶対のものではなく，当事者間の争い方を反映したひとつの解決策といえる。

　手続としては判決を言い渡す期日が行われ（251条1項），判決は言渡しにより効力を生じる（250条）。ただし，裁判官が法廷で読み上げるのは，判決文のうち結論部分だけである。原告の請求を認める場合にはたとえば「被告は原告に対し金1000万円を支払え」，認めない場合には「請求を棄却する」といった**判決主文**（改正前253条1項1号，改正後252条1項1号）だけを，数件分，次々に読み上げる。当事者は判決書（令和4年IT化改正による電子判決書→第**3**章第**2**節**3(1)**）が送達されてくるのを受け取ればよいので（255条），この期日に出席していなくてよい（251条2項）。

⑥　判決後

　訴訟の勝敗が定まるのは，判決が**確定**した時である。判決は言渡しにより一定の効力を生じても，この判決に対して当事者は上級の裁判所に不服を申し立てること＝**上訴**（→第**5**章第**1**節**1**）ができ，上訴されると訴訟はまだ決着しない。第一審が地裁であれば，高裁への控訴，最高裁への上告が可能である。第一審が簡裁であれば，地裁，高裁への三審となる。

　控訴審では，第一審の資料を基にしながらも，さらに新たな主張や証拠を提出して争いを続行でき，控訴した当事者が不服を唱えている範囲に限定して，第一審判決の当否が改めて吟味される。上告審は法律審であるから，上訴できる理由は法律問題だけで，事件の事実の主張や証拠の提出はもはやできない。しかも，上告裁判所が最高裁である場合には，高裁に上告する場合より上告の

理由が制限されている。これは最高裁の負担軽減のための制度である。

　第一審判決に対して，当事者が判決書の送達を受けた日から2週間以内に控訴を提起しなければ（285条），判決は確定する（116条）。控訴審判決も同様であるが，上告審判決はその言渡しとともに確定する（→第**3**章第**3**節**1**）。

　判決が確定すると，判決の種類に応じて，既判力，執行力，形成力が発生する。原告が被告に医療過誤により生じた損害賠償を請求した訴訟で「被告は原告に対して金1000万円を支払え」と命ずる判決が確定したとすると，原告が被告に対してその損害賠償請求権を有するという確定判決における裁判所の判断は，その後，当事者も他の裁判所も拘束する。両当事者の間で再び訴訟が起きたとしても，被告が上記の損害賠償請求権は成り立たない，自分に支払義務はないと主張することも，原告がもっと請求できるはずだと主張することも許されない。これが，当事者に紛争の蒸し返しを禁ずる**既判力**（→第**3**章第**3**節**2**〜**5**）である。また，被告が上記判決を無視して支払わないでいると，原告はこの判決に基づいて，被告の所有するマンションや給料債権などを差し押さえ，強制的な金銭の取立てをするなどの**強制執行**（執行力→第**3**章第**3**節**6**(1)）ができる。ほかにも強制執行としては，家や土地を明け渡させる，騒音や悪臭を差し止めるために必要な措置を執らせるなども可能である。⑤で見た和解が成立した場合も，確定判決と同様に和解調書に基づいて強制執行ができる。このほか，離婚訴訟などの**人事訴訟**（人訴2条参照）や株式会社の決議取消訴訟（会社831条）などの**会社訴訟**で，離婚や決議取消しを認める判決が確定すると，判決によって夫婦の離婚，決議の取消しという法律関係が形成される（**形成力**→第**3**章第**3**節**6**(2)）。

(b)　法による紛争の調整──訴訟における実体法

　原告が訴えにより提示する訴訟上の請求は，特定の権利・法律関係が存在する（あるいは存在しない）と主張する形となっている。それは審理の結果として裁判所が下す判決内容が，実体法を基準とし，それを具体的事案に適用することによって訴訟上の請求である権利があるかという形で示されるからである。

　実際それほど形式的にはいかないが，判決の前提となる考え方の筋道は，法的三段論法の形をとる。訴訟上の請求にあたる権利につき，原告は，それを根拠づける実体法の法律要件を構成する事実＝**要件事実**にあたる個々の事件の具

体的事実を主張する。これに対し，被告は権利の発生を妨げる要件事実にあたる具体的事実を主張する。

　売買を例に，簡単に具体化すると，売主Xが買主Yとの間で結んだ売買契約を基に代金を請求し，「YはXに金1000万円を支払え」との判決を求める訴えを提起した場合，訴訟上の請求は，XのYに対する売買代金請求権である。代金請求権が発生したという法律効果を認めてもらうには，Xは，売買契約（民555条）の成立を根拠づける要件事実である①売主から買主への財産移転の約束と②買主から売主への代金支払の約束にあたる具体的な事実を主張する必要がある。そこでXは訴状に「〇年□月△日，Xは商品の所有権をYに移転することを約し，YはXに金〇〇万円を支払うことを約した」と記載し，それを主張・立証することになる。その商品がXの所有であることや，代金支払期限をすぎたことなどの主張は要求されていない。権利を根拠づける規定の要件事実にあたる具体的事実＝**主要事実**（→第**2**章第❷節**2**(2)）が認められ^{⇒101頁}るときは，後述する被告の反論が認められない限り，裁判所は訴訟上の請求を認める判決＝**請求認容判決**を下す。逆に，この訴訟で，Xの主張する売買契約締結の事実が認められないとき，あるいは，Yが売買契約締結の際に錯誤（民95条）があったと主張・立証でき，売買契約を取り消す（平成29年民法改正前の錯誤無効）効果が生じるならば，原告の請求を棄却するとの判決＝**請求棄却判決**がなされる。

　法律の要件にあわせてそれに必要なことを書面に書き，主張・立証するという仕組みは，法を適用して裁判をするという構造にふさわしいといえるが，問題も指摘されている。第一に，現実の紛争事件にとって要件事実では過不足がある。上記のとおり，要件事実では売買された商品が誰の所有かなどは問われない反面，Yが契約の成立自体は争っていない場合でも，まずはそれを常に主張せねばならない。第二に，要件事実志向は，あらゆる紛争に対して，法律が要件効果のメニューをあらかじめ用意しており，裁判は既存の法に当てはめれば自動的に答えを引き出せるという考え方を前提としている。しかし訴訟にまで至る紛争は，既存の実体法規が予定していないような事件，あるいは法解釈が分かれるような事件も多い。事件のなかから固有の要件効果を創造するという，その事件限りでの法創造の芽を摘み取ることにもなりかねない。

実務では，訴訟上の請求を起点に，原告が請求を基礎づけるために何を主張したらよいか，その後の訴訟過程でどちらが何を主張・立証すべきかの指標が，要件事実論として作り上げられてきたが，それも，主要事実以外を切り捨てるのではなく，実際の紛争のふくらみを取り込もうとする形で展開している。

(c) 民事訴訟法の沿革

民事裁判のあらゆる手続の基本法は，民事訴訟法であり，手続の細則を定める民事訴訟規則とともに，本書の主な対象となる。明治23（1890）年に制定・公布され大正15（1926）年の全面改正を経て施行されてきた旧民事訴訟法典は，広い意味での民事訴訟を規律していたが，執行手続および保全手続に関する規定が民事執行法（昭和54年法律第4号）および民事保全法（平成元年法律第91号）として独立した。その後，現在の民事訴訟法典が狭義の民事訴訟手続＝判決手続のみを規律する法律として平成8（1996）年に制定された（平成8年法律第109号）。さらに仲裁手続については平成15（2003）年に仲裁法が制定され，その後も上記のとおりADR法や非訟事件手続法などが整備されてきた。

このように，通常，民事訴訟法というときは現行の民事訴訟法典を指すが，実質的に民事訴訟の手続と作用を規律する規定の全体をいうときは，民事訴訟規則のほか，上述の民事執行法，民事保全法などや，民法や会社法のなかにある民事訴訟に関する規定なども含まれる。なお，身分関係訴訟については，明治23年に「婚姻事件養子縁組事件及ヒ禁治産事件ニ関スル訴訟規則」が，後に人事訴訟手続法が制定されたが，その全面改正として平成15（2003）年に人事訴訟法が制定された。

平成8（1996）年制定，同10（1998）年施行の現行民事訴訟法のねらいは，民事訴訟に関する手続を現代社会の要請にかなったものとするとともに，民事訴訟を国民に利用しやすく，わかりやすいものとし，適正かつ迅速な裁判の実現を図ることである。そこで法文の表記を現代語に改め，法律に規定すべき事項と規則に規定すべき事項を整理したほか，「国民に利用しやすく，分かりやすい」民事訴訟を目指し，次の5点を中心に改正がなされた。**①争点整理手続**を整備し（164条以下），充実した訴訟審理を行うため，早期に争点を形成して必要な証拠の整理を行って立証の対象となるべき事実を明確にし，これに焦点を合わせた効果的な証拠調べにつなげた。②証拠収集手続の拡充として，相手

方や第三者の手中にある証拠を収集する方法を充実・拡大するため、**文書提出命令**が発せられる要件や範囲，手続を改正した（220条以下）。③**少額訴訟手続**（368条以下）を創設し，一般市民が少額の事件で裁判を求めるのに旧法の簡裁手続特則では不十分であったところを，一定額以下の金銭支払請求につき原則1期日の審理で即日判決をするものとし，判決では分割払や支払猶予もできるようにした。④**最高裁に対する上訴制度の改革**として，実質的に上告の理由のない事件処理に忙殺されて本来の機能が果たせない最高裁の現状を改めるため，最高裁への上告理由を限定するとともに（312条），それ以外の場合は裁量的に上告を受理できる制度（318条）を導入した。⑤**技術的訴訟改革**として，一定の手続に電話会議やテレビ会議システム（170条3項・204条など），電子情報処理（397条以下）などを導入した。

　平成13（2001）年改正では上記②の展開として，文書提出命令を基礎づける文書提出義務が整理された。平成15（2003）年改正では，⑥医療，建築関係などの法律以外の専門的知見を必要とする訴訟（**専門訴訟**）は特に争点を形成するのが困難で審理が長期化しやすいとして，審理の早期段階，主に争点整理手続に各種専門家を関与させることのできる，**専門委員**の制度（92条の2以下）を導入した。このほか15年改正による，訴え提起前にも証拠収集手続を拡充したこと（132条の2以下）は上記②に含まれ，訴訟手続の計画的な進行を図るため**計画審理**（147条の2）を規定したことは上記①と目的をともにすると考えられる。同年，原則として2年以内に第一審の手続を終結させようという裁判の迅速化に関する法律（平成15年法律第107号）も制定された。その後も，平成16（2004）年に上記⑤にあたる改正として，オンラインによる支払督促を認める電子情報処理組織（以下，事件管理システム）による督促手続（397条以下）が，平成19（2007）年には犯罪被害者等の権利利益保護を図るため，証人等の付添いや遮へい等の措置（203条の2以下）が，平成23（2011）年には国際的な経済活動に伴う民事紛争の適正かつ迅速な調整を図るため，**国際裁判管轄**が規定された（3条の2以下）。

　令和4（2022）年，上記⑤に関係して，民事訴訟手続の**IT化**に関する改正がなされた（以下，令和4年IT化改正）。具体的には，現在は書面に限られている訴状などのオンラインでの提出（e提出）と送達，記録の電子データ管理（e事

件管理）ほか，**ウェブ会議**を用いた口頭弁論（e法廷）が規定された。すでに令和2（2020）年IT化の第1段階としてウェブ会議による争点整理手続の運用が開始されており，令和7（2025）年までに段階的にIT化が進められることとなっている。また，この改正では，性犯罪等の被害者が原告となる訴訟で，相手方当事者に知られると著しい支障があると認められる場合に，住所などの個人情報を記載しない申立てや記録の閲覧制限ができるようにする規定（当事者等の住所氏名等の秘匿制度。改正後133条から同条の4），当事者双方の申出があれば手続開始から6か月以内に審理を終結しそれから1か月以内に判決を言い渡す手続（法定審理期間訴訟手続。381条の2から同条の8〔新設〕）に関する規定も盛り込まれている。この改正規定の施行日は原則として公布日から4年以内であるが，規定により4段階に分けて施行される（相手方当事者への住所等秘匿，ウェブ会議による和解，弁論準備手続は先行して施行）。

(2)　訴訟手続に関わる人々

　民事訴訟の手続にはどのような人々が登場するのだろうか。従来から一般には，原告側，被告側（いずれも代理人を含む）を対極に置き，この相対する当事者から等距離に裁判官を置いた三角形を描いて，手続の構造とその担い手を表すことが多い。実際に伝統的な法廷も，原告と被告とが対峙する形で席に着き，そこから等距離の一段高い位置に裁判官が着席するよう設計されている。ただし，このような三極構造として認識する際，裁判官と原告側弁護士と被告側弁護士が手続の中心的担い手と考えて当事者本人＝利用者を疎外しないように注意する必要がある。また実務では，多様な手続の担い手や関与者が予定されており，その関与の役割や性質も多面的であることが多く，法廷も，伝統的な法廷だけでなくラウンドテーブル法廷も活用されており，三極構造で捉えることの限界といえる。ここではさしあたり，裁判所サイド，当事者サイド，第三者サイドに分けて登場人物を整理してみる。

(a)　裁判所

　裁判所サイドでは，裁判官，書記官，事務官のほか，前述の専門委員（92条の2），簡裁の訴訟手続で和解を試みる場合には司法委員（279条）が関与することがある。人事訴訟では審理または和解の試みに立ち会う参与員（人訴9条）

のほか，事実の調査を行う家裁調査官（同34条）の関与も予定されている。上記のうち，**裁判所書記官**は，かつての記録作成・管理の役割から，当事者と裁判官の橋渡し役を含めて紛争コーディネーターの役割を担っている。さらには訴状など裁判書類の送達（98条2項），訴訟費用額の確定（71条1項），督促手続（382条），執行文付与手続（民執26条1項）では主役を担う。現行規則により訴状の審査，第1回口頭弁論期日前の準備，期日外釈明などへの関与も認められ（規56条・61条2項・63条1項），その権限・役割も拡大していることに注目すべきである。書記官の役割は大きく変容し，多面的になっている。書記官の役割変容は裁判官の役割の変容と連動している。

裁判官は，裁定者のイメージのみで捉えられがちであるが，両当事者を中心とする法廷でのやりとりを促進させる役割も担っている。そして，たとえば手続の進行や選択にあたっては，前述のとおり職権進行主義とはいえ，当事者の意向を反映させている。なお，裁判官の職権や身分については憲法に規定されているほか（憲76条3項・78条・79条），その任命資格（裁39条以下），裁判所の構成（同15条・23条・31条の2），事件を何人の裁判官で取り扱うか（同9条・10条・18条・26条・31条の4・35条）などについては裁判所法に規定がある。

専門委員は，医療や建築などに関する専門訴訟において，当事者と裁判所に不足している専門知見を与える専門家（医師や建築士，会計士など）であり，裁判所の非常勤となる（92条の5）。具体的には各裁判所の運用によるが，裁判所が事前に近隣の大学などに依頼し，専門領域ごとに専門委員となる者を募って名簿作成しておき，そのなかから個別事件に応じて1名以上指定する。弁論の準備段階から証拠調べや和解に至るまで，手続に関与することができる。なお，知的財産に関する事件では，**裁判所調査官**に専門委員と同様の役割をさせることができる（92条の8）。専門委員や家事事件での参与員は，その専門的知見や経験をもって裁判官を補助することが期待されているが，当事者同士の疎通を橋渡しすることによって，当事者間あるいは当事者と裁判所間のやりとりを活性化する役割を担っていることも忘れてはならない。

なお，裁判所の常勤職員である**執行官**（裁62条）は，前述したように，被告が判決に従わない場合の強制執行手続で主要な役割を果たす。訴訟手続においても特別な場合，裁判書類の送達をするし（改正第99条1項，改正後101条1項，

裁62条3項），訴え提起前の証拠収集処分のひとつとして，不動産の占有関係や現況について調査をする役割も予定されている（132条の4第1項4号）。

(b) 当事者

当事者サイドの手続関与者としては，まず原告・被告本人，その法定代理人，訴訟代理人がいる（→第1章第2節4）[⇒54頁]。弁護士が訴訟手続に登場するのは，当事者本人が訴訟活動を委ねる訴訟委任によって弁護士を**訴訟代理人**として選任している場合である。前述のとおり民事訴訟では当事者本人が自分で訴訟活動をすることができるが（本人訴訟主義），訴訟代理人を立てるときは原則として弁護士に限られている（**弁護士代理の原則**。54条）。簡易裁判所では司法書士も訴訟代理ができるなど（司書3条1項6号），特別な決まりがある。なお，近年，弁護士が法律事務職員（パラリーガル）との共同を試みている法律事務所もあり，法律事務職員には弁護士と当事者，相手方当事者，裁判所との間の細やかな調整が期待されている。このほか，当事者やその訴訟代理人に付き添って期日に出頭し，それぞれの主張を補足する，補佐人（60条）も場合によっては登場する。

また手続の当初の当事者に加わる訴訟参加人（42条以下），口頭弁論の補充として裁判所が事情を聴く場合（釈明処分）（151条1項2号）の事務担当者・補助者，和解における利害関係人などが登場する場合もある。これらの関与者のほとんどは，理論上は当事者でない第三者として，(c)の第三者サイドの関与者[⇒22頁]に含めてもよいが，当事者サイドの関与者と第三者サイドの関与者を厳密に区別することは困難であることを示している。

☝ 弁護士

弁護士は，当事者その他関係人の依頼によって，裁判所における訴訟事件，非訟事件，行政庁に対する不服申立手続その他一般の法律事務を行うことを職務とする（弁護3条）。弁護士業務は，伝統的には法廷活動が中心であったが，最近では企業の経営活動などにも関わる法廷外の業務に対する需要が増えている。弁護士が非常勤の裁判官として調停事件を取り扱う制度もできた（民調23条の2～23条の5，家事250条・251条）。

弁護士となれるのは，原則として司法試験に合格し，司法修習を終えた者

である（弁護4条）。この資格がある者でも，弁護士になるには，入会しようと
する各地の弁護士会を経て，日本弁護士連合会に備えた弁護士名簿に登録さ
れなければならない（同8条・9条）。

　地裁以上の民事訴訟では訴訟代理人になれる資格は原則，弁護士が独占し
ているが，弁護士法には，当事者の利益保護，弁護士の品位・職務執行公正
確保のため，弁護士がその職務を行ってはならない事件が定められている（同
25条1号〜9号）。弁護士でない者は報酬を得る目的で法律事務を取り扱うこと
ができない（同72条）。これに違反した場合は罰則がある（同77条）。

　なお，弁護士は大都市に集中していることもあって，特に簡裁では**本人訴訟**
が多く，そこでは当事者の訴訟活動が**司法書士**によって支えられている。司法
書士ができる裁判事務は，裁判所に提出する書類の作成に限られていたが，
平成14（2002）年の司法書士法の改正により，司法書士は簡裁の手続において
訴訟代理権を持つこととなった。すなわち，所定の研修課程を修了し能力認
定を受ければ，簡裁手続における訴訟代理人となり，あるいは裁判外の和解
についての代理などもできる（司書3条1項6号7号・2項）。

(c)　第三者

　第三者サイドの手続関与者としては，証人，鑑定人が挙げられる。ほかに，
証拠調べ手続に巻き込まれる証人以外の第三者，たとえば裁判所から必要な調
査を嘱託するとき（186条）の相手方，文書送付を嘱託するとき（226条）の相
手方，文書提出命令（223条）を受けた第三者なども含まれる。民事訴訟法上，
明確な位置を与えられてはいないが，これに傍聴人を加えてもよいだろう。

　ただし，**証人**（190条以下）は，ほとんど原告か被告かどちらかとつながって
いて，どちらかの応援をする立場にある。たとえば本章冒頭に挙げた，病院で
患者が死亡し患者遺族が医療過誤訴訟を起こす場合，病院だけを被告にしたと
して，主治医や看護師が訴訟に登場するとすれば，被告側の証人ということに
なるだろう。このように，実質的利害関係の点からは，証人は当事者と紙一重
である。さらに，意見陳述を嘱託された専門家（132条の4第1項3号），**鑑定人**
（212条以下）などは，裁判所サイドの関与者とも連続性を有し，区別は相対的
である。

(3) 通常訴訟と特別訴訟

(a) 概説

民事訴訟の手続は通常訴訟と特別訴訟に区別できる。基本となるのは，多種多様の訴訟事件を処理できるだけの幅を持つ通常訴訟であり，そのほかに，対象となる事件の特質に応じて手続上の特則を定めた特別訴訟が設けられている。

特別訴訟は，さらに2つに大別できる。まず訴訟事件の内容面で特別な訴訟として，人事訴訟法（平成15年法律第109号）の規定する人事訴訟，行政事件訴訟法（昭和37年法律第139号）の規定する**行政訴訟**などがある。会社法（平成17年法律第86号）に特則を置く**会社訴訟**（会社828条～867条）を特別訴訟に含める立場もあるが，むしろ通常訴訟と位置づけてよい。会社訴訟はもちろん，特別法が規定する人事訴訟および行政訴訟についても，特別の定めがない事項については民事訴訟法が適用される（人訴1条・29条，行訴7条）。

次に，手続面で特別な訴訟として，簡裁が取り扱う略式訴訟がある。前述のとおり現行法により設けられた**少額訴訟**（368条～381条），簡易・迅速な取立てが特に期待される手形・小切手債務についての手形・小切手訴訟（350条～367条），裁判所書記官が債権者の言い分に基づいて債務者に支払を促す**支払督促**（382条以下）がある。手形・小切手訴訟は昭和40年の創設時にはかなり利用されたが，近年の利用件数は著しく減少している。少額訴訟は創設当初から事件処理に一定の成果を上げ，利用件数も順調に伸びて，手続の対象となる訴訟の目的の価額は当初の30万円から平成15（2003）年の改正により60万円になったが，最近では毎年利用件数が減少している。支払督促の手続は従来から非常によく利用されている。このほか，前述した民事保全法に規定される保全命令手続も，略式手続に含まれる。いずれも，実質的な審理を省略あるいは制限して迅速に裁判するが，通常訴訟による本格的な審理判決を求める手段は保障されている。

(b) 人事訴訟

上記の特別訴訟のうち，ここでは人事訴訟を取り上げる。人事訴訟とは，夫婦・親子その他の身分関係の形成または存否の確認を目的とする訴えに関わる訴訟である。人事訴訟法に定められているのは4種類である。①離婚訴訟をは

じめとする婚姻関係訴訟，②認知訴訟などの実親子関係訴訟，③養子縁組の無効・取消訴訟などの養親子関係訴訟と，④その他の身分関係訴訟である（人訴2条）。人事訴訟手続の特色としては，上記の種類にかかわらず，原則は身分関係の当事者の住所地を管轄する家裁の管轄に属すること（同4条1項），身分関係の当事者の意思を尊重するために通常の訴訟よりも当事者の資格の制限を緩くすること（同13条1項）のほか，次のような原則がある。まず，通常訴訟と異なり，前述の**処分権主義**が制限される。人の身分関係の変動は，他の多くの人の利害にも関わるので，当事者が勝手に処分できないと考えられるため，人事訴訟では当事者による和解や被告が原告の請求を認めたり，原告が請求を放棄したりできないとされる（同19条2項）。また，通常訴訟のように前述の**弁論主義**が適用されず，裁判所は当事者が主張しない事実を斟酌し，かつ職権で証拠調べをすることができる（同20条前段・19条）。この原則を，弁論主義に対して，**職権探知主義**という。

　また，民事訴訟の口頭弁論では公開原則が妥当し，当事者や証人の尋問も公開法廷で実施され，一般市民が傍聴できるが，人事訴訟においては**公開停止**が一部認められている。人事訴訟では，当事者らの身分関係について私生活上の重大な秘密，プライバシーが問題になることも想定される。公開の法廷で当事者本人や証人などがそのような事項を陳述すると，場合によっては関係者の社会生活に著しい支障を生じるおそれがある。このような場合，あらかじめ当事者らの意見を聴いたうえ，裁判官の全員一致により，非公開で尋問を行うことができる（同22条）。

　夫婦の離婚を例にとって，人事訴訟とその周辺の手続を見ておこう。日本の民法が定める離婚には，次の5つがある。多くの場合，①協議離婚により離婚が成立する（民763条）。協議離婚できないとき，あるいは離婚は合意できても夫婦間の未成年の子の親権（これと別に定めうる監護権）をどちらが持つかに争いがあるときは結局，協議離婚できないから（同819条1項），当事者は家裁に家事調停を申し立てることになる。調停なしに，いきなり離婚訴訟を提起することは許されず，必ず訴訟前に調停を経なければならない決まりであり，これを**調停前置**という（家事257条）。この調停は，本章第1節**(2)**で見たADRのうち司法型ADRに属する。調停手続により離婚合意が成立し，これを調書に記

載したときに，②調停離婚が成立する（同244条・268条）。離婚の調停のなかで，子供の親権，監護権についても調停ができる（同244条・別表第2の3の項）。これは子の監護に関する処分にあたるので，調停と同時に審判を申し立てることもできる（同39条・別表第2の3の項）。

　一方，調停が成立しない場合，当事者は離婚訴訟を申し立てることになるが，主要事項については合意ができているとか，一方がかたくなで合意に達しない場合には，本章第❶節(3)(c)で見た**非訟手続**のひとつである，**家事審判**が用いられる。これは，家裁が相当と認める場合に「当事者双方のために衡平に考慮し，一切の事情を考慮して，職権で，事件の解決のため」に行う審判（家事284条）である。これにより③審判離婚が成立する。ただし，この**調停に代わる審判**に対しては，当事者は審判日から2週間以内に家裁に異議を申し立てることができ（同286条1項2項・279条2項），適法な異議申立てがあると，審判は自動的に効力を失う（同286条5項）。

　以上が功を奏しない場合，すなわち②が不成立，③が行われない，③に適法な異議があり失効したとき，当事者は家裁に離婚訴訟を提起することになる。ここで民法の定める離婚原因（民770条）があると認められると，「原告と被告とを離婚する」との判決により離婚が成立する。これが④裁判離婚である。なお離婚訴訟においては⑤和解離婚，認諾離婚も認められる。これは，離婚訴訟において離婚の和解が成立し，あるいは被告が原告の離婚請求を認め，それが調書に記載されたときに離婚が成立するものである（人訴37条）。前述したとおり人事訴訟の特色として処分権主義が制限され，当事者による訴訟上の和解や請求の認諾は認められないのが原則であるけれども，平成16（2004）年施行の人事訴訟法により，離婚訴訟については，訴訟外で協議離婚ができることを考慮して，和解・請求認諾を例外的に認めたのである。なお，離婚訴訟では，当事者の申立てがなくとも，家裁は父母の一方を未成年の子の親権者と定めなければならない（民819条2項，人訴32条3項）。子の監護に関する処分，財産分与に関する処分は，当事者の申立てを前提として，一緒に審理・判決される（人訴32条）。

第1章

訴訟の開始

1 訴 え

　本節では，訴訟の開始に不可欠な「訴え」について見ていこう。民事訴訟の対象は当事者が自由に管理処分できる権利をめぐる紛争である。したがって，民事訴訟の審理の内容，実体面については当事者が主導権をもつ。具体的には，①この紛争を解決するために訴訟を提起するのかどうか，②どのような解決を求めるのか，③どのように訴訟を終わらせるのかは，当事者が自由に決められる。これは処分権主義という民事訴訟法の重要な原則の1つであるが，ここでは，①と②について考えてみよう。訴えを提起するとは，具体的には何をするのか。訴えの中身である訴訟上の請求は裁判のテーマであり，裁判所の審判の対象となる。これは訴訟物とも呼ばれ，民事訴訟理論において一大論争を巻き起こしたが，それはどのような議論なのか。また，当事者はどのような方法で審判の対象を特定し，当事者が提起できる訴えには，どのような種類があるのか。そしてその訴えにおける請求について審判を受けるだけの正当な利益は，どのような場合に認められるのかについても，あわせて学んでいこう。

1 訴えと訴訟上の請求 ────────────────●

(1) 訴えなければ裁判なし

　民事裁判は，本来私的自治の原則が妥当する領域における紛争を対象として
いることから，裁判所に紛争解決を依頼し，裁判のテーマを決め，事件の内容
を解明し，判決の基礎となる資料を収集し提供することについては，当事者が
主導権を握り，その自己責任のもとですべてを行うとされている（**当事者主義**）。
このことから民事の訴訟では，**処分権主義**という原則が妥当する。すなわち，
①訴訟を提起するかどうか，②訴訟のテーマ（訴訟物）を何にしてどのような
解決を求めるか当事者が自由に決められる。そして自分で始めた手続であるか
ら，③自ら判決以外の方法（和解など）によって終了させることもできる（→第
3章第**1**節）。裁判制度は国家によって設けられた紛争解決制度であるが，それ
を利用するかどうかは当事者が決められるのであり，民事訴訟は，裁判所に対
する私人の申立てがあってはじめて開始される（「**訴えなければ裁判なし**」）。

(2) 訴えの提起

　では，訴えるとは，具体的に何をすることか。訴訟を開始するためには，紛
争解決を求める私人が，特定の者（被告）との関係で，一定の実体法上の権利
義務・法律関係の存否の主張を裁判所に提示し，その当否についての審理およ
び判決を求める申立てをしなければならない。これが「訴えを提起する」とい
うことであり，訴えの提起は，裁判所へ訴状を提出してするのが原則である
（改正前133条1項，改正後134条1項）。この訴状には，何についてどのような判
決を求めるのか（**請求の趣旨**）と，審判を求める請求の具体的内容（**請求の原因**）
を簡潔に記載しなければならない（同条2項→本章第**4**節1）。

　ところで，私人間の紛争と一言でいってもいろいろな種類がある。お金を貸
したのにいつまでたっても返してくれない，この土地が自分のものであること
をはっきりさせたい，離婚したいなどである。これら私人間の紛争は，給付の
訴え，確認の訴え，形成の訴えの3種類に集約される。ここで，それぞれの訴
えの種類ごとに，訴状の請求の趣旨と原因を見ておこう。

給付の訴えとは，金銭の支払，物の引渡し，作為，不作為，意思表示を内容とする給付を命じる判決を求める訴えであり，民事訴訟の大部分を占める最も一般的な訴えである。たとえば，売買代金の支払を求める場合，請求の趣旨は，「被告は原告に対し金500万円を支払え，との判決を求める」となる。そして被告に請求している500万円が，被告との間で○年○月○日に締結した売買契約に基づく売買代金である，というようにその具体的な内容を示すのが請求の原因である。

　確認の訴えとは，特定の権利・法律関係の存在や不存在を宣言する判決を求める訴えである。たとえば，ある土地が自分のものであることの確認を求める場合，請求の趣旨は「別紙物件目録記載の土地につき原告が所有権を有することを確認する，との判決を求める」となる（積極的確認の訴え）。請求の原因では，どのような経緯で所有権を取得するに至ったかを具体的に示すことになる。また，債務者が原告となって貸金債務の不存在の確認を求める場合，請求の趣旨は「原被告間で○年○月○日に締結した消費貸借契約に基づく原告の貸金返還債務は存在しないことを確認する，との判決を求める」となる（消極的確認の訴え）。請求の原因では，当該債務の存否について当事者間に争いがあることを示すことになる。

　形成の訴えとは，既に存在している権利・法律関係を変動（発生や消滅）させる判決を求める訴えである。本来，私法上の権利関係の発生・変更・消滅は，法律行為その他の法律要件に該当する事実があれば当然に生じ，変動それ自体について判決を求める必要はなく，争いがあれば，変動後の権利関係を主張すれば足りるのが原則である。ところが，一定の法律関係に限って，裁判所の判決が確定してはじめて変動の効果が生じることを，法律が要求している場合がある。これは法律関係の変動を多数の利害関係人の間で明確かつ画一的に生じさせる必要があることに基づき，訴えをもって裁判所に権利または法律関係の変動を求めることができると規定のある場合に限って，形成の訴えは認められる。具体的には，離婚（民770条），認知（同787条）などの身分関係に関わる人事訴訟や，会社の設立無効や株主総会決議取消しなどの会社関係訴訟などがこれにあたる。たとえば，離婚を求める場合には，請求の趣旨は「原告と被告とを離婚する，との判決を求める」となり，請求の原因で具体的な離婚原因

（同770条1項各号）にあたる事実を示すことになる。

> ☝ **形式的形成訴訟──境界確定の訴え**
>
> 　**形式的形成訴訟**とは，法律状態の創設を目的としている点で形成の訴えの1つであるが，変動について法律上形成要件の定めがなく，その認定が裁判所の裁量に任されているものである。共有物分割の訴え（民258条）や父を定める訴え（同773条，人訴2条2号・43条）のほか，判例によれば，隣接する土地の境界について裁判による確定を求める**境界確定の訴え**も，形式的形成訴訟であるとされる。この訴えは公法上の境界をその対象とし，所有権の及ぶ範囲とは無関係であるから（最判昭和43・2・22民集22巻2号270頁〈百選33〉），訴訟の審判の対象と範囲を当事者が決めるとする処分権主義②が適用されず，原告は特定の境界線を請求の趣旨で掲げる必要はないし，当事者がこれを主張したとしても裁判所は拘束されないとする。また，裁判所は証拠等により特定の境界線を認定できないとしても請求を棄却することはできず，合目的的な判断によって妥当な境界線を確定しなければならない。しかし，境界確定の訴えは，実際には所有権の及ぶ範囲をめぐる争いを解決するために提起されるものであることに鑑みれば，境界が公的な性質を有するものであるというだけで，当事者の意向と関係なく手続を進めるべきではなく，処分権主義の適用を認めるべきであるとする見解も有力である。この見解によれば，当事者間で所有権についての和解をすることもできる。なお，平成17年の不動産登記法改正により，登記官が土地の境界を特定する**筆界特定制度**が設けられた（同123条以下）が，筆界特定がなされても，別に境界確定の訴えを提起することができ，当該判決が確定したときは，筆界特定は確定判決と抵触する範囲において効力を失う（同148条）。

(3) 訴訟上の請求と訴訟物

　訴えという言葉は，既に述べたとおり，広い意味では原告の裁判所に対する申立てという訴訟行為そのものを指すが，その中身を細かく見ていくと，訴訟法上重要ないくつかのキーワードを含んでいる。

(a) 訴訟上の請求と訴訟物

　訴訟上の請求とは，訴えの中身であり，原告が被告に対してする特定の権利主張である。これが裁判の主題（テーマ）となり，裁判所の審判の対象となる。

そしてこの請求のうち，特定の実体法上の権利・法律関係を**訴訟物**という。ただし，訴訟上の請求と訴訟物とを特に区別しないことも少なくない。

　訴訟上の請求，すなわち訴訟物は，訴状に記載される請求の趣旨に対応している。請求の趣旨は，既に見たとおり，原告の請求が認容された場合の判決主文に相応する表現を用いるのが通例である。このことから，「訴訟上の請求＝訴訟物＝請求の趣旨＝判決主文」という図式が成り立つ。

(b) 訴訟物の数え方

　民事訴訟においては，伝統的に，この訴訟物を基準として訴訟上のいろいろなことが決まってくるとされていたことから，訴訟物の内容をどのように理解・構成するかをめぐって，かつて**訴訟物論争**として一大論争が展開された。訴訟物論争とは，訴訟物を実体法上の個々の請求権ごとに数える**旧訴訟物理論**と，社会通念上の紛争ごとに考える**新訴訟物理論**（この立場によれば，旧理論で訴訟物とされる実体法上の個々の請求権は，請求を理由づける法的観点にすぎない）との対立を中心とした議論である。この対立が顕著に表れる**請求権競合**の場合を例にとって考えてみよう。たとえば，医療ミスによって死亡した患者の遺族が病院に対して損害賠償を請求するという場合，医療ミスという１つの社会的事実から，債務不履行による損害賠償請求権と，不法行為による損害賠償請求権の２つの権利主張が考えられ，民法上は別個の規定に基づくそれぞれ別の請求権である。これらを１つの訴えによって求めている場合でも，両請求権はどちらか一方しか成立しないという関係にはないから，ここで請求権の競合が生じる。上記の旧訴訟物理論によれば，実体法上の個々の請求権ごとに訴訟物を数えるから，訴訟物は２つである。これに対して新訴訟物理論によれば，社会通念上の紛争ごとに訴訟物を考えるから，医療ミスという社会的事実から生じた損害賠償請求という意味で，訴訟物は１つであり，それぞれの請求権は訴訟物を支える法的観点にすぎないことになる。

　では，この訴訟物の数え方の違いは，具体的に訴訟においてどのように影響してくるのか。ここでは主に以下の４つの点にその影響が表れる。①１つの訴えにおいて両請求権を主張した場合，旧訴訟物理論によれば，複数の請求を一緒にしているから**請求の併合**（136条）となり，それぞれについて判決が別個に出されることになる（→第**4**章第**1**節 ⇒207頁 **1**）。これに対して新訴訟物理論によれば，

訴訟物は１つであり，判決も１つである。②債務不履行に基づく損害賠償請求のみを主張していた訴訟で，不法行為に基づく損害賠償請求を追加的にしたり，またはこれに変更したりした場合，旧訴訟物理論によると，**訴えの変更**（143条）をしたことになり，一定の要件と方式によらなければならなくなる（→第4章第１節2(2)）。これに対して新訴訟物理論によれば，訴えの変更にはあたらず，単なる主張（**攻撃防御方法**）の変更にすぎない。③両方の請求権を別々の訴えで別の裁判所に提起した場合，旧訴訟物理論によれば，訴訟物が別である限り，禁止されている同一の訴訟を重ねて提起する**重複訴訟**（142条）にはあたらない。これに対して新訴訟物理論によれば，両請求権が１つの給付を求めうる法的地位から発生している限り，別々に請求することは許されないことになる（→本章第４節3(1)）。④債務不履行に基づく損害賠償請求を主張した訴えで敗訴判決を受け，それが確定したあとに，不法行為に基づく損害賠償請求を主張して再び訴えを提起した場合，旧訴訟物理論によれば，訴訟物が異なるから前訴判決の**既判力**（114条）に妨げられず，医療ミスをめぐる紛争を蒸し返すことも理論的には可能である。これに対して新訴訟物理論によれば，このような蒸し返しは前訴判決の既判力によって妨げられることになる（→第3章第３節4）。

　これらの問題は，かつて訴訟物論の4つの試金石として議論されてきたが，現在では，これらの問題を解決するのに統一的な訴訟物の基準を立てることは不適切かつ不要であるとするのが一般的である。つまり，訴訟物を万能の基準としてあらゆる問題を処理することには限界があるというのが共通の認識となっている。また，訴訟物論争についても，実務は旧訴訟物理論に立っているが，新訴訟物理論が重視した**紛争の蒸し返しの禁止**にも配慮している（既判力→第3章第３節4）という点で，両説の結論にはそれほど大きな差異はないともいえる。

　ではここで再び，上記で示した訴えの類型ごとに訴訟物を見てみよう。「被告は原告に金500万円を支払え，との判決を求める」という売買代金の支払を求める給付の訴えにおいては，訴訟物は売買代金請求権である。「別紙物件目録記載の土地につき原告が所有権を有することを確認する，との判決を求める」という確認の訴えにおいては，訴訟物は当該土地についての原告の所有権

である。また，「原被告間の消費貸借契約に基づく貸金返還債務は存在しないことを確認する，との判決を求める」という**債務不存在確認の訴え**においては，訴訟物は原告である債務者が不存在の確認を求めている当該債務である。「原告と被告とを離婚する，との判決を求める」という形成の訴えにおいては，原告の離婚請求権が訴訟物となる。このうち，訴訟物のとらえ方が問題となるのは，主に給付の訴えである。

┃(4)　裁判の主題の決定と処分権主義 ┃

(a)　請求の特定

民事訴訟は，特定の権利主張を内容とする請求＝訴訟物を審判の対象として展開されるから，原告は，訴えを提起する段階で審判の対象を明らかにしなければならない。これを**請求の特定**という。既に述べたように，訴状には，どのような請求をしてどのような判決を求めるのかを簡潔に示した請求の趣旨と，その請求を他の請求と区別して特定するのに必要な事実を示した請求の原因を記載しなければならない。請求はこの請求の趣旨と原因によって特定される。では，なぜ請求は特定されなければならないのか。請求が特定されることにより，被告はいかなる対応をすればよいか，訴訟の具体的な戦い方を決めることができる。また裁判所にとっては，これから展開される訴訟の審判対象が明確になる。したがって，交通事故などの不法行為に基づく損害賠償請求において，原告があらかじめ損害額をすべて残らず算定することは困難であるとはいえ，被告の防御の保障という点からすれば，請求金額を明示しないで，適当な金額を求めるというような請求の趣旨は許されない。ただし，債務不存在確認の訴えの場合には，債務の金額が明示されていなくても，債務の発生原因が記載されていれば，請求は特定されているといえる（最判昭和40・9・17民集19巻6号1533頁〈百選71〉も参照）。

なお，所有権確認の訴えや離婚を求める形成の訴えについては，請求の趣旨だけで請求を特定することはできる。しかし，請求の特定の必要性の趣旨に鑑みると，請求の原因は請求を他の請求と区別するというだけでなく，被告が具体的な戦い方を決めるために，また裁判所が審判対象を見定めるために必要な程度の事実を示すことが求められ，またそれで足りる。

(b)　抽象的不作為請求と請求の特定

　原告はどこまで請求を特定しなければならないのかを，さらに具体例を用いて考えてみよう。たとえば，「ある土地に立ち入ってはならない」，「夜10時から朝8時まで飛行機の離発着をしてはならない」という判決を求める不作為請求の訴えは，禁止される行為を具体的に表示することによって請求が特定される。これに対して，特に公害や生活妨害の差止請求の場合には，「原告の住居内に〇〇dB以上の騒音を到達させてはならない」というように，単に一定の侵害の結果を発生させることの禁止を求めるだけの請求をする場合がある（訴状サンプル参照→本章第④節1(2)）。このように，侵害行為をやめさせるための_{⇒72頁}具体的な措置を特定していない請求を**抽象的不作為請求**というが，このような請求が「特定」されているといえるのかが問題となる。

　そもそも訴訟の最初から請求を特定しなければならないのは，処分権主義のもとで，審判の対象と範囲は当事者（原告）が決められるとされていることとの関係で，被告に対しては，争いの対象を認識させ，それについての防御活動を展開させ不意打ちを防止することが，また裁判所に対しては，訴訟の十分かつ効率的な運営の指針を提供することが，当事者（原告）に求められているためである。そうであるならば，原告が請求の趣旨において，被告がすべきことは何かを明らかにしている以上は，請求の特定としては十分と考えるべきである。被害を受けている原告が救済を求めている侵害の結果の除去の手段（どのような方法で騒音をなくすか）については，本来は被告が状況に応じて選択するものであり，原告がそれを特定することは，逆に有効・適切ないし合理的かつ効果的な目的の達成の妨げとなるおそれがある。原告としては，侵害の結果さえ除去されれば，その方法は問わないはずであるし，訴訟における審判の対象としても，除去すべき侵害の結果と侵害の発生源さえ特定されていれば十分である。判例は，①実体法上結果の実現のみを目的とする請求権が認められていること，②判決確定後に被告が義務を履行しない場合には，被告（債務者）に一定の金銭の支払義務を課すことによって給付義務の任意の履行を促す**間接強制**という方法（民執172条）で強制執行ができることを理由として，このような抽象的不作為請求を適法とする（最判平成5・2・25判時1456号53頁〈百選（3版）39〉。名古屋高判昭和60・4・12下民34巻1～4号461頁〈百選30〉）。

> ### ☞ 抽象的不作為判決の執行
>
> わが国では，権利を確定する判決手続を担当する機関と，権利を実現する執行手続を担当する機関とは分離され，執行機関は，判決手続によって確定された権利（給付義務）につき，その実体法上の問題を判断することなく，簡易・迅速にこれを実現することが求められている。したがって，給付義務の内容は判決において明確に示しておくことが必要となる。そうすると，「原告の住居内に○○dB以上の騒音を到達させてはならない」という抽象的不作為義務を表示する判決の場合，執行機関にとっては，具体的な給付の態様や方法が十分には特定されていないのではないかが問題となる。この点については，上述の判決が指摘するように，判決で示された給付義務が履行されない場合に間接強制という執行方法を用いれば，具体的な給付の態様や方法の決定は債務者に任されるから，判決手続の段階で特定されていなくても問題はない。
>
> ただし，間接強制によっても権利が実現されない場合に，執行機関が将来のための適当な処分（民執171条1項2号）として，判決に示されていない具体的措置をどのように確定するかについては，冒頭で述べた判決機関と執行機関の分離という原則との関係で，議論されているところである。

(c) 一部請求

処分権主義のもとでは，審理・裁判の対象と範囲を決めるのは当事者である（処分権主義②→本節1(1)）⇒27頁。当事者は，訴えの類型や金額も含めて裁判の主題を選択し，決定することができる。たとえば，損害賠償債権として有している12億円のうち，1億円だけを分割して先に請求し，残部の請求は後日に留保するという**一部請求**も，処分権主義のもとでは可能とされている。わが国では請求する金額に応じた手数料を，訴え提起の段階で予納しなければならないため，損害賠償請求訴訟などで最初から多額の請求をすることは原告の負担となる。このことから，その一部をまず請求し，勝訴した場合に改めて残部を請求するなどの，いわゆる試験訴訟を許容する必要性から，原告にこのような選択を許すことが正当化されている。問題は，後から再び訴えを提起して残りを請求できるかである。かつては，実体法上債権の分割行使は債権者の自由とされてい

ることから，一部請求を全面的に肯定する考え方もあったが，何度も応訴させられる被告の煩わしさや重複審理を強いられる裁判所の不経済・非効率を根拠に，一部請求後の残部請求を全面的に否定する考え方もある。この考え方によれば，原告は訴訟係属中に請求を拡張（**訴えの変更**。143条→第**4**章第**1**節**2**(1)⇒211頁(a)）しなければならない。

　判例によれば，先の訴訟で，一部であることを明示している限りは，2つの訴えの訴訟物は別であり，このような一部請求・残部請求も許されるとする（最判昭和37・8・10民集16巻8号1720頁〈百選（4版）81①〉）。他方で，前訴の一部請求で，債権全体について審理を尽くした後に請求が棄却された場合には，残部請求は許されないとする（最判平成10・6・12民集52巻4号1147頁〈百選75〉）。両者の違いはどこにあるのか。前者では，原告が一部請求を明示しているから，被告としては紛争を1回で解決しようとするのであれば，同じ手続の中で訴えを提起し（**反訴**。146条→第**4**章第**1**節**3**），残債務がないことの確認を求める機会が与えられているといえる。したがって残部請求を許したとしても，被告にとっては予測の範囲内といえる。これに対して後者の場合は，前訴で債権全体の不存在が判断されていることから，残部を請求されることは被告にとって予想外であり，それに応じることを強いるのは当事者間の衡平に反する。この問題は，先に指摘したとおり，訴訟物だけで問題を適切に処理することには限界があることを示しているといえる（→第**3**章第**3**節**4**(3)）。

2　訴えの利益

(1) 意　義

　訴えの利益とは，訴えの内容である訴訟上の請求についての判断（本案判決）を受けるために備えていることを要求される，正当な利益ないしは必要性をいう。訴えが提起されれば，被告は必然的に訴訟手続に巻き込まれることになるし，裁判所の物的・人的資源には限りがあることに鑑みれば，訴えの利益は，訴訟制度を利用するに適した事件を選別する。言い換えれば訴訟による紛争解決が無益あるいは必要のない訴えを排除すると同時に，被告を応訴の負担から

解放する機能を有しているのである。訴えの利益は，請求権の存否についての判断である本案判決をするために必要な，訴訟要件（→第 **3** 章第 **2** 節 **1** (2)(c)）の $^{⇒178頁}$ 1 つである。

以下では，各訴えの類型ごとに，訴えの利益を見ていこう。

(2) 給付の訴え

(a) 給付の訴えの利益

給付の訴えは，請求が，原告の被告に対する給付請求権の主張である訴えをいう。給付の訴えを認める給付判決は，被告に原告への給付を命じる判決であり，給付請求権の存在を確定するとともに，被告が任意にその給付義務を履行しない場合には，その判決に基づいて**強制執行**をかけられる。

給付の訴えは，**現在の給付の訴え**と，**将来の給付の訴え**に分けられる。前者は，給付請求権の履行期が口頭弁論終結の時点に既に到来しているものであり，後者は，口頭弁論終結の時点ではまだ期限が到来していないが，その前に給付判決をする必要があるものをいう。

現在の給付の訴えは，既に履行期の到来した給付請求権を主張するものであるから，訴えの利益は通常問題にはならない。訴えを提起する前に原告が履行の催促をしていなくても，また給付判決を得ても，ただちにはその実現が不可能または著しく困難であっても，訴えの利益は認められる（最判昭和 41・3・18 民集 20 巻 3 号 464 頁〈百選 19〉）。

これに対して将来の給付の訴えは，「あらかじめその請求をする必要がある場合に限」って訴えの利益が認められる（135 条）。具体的には，義務者が義務の存在・履行期などを争っているというように，原告の主張する履行期が来ても，即時の履行が期待できない場合，義務の性質上その時に即時に履行がないと原告が著しい不利益を受けるような事情がある場合（定期行為や養育費）である。

さらに，継続的または反復的給付については，現に履行期が到来している部分について不履行がある以上，履行期が到来していない将来の分の履行も期待できないことから，現在の分に合わせて請求できる。たとえば，金銭債務の不履行による遅延損害金を支払済みまで請求する場合である。

(b) 継続的不法行為と将来給付の訴え

　たとえば，不動産の不法占有者に対して明渡義務の履行完了までの賃料相当額の損害金の支払を請求する場合のように，現在行われている不法行為が将来にわたって継続すると予想される場合（**継続的不法行為**）に，それにより発生するであろう損害の賠償をあらかじめ請求することができるか。

　判例は，将来給付の訴えが許される要件として，①当該請求権の基礎となるべき事実関係および法律関係が既に存在し，その継続が予測されること，②当該請求権の成否，内容につき債務者に有利な将来の事情の変動があらかじめ明確に予測しうる事由に限られること，③その事情の変動を**請求異議の訴え**（民執35条。給付判決の執行力を排除するための訴え）により立証する負担を債務者に課しても不当とはいえないこと，という３つの要件を挙げている（最大判昭和56・12・16民集35巻10号1369頁〈百選20〉）。冒頭で挙げた不動産の不法占有の場合は，現在なされている不法占有の事実関係がそのまま継続することの蓋然性が非常に高いことから，将来給付の訴えの適法性は一般に認められている。これに対して，公害や生活妨害のような権利侵害の場合には議論がある。上記の要件を挙げた最高裁は，空港周辺の住民が求めた夜間の航空機発着の禁止が実現されるまでの損害賠償請求について，①の要件を満たしているとしても，②について，将来の侵害行為の違法性および損害の有無，程度が不確定な要素によって左右されるべき性質のものであり，損害賠償請求権の成否，内容についての将来の事情の変動を把握することが困難であること，さらに③について，将来の損害賠償請求権が具体的に成立した後で，その成立要件の具備を住民が立証すべきであることを理由に，将来給付の訴えにおける請求権の適格性を否定した。この判決後も，航空機騒音公害訴訟においては同様の判断が示されてきているが（たとえば，最判平成19・5・29判時1978号7頁，最判平成28・12・8判時2325号37頁），これに対しては，原告らの被害の発生が確実に継続する期間を区切って将来の損害賠償を命じたとしても，被告に不当な負担を課すことにはならないのではないかとする見解も有力であり，将来の不法行為による損害賠償請求が認められる典型とされている不法占有者に対する明渡請求とどれほどの違いがあるのかは疑問である。このような継続的不法行為について将来給付の訴えを適法とするか否かは，上記の要件のうち特に③が重要であり，将来

の事情の変更の立証・起訴責任をいずれの当事者の負担とするのが合理的かに尽きる。すなわち，現在行われている不法行為が将来にわたっても継続するという蓋然性がある程度見通せる場合に，具体的に請求権が成立した（確実となった）時点で，そのつど請求権の主張および当該権利の成立要件の具備についての立証を債権者（原告）に負担させるのが公平か，将来にわたる予測がはずれた場合に，それについての主張および立証を債務者（被告）に負担させるのが公平か，起訴・立証負担をいずれの当事者に課すことが妥当か，という観点が重要となる。法は明文で将来給付の訴えを認めているのであり，裁判所が適切な期間を定めることで，訴えの利益を認める余地も十分にあるといえよう。

(3) 確認の訴え

(a) 確認の利益の判断基準

確認の訴えは，請求が，特定の権利・法律関係の存在または不存在の主張である訴えをいう。確認を求める対象は，原則として権利・法律関係であることは既に述べたが，その種類については格別の制限はないことから，理論的には無限定となりうる。そのため，訴えの利益が必要とされる趣旨に鑑みると，権利の確認という紛争解決手段が有効かつ適切かという観点から，訴えの利益（特に**確認の利益**という）の有無によってその対象に絞りをかける必要性が大きいといえる。

確認の利益は，従来，紛争を解決するために，確認の訴えという方法を選択することが有効・適切かどうか（**方法選択の適否**），確認の訴えの対象として選択された訴訟物が，原告・被告間の紛争の解決にとって有効・適切かどうか（**対象選択の適否**），そして原告の権利または法的地位についての危険・不安を除去するために，判決によって権利関係を即時に確定する法律上の利益ないし必要性があるかどうか（**即時確定の利益**）という3つの観点から判断されてきた。たとえば，売買代金支払請求権について確認の訴えを提起し，勝訴判決を得ても，相手方が任意に履行しなければ，確認判決に基づいて強制執行することはできず，権利を実現するためにはさらに給付の訴え（例，売買代金100万円を支払え）を提起しなければならなくなる。このことから，請求権が存在することの確認の訴えは，原則として確認の利益が否定される。また，確認の訴えの対

象は現在の権利・法律関係に限るとされてきた。単なる事実の確認は，紛争解決の前提事項にすぎず，判決によって確定しても紛争解決には役立たないし，過去や将来の権利・法律関係は，時間的経過とともに常に変動しうるものであるため，やはり紛争解決には役立たないから，いずれも確認の訴えの対象とはならない。

　しかし，事実の確認については，法は，**証書真否確認の訴え**を認め，当事者間で遺言書などの証書の真否（書面の成立の真正→第**2**章第**4**節**2**(**7**)(**b**)）が争われているときに，それを確認することで紛争が解決できる場合があることを認めている（改正前134条，改正後134条の2）。また，過去の権利・法律関係の確認についても，現在の通説・判例は，確認の訴えが，基礎にある権利関係の存否を観念的に確定することで，そこから派生する紛争を予防しうる機能を有していることを重視し，過去の権利・法律関係であっても，それを確定することが，現在の紛争を直接かつ抜本的に解決するために必要・適切な場合には，訴えの利益を認めている（最大判昭和45・7・15民集24巻7号861頁〈百選A8〉，最判昭和61・3・13民集40巻2号389頁〈百選22〉→第**4**章第**2**節**4**(**2**)(**b**)）。このように，現在では確認の対象を現在の権利・法律関係に限る必然性はもはやなく，その対象は広がりつつあり，確認の利益の有無を判断する際には，即時確定の利益が決定的な基準となっているともいえる。これについては具体的な判例を例に挙げながらもう少し詳しく見ていこう。

(b)　**確認の対象を限定することの妥当性**

　既に述べたように，判例は確認の訴えの対象を過去の権利・法律関係にも広げている一方で，確認の対象選択について，現在の権利・法律関係に限るという基準に固執しているようにもみえる。たとえば，遺言無効確認の訴えについては，形式上は過去になされた法律行為の確認を求める訴えであるが，その遺言が有効であるとすればそれから生ずべき現在の特定の法律関係が存在しないことの確認を求めるものとする（最判昭和47・2・15民集26巻1号30頁〈百選21〉）。また，賃貸借契約継続中の敷金返還請求権確認の訴えについては，確認の対象は，賃貸借契約終了後建物の明渡しがされた時において，それまでに生じた敷金の被担保債権を控除し，なお残額があることを条件として，その残額について発生する条件付権利であるとする（最判平成11・1・21民集53巻1号1

頁〈百選 25〉）。これに対して，遺言者生存中の遺言無効確認の訴えについては，遺言者の生存中は遺贈を定めた遺言によって何らの法律関係も発生しないのであって，受遺者とされた者は，何らかの権利を取得するものではなく，単に将来遺言が効力を生じたときは遺贈の目的物である権利を取得することができる事実上の期待を有する地位にあるにすぎないとして，確認の利益を認めなかった（最判平成 11・6・11 判時 1685 号 36 頁〈百選 24〉）。しかし，賃貸借契約継続中の敷金返還請求権確認の訴えは，見方によっては将来の権利関係ともいえなくもないし，遺言無効確認の訴えについても，確認の対象はさまざまに言い換えることができるものであり，その限りで，確認の対象を現在の権利関係に限ることにどれだけの意味があるのかは疑問である。最高裁が過去の権利関係について判示しているように，紛争の直接かつ抜本的な解決ができるかどうかを基準とするのであれば，確認の利益の有無は，その対象いかんにかかわらず，即時確定の利益の有無によって判断されるべきである。

(c) 即時確定の利益

即時確定の利益は，**紛争の成熟性**とも言い換えられるが，特に具体的な内容がいまだ確定していない将来の権利・法律関係の確認の場合に問題となる。将来の権利・法律関係はその発生に必要な要件が実際に具備されるかどうか不確実であり，それを対象として確認判決をしても無駄になる可能性があるからである。しかし他方で，侵害の発生する危険が確実視できる程度に紛争が現実化していて，かつ侵害の具体的発生を待っていたのでは回復困難な不利益をもたらすような場合には，当該権利または法的地位の確認を求めることが，原告の現実の不安・危険を除去し，将来起こりうる紛争の芽をあらかじめ摘むのに資することにもなる。現代社会は高度化・複雑化が進み，権利・法律関係が不明確なことも少なくない。そしてそのことが円滑な経済活動に支障をきたし，重大な経済的・社会的損害をもたらすこともある。このような場合には，確認訴訟によってその不明確を除去し，紛争の深刻化を未然に防止することが期待されるのである（**確認訴訟の予防的機能**）。確認の利益の有無も，このような確認訴訟の機能に着目して判断すべきである（東京地判平成 19・3・26 判時 1965 号 3 頁〈百選 A10〉）。判例も，敷金返還請求権確認の訴えにおいて，被告が敷金交付の事実を争っていたことから即時確定の利益を認めている。また，遺言者生

存中の遺言無効確認の訴えについても，対象選択の適否ではなく，即時確定の利益の問題として処理することが可能である。すなわち，推定相続人である原告は，遺言者が生存中であり相続が開始されておらず，何らの権利も取得していない以上，それについて現実の危険や不安が存することにはならないといえる。確かにこの事案では，遺言者が心神喪失の状況にあり，回復の見込みがなく，遺言の取消変更の可能性が事実上ないという特殊な事情があり，遺言無効確認の訴えを認めることにより，遺産をめぐって必ずや起こるであろう将来の紛争を予防することはできる。しかし，遺言の取消変更の可能性がないことと即時確定の利益を認めることとは，直接には結びつかず，また回復不可能な不利益が推定相続人に生じるとも思われないことからすると，やはり即時確定の利益は認められないであろう。また，たとえば交通事故の被害者の症状が固定していない段階で，加害者が損害賠償債務の不存在確認訴訟を提起した場合も，紛争の成熟性の観点から確認の利益を厳格に解すべきであろう（東京高判平成4・7・29判時1433号56頁参照）。

⑷ 形成の訴え

　形成の訴えは，請求が，一定の法律関係に基づく特定の権利・法律状態の変動（発生・変更・消滅）の主張である訴えをいう。これは，判決が出るまでは権利変動を生じさせないとして，特に法律が当事者に訴えの提起を要求している場合に認められるものであるから，形成の訴えという以上は，当事者にとっては訴えを提起する利益があるのは当然である。したがって，形成要件の存在を主張するものであれば，訴えの利益は原則として認められる。ただし，原告が形成判決を得ることによって実現しようとしていた経済的ないし実質的目的が，事実関係の推移により，判決を得たとしてももはや実現できなくなった場合や，原告が形成判決によってもたらそうとしていた法律状態と同じ状態が，事実関係の推移によって実現した場合には，訴えの利益は否定される。たとえば，会社役員を選任した株主総会決議の取消しの訴えが係属中に，その役員が任期満了により退任し，取消しを求める選任決議に基づく役員がもはや現存しなくなったときは，特別の事情がない限りは，決議取消しの訴えは実益がないから訴えの利益を欠くとされる（最判昭和45・4・2民集24巻4号223頁〈百選28〉）。

1　訴えにはどのような種類があり，それぞれ，その本案について裁判所の判決を
　　得るための正当な利益は，どのような場合に認められるのか。
2　新幹線の沿線に住む住民Ｘらは，長年にわたって列車の走行によって発生する
　　騒音および振動に悩まされてきた。そこで鉄道会社に対して訴えを提起し，列車
　　の走行によって発生する騒音および振動を一定限度を超えてＸらの居住敷地内
　　に侵入させてはならないことを求めた。Ｘらの請求は特定されているといえるか。

当事者

　本節では，裁判の主役である当事者について見ていこう。当事者は
訴訟の主体であり，民事訴訟は二当事者対立構造を基本としている。
では誰でも当事者になれるのだろうか。当事者になるための資格には，
当事者能力と当事者適格がある。当事者能力とは，民事訴訟の当事者
となれる一般的な資格である。民法上権利能力を有する者は，当事者
能力を有するが，権利能力がない団体は，どのような要件を満たせば
当事者となれるのか。当事者適格とは，具体的な請求との関係で正当
な当事者として訴訟を追行する資格である。実体法上の債権者・債務
者は当事者適格を有するが，それ以外の第三者が当事者となるのはど
のような場合か。また，わが国では弁護士を頼まなくても自分で訴訟
はできるが，複雑な訴訟手続で当事者が不利益を受けないためにはど
うしたらよいか。ここではこれらの，当事者をめぐるさまざまな問題
について学んでいこう。

1 当事者の意義 ―――――――――――――――――●

　訴訟の**当事者**とは，訴える者（**原告**）と訴えられる者（**被告**）であり，**判決の名宛人**となる者である。

　民事訴訟は，利害の相反する紛争関係人を当事者として対立させ，それぞれの主張や証拠を互いにぶつけ合える地位と機会を対等に付与する，**二当事者対立構造**を基本としている。1 つの手続に 3 人以上の当事者がいる場合も，原告・被告いずれかの地位に就くのが原則である。当事者が相対立していることが必要であるから，1 人で自分に対して訴訟をすることはできないし，またいったん訴訟が始まった後でも，訴訟の途中で当事者が死亡し，訴訟を引き継いでくれる相続人が誰もいない場合や，相続や法人の合併の結果，原告・被告の地位が同一人に帰する場合など，対立構造がもはや成立しない場合には，訴訟は終了することになる。

　既に述べたように，民事訴訟は審理の実体面について当事者主義を採用していることから，当事者は，手続の全般にわたり，その主体性が尊重され，種々の権能（当事者権）により自己の利益を守るための機会が保障されなければならない。また，当事者が決まることで，訴状をはじめとする訴訟書類や判決を誰に宛てて出せばよいか，どの裁判所に訴えを提起すればよいか，なども決まることになる。当事者が誰かは訴状の必要的記載事項であるため，通常はそれほど問題にはならないが，ある者が他人の氏名を勝手に使用して訴えを提起する**氏名冒用訴訟**（大判昭和 10・10・28 民集 14 巻 1785 頁〈百選 4〉）や，**死者名義訴訟**（大判昭和 11・3・11 民集 15 巻 977 頁〈百選 5〉）など，当事者となるべき者が現に当事者として訴訟に登場していないことがある。このような場合には，当該訴訟での当事者を明らかにする必要が生じる（**当事者の確定**）が，訴状の当事者欄の記載を中心に，請求の趣旨や原因の記載なども含め，総合的に判断することになる。また，原告が当事者の特定を誤った場合は，表示の訂正や当事者の変更が必要となる（**任意的当事者変更**→第 **4** 章第 **2** 節 **7**(**3**)コラム）。^{⇒246頁}

2　当事者になるための資格 ────────────●

(1)　当事者能力

　当事者能力とは，請求の内容にかかわらず一般に民事訴訟の当事者となるために必要な，訴訟法上の能力である。当事者能力は本案判決を出すために必要な訴訟要件の１つであるから，当事者に当事者能力がなければ訴えは却下される。

(a)　民法上の権利能力者

　民法上権利能力を有するとされる者，すなわち自然人および法人には，訴訟法上も当事者能力が認められる（28条）。民事訴訟は，実体法上の権利義務・法律関係の存否をめぐる紛争を対象としていることから，**権利義務の帰属主体**と認められるのに必要な能力，すなわち権利能力を有している者には，訴訟の当事者としての資格を認めるという趣旨である。民法上，自然人でなければ権利義務の主体とはなりえないことから，たとえば，「アマミノクロウサギ」を原告として，環境保護の訴えを提起しても，原告には当事者能力が認められず，訴えは却下される。

(b)　法人でない団体

　法人でない団体（**権利能力のない社団・財団**）でも，代表者や管理人の定めがある場合には，当事者能力が認められる（29条）。現実の社会においては，法人格を有していないさまざまな団体が存在し，取引活動を行っている。それによって他人との間に紛争が生じることも当然に想定できるが，団体と取引した相手方がいざその紛争を民事訴訟によって解決しようとした場合に，法人格がないことを理由に団体に対して訴えを提起することができないとすると，相手方としては，当該債務を負っている団体の構成員全員を探索し，被告としなければならなくなる。これはいかにも煩雑であるし，相手方の負担が大きすぎる。したがって，このような煩わしさを除き，また紛争の実態を訴訟に反映させるという意味からも，団体自体に当事者能力を認め，これを被告とし，これに対して判決することができる，あるいは団体が原告となって訴えを提起することができるとする方が，簡便でありかつ効果的である。以上の理由から，民訴法では例外的に権利能力のない団体にも，当事者能力を認めているのである。団

体そのものが原告または被告となる場合には，代表者や管理者がその法定代理人（→本節**4⑵**参照）として訴訟追行をすることになる（37条）。

29条によって権利能力のない団体に当事者能力が認められるための基準について，従来の判例は，実体法上の権利能力なき社団に関する基準に従い（最判昭和42・10・19民集21巻8号2078頁〈百選7〉），学説がそれをさらに以下の4つの基準に整理して議論してきた。すなわち，①団体としての組織性（意思決定のルールを持っていること），②財産的独立性（構成員とは独立した財産を持っていること），③対内的独立性（構成員の変動によって影響されない団体の同一性を維持していること），④対外的独立性（外部から見て独立した存在であること）である。ただし，団体によっては，構成員の結びつきが緩く，訴訟の途中で散り散りになってしまい，判決を得る頃には団体自体が存在しないというものもある。他方で個々の構成員の個性が強く，団体自体を当事者としたのでは，訴訟に個々の構成員の意思が適切に反映されないという事態もありうる。当事者能力は実体法における権利能力に対応する概念ではあるが，いかなる基準でこれを認めるかは，権利能力の基準とは切り離し，訴訟法独自の判断で決定されるべきであり，それが29条の趣旨にも合致する。このことから近時は，上記の要件を民訴法の観点から捉えなおし，相対化する傾向がみられる。すなわち，特定の訴訟物や相手方との関係で当該団体の当事者能力を考え，それに応じて判断基準も相対化するのである。判例も，会員制のゴルフ場の会員によって組織され，会員相互の親睦等を期することを目的として結成されたクラブが，ゴルフ場の計算関係書類等の謄本の交付を請求した事案において，上記の要件のうち財産的独立性の要件について，固定資産ないし基本的財産がなくても，団体の主体的機能，すなわち団体として内部的に運営され，対外的に活動するのに必要な収入を得る仕組みが確保され，かつその収支を管理する体制が備わっているなどの諸事情を勘案し，預託金会員制ゴルフクラブについて当事者能力を認めた（最判平成14・6・7民集56巻5号899頁）。この事案では，当該書類の謄本の交付を請求できるのは，このクラブ以外にはなく，訴訟物との関係で有効・適切な紛争解決のために当事者と認められる者に当事者能力を認めようとする判例の意図がうかがえる。

2 当事者 ● 45

(2) 当事者適格

　当事者適格とは，訴訟物たる特定の権利または法律関係について，当事者として訴訟を追行し，本案判決を求めうる資格をいう。**訴えの利益**（→本章第 1 節 **2**）が，請求との関係で正当な利益・必要性を検討する客観的要件であるのに対して，当事者適格は，訴えの主体である当事者との関係で正当な利益・必要性を検討する主観的要件である。特定の訴訟物についての紛争を訴訟により解決するためには，誰を当事者として訴訟を追行し，本案判決の名宛人とすることが有効・適切かを基準に判断される。当事者適格は**訴訟追行権**，当事者適格を有する者は**正当な当事者**と称されることもある。

(a) 原　則

　当事者適格は，原則として，訴訟物たる権利関係についての判断に法的利害関係を有する者に認められる。原告としては，請求認容判決によって保護される権利や地位が自らに帰属すると主張する者が，被告としては，この原告の主張を争っている者が，それぞれ当事者適格を有する。給付の訴えでは，自己の給付請求権を主張する者が原告，義務者と主張される者が被告となる。確認の訴えでは，確認の利益と当事者適格が重なることから，確認の利益を有する者が原告，本案判決を必要ならしめている者が被告となる（最判平成 7・2・21 民集 49 巻 2 号 231 頁〈百選（5 版）14〉，最判昭和 44・7・10 民集 23 巻 8 号 1423 頁〈百選 14〉）。形成の訴えでは，法律が特に原告または被告となるべき者を定めていれば，それによって当事者適格は認められる（原告につき，会社 828 条 2 項等，被告につき，会社 834 条等）。当事者適格は，あくまでも裁判で当該権利の存否を争うための資格であるから，当事者適格が認められたからといって，実体法上の権利者・義務者として認められるとは限らない。これは**本案**の問題である。

(b) 第三者の訴訟担当

　訴訟物たる権利義務の主体の代わりに，またはこれと並んで第三者に当事者適格が認められることがある。これが**第三者の訴訟担当**である。この場合，当該第三者が当事者となり訴訟追行権を有する。本来の利益帰属主体は当事者とはならないが，訴訟担当者が受けた判決の効力は，当事者である担当者はもちろんのこと（115 条 1 項 1 号），本来の利益帰属主体にも及ぶ（同項 2 号）。

第三者の訴訟担当は，第三者の訴訟追行権が利益帰属主体の意思によって付与されたものであるか否かで，法定訴訟担当と任意的訴訟担当に分けられる。

① 法定訴訟担当

法定訴訟担当は，利益帰属主体の意思とは無関係に，法律の規定により第三者が当然に訴訟追行権を有する場合であり，その性質からさらに2つに分けられる。1つは，他人の財産につき管理処分権を持つ者であり，第三者は，管理処分権の一部として，その財産についての訴訟を担当する。たとえば，破産をした者は，破産手続開始決定があると自分の財産については管理処分権を失い，裁判所から選任された破産管財人が，その財産について管理処分権を持つことになるため，この財産に関する訴訟の当事者適格は，破産管財人が持つこととなる（破2条12項・78条1項・80条）。その他，差し押さえた債権を取り立てるために訴訟を提起する差押債権者（民執155条1項・157条），債権者代位訴訟において債務者の権利を代位行使する債権者（民423条），責任追及訴訟の株主（会社847条），遺言執行者（民1012条，最判昭和51・7・19民集30巻7号706頁〈百選11〉）も，法律の規定に基づいて第三者の訴訟追行権が認められている場合であると従来いわれてきたが，近時は議論がある。この中でも債権者代位訴訟については，平成29年民法改正で，債権者が債権者代位権を行使しても，債務者は被代位権利の取立て・処分等を妨げられないとされており（民423の5），債務者にも当事者適格があると認められることから，債権者代位訴訟が法定訴訟担当なのか，債権者の固有の当事者適格に基づくものなのか，さらに議論が続くことになった。

いま1つは，法律上，ある職務に就いている者にその資格に基づいて訴訟追行権が付与される場合で，**職務上の当事者**と呼ばれる。婚姻の無効または取消しの訴えなどの人事訴訟において，相手方が既に死亡しているときには検察官を被告として訴えを提起する場合（人訴12条3項）がこれにあたる。

② 任意的訴訟担当

任意的訴訟担当は，本来の利益帰属主体の意思に基づいて，第三者に訴訟追行権が授与（**授権**）されるものである。これを明文で認めているのが，**選定当事者**（30条）である。

選定当事者とは，共同の利益に基づいて多数の者がともに訴えまたは訴えら

れるべき場合に，その中の１人もしくは数人を選んで当事者とし，他の者は訴訟に顔を出さずに自らの訴訟追行権を委ねる制度である。選ばれた者を選定当事者，選んだ者を選定者という。

　たとえば，列車事故の被害者である乗客が，鉄道会社に対して損害賠償請求をする場合に，全員が原告となるのではなく，そのなかから１人を原告として訴えを提起する場合がこれにあたる。この場合，選定当事者は，選定者それぞれの損害賠償請求権につき，原告として訴訟を追行し，判決を受けることができる。また，選定当事者が受けた判決の効力は，当事者となっていない選定者にも及ぶ（115条１項２号）。最初は全員が当事者となって始めた訴訟の途中で，選定当事者制度に切り替えることもできるし，最初は訴訟に加わらなかった者が途中で選定者に加わることもできる。反対に，途中で選定を取り消したり，選定当事者を変更することもできる（30条２項〜４項）。

　選定は，選定者各自が，自分の利益についての訴訟追行権を選定当事者に授権する訴訟行為である。選定当事者はその資格を訴訟上書面で証明しなければならないことから（規15条），選定にあたっては，選定者がそれぞれ選定書を作成し，個々の授権を明確にする必要がある。

　この選定当事者以外に，任意的訴訟担当がどこまで認められるかについては，議論がある。本人の授権さえあれば，第三者には誰でも当事者適格を認めてよいであろうか。しかしこれを無制限に認めてしまうと，法が，訴訟代理人を弁護士に限定し（**弁護士代理の原則**。54条），訴訟信託を禁止したこと（信託10条）により，本来の権利義務の帰属主体を保護し円滑な訴訟進行を確保しようとした趣旨が損なわれてしまうおそれもある。したがって，①これらの規定の趣旨を回避・潜脱するおそれがなく，かつ，②合理的必要がある場合には許されるとするのが，判例・通説の立場である。いかなる場合に合理的必要があると認められるかは，ケース・バイ・ケースで判断される。たとえば，民法上の組合の業務執行組合員は，組合規約に基づいて各組合員から組合財産についての管理権とともに訴訟追行権が授与されているとして，任意的訴訟担当が認められる（最大判昭和45・11・11民集24巻12号1854頁〈百選12〉）。さらに近時は，団体の構成員全員を当事者としなければ訴えが不適法となってしまう固有必要的共同訴訟（→第**4**章第**2**節**4**(**2**)）⇒224頁において，提訴あるいは訴訟追行の負担を軽

減するための方策として，訴訟担当が活用される例（最判平成6・5・31民集48巻4号1065頁〈百選10〉）や，明確な授権がなくても任意的訴訟担当を広く認める例（最判平成28・6・2民集70巻5号1157頁〈百選13〉）もみられる。

(3) 当事者能力と当事者適格の交錯

当事者能力は，請求の内容に関係なく，当事者となりうる一般的な資格であるのに対して，当事者適格は，特定の権利または法律関係について当事者となることができる資格である。従来はこのような区別を前提とし，まず，当事者能力の有無を判断し，それが認められてから当事者適格の有無を問題としていた。いってみれば，目の粗いふるいにかけてから目の細かいふるいにかけるのである。したがって，当事者適格は当事者能力を前提とするが，能力があるからといって，適格があるとはいえない。ただ，当事者能力も，私人間の紛争の解決のために，どうすればそれを合理的効果的に達成できるかという訴訟法独自の見地から定められているものであるから，基本的なスタンスは当事者適格と同じである。また，当事者能力の有無は，本来は訴訟物とは独立して判断されるものであるが，その者を当事者として判決しても，有効・適切な私益保護が達成されない（紛争解決がなされない）ときに，訴訟手続が打ち切られ訴えが却下されるという点でも，当事者能力は当事者適格と同一の機能を有する（当事者能力と当事者適格の交錯）。これを逆にいえば，先のゴルフ場の会員クラブ（権利能力のない社団）による計算書類等の謄本交付請求の事案のように，有効・適切な紛争解決のためには，その者を当事者として判決をするほかないという場合には，当事者適格が認められる者（正当な当事者）に当事者能力も認めるべきである。有効・適切な紛争解決のためには，どのような請求を立て，その請求との関連で誰を当事者とするべきかが決まってくるし，また，誰を当事者とするかによって，どのような請求を立てられるかが決まってくる。このように，当事者と請求は相互に連動するものであり，独立の訴訟要件であるとはいえ，それらが相互に関連しあっていることに注意すべきである。

(4) 利益拡散訴訟と当事者適格

近時は，当事者適格を実体的な利益ではなく，手続的な利益を基準にして捉

え直そうという考え方も有力である。特に環境紛争など，保護の対象となる利益が不特定多数の人々に拡散している場合などは，そもそも誰が利益の主体なのかを特定するのが困難で，誰にも原告になる資格がないということにもなりかねない。訴訟における原告の目的や利益を追求するために，どのような請求を立て，誰を当事者とすれば充実した審理を展開し効果的に戦えるかという戦略的な視点も必要となろう。このような視点から，内閣総理大臣が認定した消費者団体が消費者に代わって事業者に対して訴訟を提起することができる**消費者団体訴訟制度**が設けられた。具体的には，事業者の不当な行為に対して，適格消費者団体が差止請求訴訟を提起できる制度（消費契約 12 条）と，不当な事業者に対して，特定適格消費者団体が，消費者契約に関して多数の消費者に生じた財産的被害を回復するために，第一の手続として事業者の責任を確定するための訴えを提起し，第二の手続として個々の消費者の債権を確定するという制度（消費者裁判手続特例法）である（東京地判令和 2・3・6 判時 2520 号 39 頁）。しかし，このような立法ですべての問題が解決できるわけではなく，当事者能力・当事者適格の在り方は，個別具体的な事案に応じた提訴手続の選択という観点から，さらに議論される必要がある。

3 訴訟能力

(1) 意 義

訴訟能力とは，当事者が，訴訟上単独で有効な**訴訟行為**を行い，またはこれを受けるために必要とされる訴訟法上の能力である。当事者能力があるということと，訴えを提起したり，弁護士を選任したり，弁論をしたりすることまで自分だけでできるかということは別問題であり，このような訴訟行為を十分にできず，自分で自分の権利を十分に守ることができない者が，複雑な訴訟手続において不利益を受けないように，それらの者を保護するために設けられているものである。

訴訟能力を有するかどうかは，原則として行為能力を基準に判断される（28条）。ただし，訴訟行為は通常の取引行為よりも複雑であることも多く，より

高度な予測判断能力が必要とされることから，訴訟無能力の範囲および効果は民法上の行為無能力のそれとは異なる。

(2) 訴訟無能力の範囲

(a) 訴訟能力を欠く者

未成年者および成年被後見人は，**法定代理人**によらなければ，訴訟行為をすることができない（31条本文）。弁護士の選任も法定代理人によって行われなければならない。民法では，未成年者はあらかじめ法定代理人の同意や許可を得ていれば，自ら法律行為をすることができるとされている（民5条）が，訴訟追行は複雑であるし，また訴訟手続を一体として取り扱うという法的安定性の要請から，常に法定代理人が訴訟行為をすることとしている。ただし，未成年者が営業許可を受けているなど一般的な行為能力が認められている場合（民6条1項）には，訴訟能力が認められる（31条ただし書）。訴訟能力を欠く者に法定代理人が付いていない場合には，そのままでは相手方が訴訟をすることができなくなってしまうので，相手方の申立てにより，裁判所が**特別代理人**を選任しなければならない（35条）。

(b) 訴訟能力の制限を受ける者

被保佐人および被補助人は，訴訟能力の制限を受ける。被保佐人も被補助人も，それぞれ保佐人ないし補助人の同意があれば，単独で有効な訴訟行為ができる（民13条1項4号・17条1項）。ただし，被保佐人・被補助人が相手方の提起した訴えや上訴について訴訟行為をする場合には，同意は不要である（32条1項）。保佐人・補助人が常に代理権を有しているとは限らないことから，同意がないと，これらに対して訴えを提起することができないという不都合を避けるためである。保佐人・補助人の同意は書面により（規15条），かつ包括的に与えられなければならない。また，同意を得た場合でも，同意の不要な場合でも，判決によらずに訴訟を終了させるような重大な結果を生じさせる行為（**訴えの取下げや和解**）をする場合には，特に個別的に授権を得る必要がある（32条2項）。

(c) 人事訴訟における訴訟能力

離婚訴訟など身分関係が問題となる人事訴訟では，できるだけ本人の意思を

尊重する必要があるので，未成年者や成年被後見人，被保佐人・被補助人も，意思能力さえあれば完全な訴訟能力が認められる（人訴13条1項）。したがって，単独で訴訟追行をすることもできる。ただ，意思能力の判定が容易ではないこともあるので，手続の安定の要請や本人の利益保護の必要性から，裁判長は必要に応じて，弁護士を訴訟代理人に選任することもできる（同条2項3項）。また，成年被後見人のために，成年後見人や成年後見監督人が訴訟を追行することもできる（同14条。ただしこの場合，成年後見人らは法定代理人なのか職務上の当事者なのか，その訴訟上の地位については議論がある）。

┃ (3) 訴訟能力欠缺（けんけつ）の効果 ┃

　訴訟能力は個々の訴訟行為が有効であるための要件であるから，訴訟能力を欠く者の，またはこれに対してなされる訴訟行為は当然に無効である。民法上，制限行為能力者の法律行為が，取り消されるまでは有効とされているのとは異なる。これは，訴訟手続が訴訟行為の積み重ねによって組成されていて，手続の安定・明確化の要請が強いからである。しかし他方で，訴訟能力を欠く者の訴訟行為であっても，それが確定的に排斥される前に，法定代理人または能力を取得・回復した本人が**追認**すれば，行為の時に遡って有効となる（34条2項）。この場合，個々の訴訟行為を選択して一部のみを追認することは許されず，行われた訴訟行為のすべてを追認しなければならない。このように，訴訟能力を欠く者の訴訟行為であっても追認の余地があり，また必ずしも行為者に不利であるとも限らないことから，裁判所は直ちにこれを排斥せず，相当の期間を定めて，本人に能力の補正を命じなければならない（同条1項前段）。この場合，補正がされるまでは手続を進行させないのが原則であるが，かえって訴訟能力を欠く者に損害が生じるおそれがある場合には，手続の進行を許すことができる（同項後段）。

　訴訟能力を欠く者が原告となって訴えを提起し，または被告として訴状の送達を受けた場合は，訴え提起および訴状の送達が有効になされていないため，裁判所は請求権の存否についての本案判決をすることができなくなる。訴訟能力が補正されない限り，訴えは却下される。ただし，訴訟能力の欠缺を理由とする訴え却下判決に対しては，訴訟能力を欠くとされた者本人も上訴（→第**5**

章第 1 節 1）⇒248頁ができる。これは，訴訟能力について本人に争う機会を保障するためである。このように，提訴過程において訴訟能力があることは，本案判決をするために必要とされる訴訟要件の1つとされるが，これ以外の訴訟行為について訴訟能力が欠ける場合は，訴え自体は適法であり，ただその後の個々の訴訟行為が無効となるだけである。

なお，訴訟の途中で当事者が訴訟能力を失った場合には，訴訟手続は中断し，法定代理人が当該訴訟手続を受け継ぐことになる（124条1項3号）。

4　訴訟上の代理人

(1)　意義

訴訟上の代理人とは，本人の名において，本人に代わって自己の意思に基づき訴訟行為をし，またはこれを受ける者をいう。本人以外の第三者が訴訟追行をするという点で，先に挙げた訴訟担当と同じであるが，訴訟担当者は，当事者として自己の名において訴訟追行をするという点で，代理人とは異なる。

民法上の法律行為について代理制度があるように，訴訟追行についても代理が認められている。訴訟能力を欠く者については，必ず法定代理人が訴訟行為をしなければならないし，訴訟能力を有している者についても，法律的知識と実務経験がないと訴訟追行は困難で煩わしいことから，法律専門家である弁護士を代理人に選任する意味は大きい。訴訟における代理は，代理人の地位が本人の意思に基づかない法定代理人と，本人の選任に基づく任意代理人で，訴訟追行のための代理人である訴訟代理人とに分けられる。

(2)　法定代理人

未成年者の親権者や未成年後見人，成年被後見人の成年後見人などの実体法上の法定代理人は，訴訟法上も**法定代理人**となる（28条）。また，特定の訴訟手続について，裁判所が選任する臨時の法定代理人として，特別代理人がある（たとえば35条）。

法定代理人は当事者本人ではないが，訴訟能力を欠く者を全面的に代理し，

その者のために訴訟行為を行うことから，当事者本人と同様に扱われることが多い。また，法人および法人格なき団体の代表者は，当事者である法人等に代わって訴訟追行をするから，法定代理人に準じて扱われる（37条）。

(3) 訴訟代理人

訴訟代理人とは，当事者の意思によって訴訟追行のために包括的な代理権が付与されている者で，法令による訴訟代理人と訴訟委任に基づく訴訟代理人とに分けられる。

(a) 法令による訴訟代理人

法令による訴訟代理人とは，当事者の意思によって一定の法的地位に就いている者で，法令の規定上本人の一定範囲の業務について，一切の裁判上の行為をする権限が与えられている実体法上の一般的代理人である。支配人（会社11条1項）や船長（商713条1項）などがこれにあたる。また，国を当事者とする訴訟で，法務大臣によって指定された所部の職員または主管庁の職員や，行政庁が当事者となる行政事件で，行政庁に指定されたその職員なども，法令による訴訟代理人である。

(b) 訴訟委任による訴訟代理人

訴訟委任による訴訟代理人とは，事件ごとに訴訟追行を委任され，そのための代理権を付与される訴訟代理人である。これは原則として弁護士でなければならない（**弁護士代理の原則**。54条1項本文）。わが国では弁護士強制主義は採られていないことから，弁護士を頼まず自ら訴訟追行をする本人訴訟も許されているが，代理により訴訟追行をする以上は，代理人を法律の専門家である弁護士に限り，それによって当事者の保護と円滑な手続進行の確保を図ったものである。ただし，簡易裁判所では個別的に裁判所の許可を得て，弁護士でない者でも訴訟代理人となることができる（**許可代理**。同項ただし書）。また，所定の研修を受け，法務大臣による能力認定を受けた司法書士会所属の**司法書士**も，簡易裁判所においては代理人となることができる（司書3条2項）。

　訴訟代理人は，委任を受けた事件について，訴訟追行に必要な一切の行為をすることができる（55条1項・3項本文）。このように代理権の範囲が包括的なものとされ，個別的に制限することが許されないのは，手続安定の要請と法律

の専門家である弁護士への信頼に基づくものである。ただし，反訴・上訴の提起や訴訟を終了させる行為（訴えの取下げ，和解，上訴の取下げなど）などは，その行為の重大さゆえに，本人の特別の委任を要する**特別授権事項**である（55条2項。最判昭和38・2・21民集17巻1号182頁〈百選17〉）。

　当事者が死亡したり，合併によって消滅したり，訴訟能力や訴訟担当資格を喪失しても，訴訟代理権は消滅しない（58条）。また，訴訟代理人がいる場合には，当事者が死亡するなどの中断事項が生じても，手続は中断しない（124条2項）。訴訟代理権が消滅するのは，代理人が死亡した場合や，委任の解除等により委任関係が終了した場合，委任者が破産した場合などに限られ（民111条1項2号・同2項・651条・653条），本人または代理人から相手方に通知しない限りは，代理権消滅の効果は生じない（59条・36条1項）。

CHECK

1　当事者能力と当事者適格が交錯する場面を，ゴルフ場の会員クラブがゴルフ場経営会社に対して計算書類の謄本交付請求をする事例を用いて説明しなさい。
2　任意的訴訟担当はどのような場合に認められるのか，明文で認められている場合とそれ以外の場合とに分けて論じなさい。

3　裁判所

　本節では，当事者が提起した訴えを審理し，判決を下す裁判所について見ていこう。誰に対してどのような訴えを提起するかが決まると，次に問題となるのは，どの裁判所に訴えを提起したらよいかである。これが管轄の問題である。一言で裁判所といっても，いろいろな種類

の裁判所がある。また，同じ種類の裁判所でも全国各地に点在していることから，原告はこれらの裁判所のなかから訴えを提起する裁判所を選択することができる。これから訴訟で紛争を解決しようとする当事者にとって，どこの裁判所が審理・判断をするかは，適正かつ迅速な裁判を受けられるかどうかに関わる重大な問題である。ここでは，原告の訴えを審理し，判決を下す権限を有する裁判所はどのように決まっていくのか，原告はどこまで自分に有利な裁判所を選択することができるのかを見ていこう。そして，被告は原告の選んだ裁判所での審理を受け入れざるをえないのか，被告の管轄選択権はどのような手段によって実現されるのか，権限のない裁判所に訴えを提起してしまったらどうなるのか，という移送の制度を見ていこう。

1 裁判所の意義・構成

裁判所とは，司法権を行使する国家機関であるが，法律上，裁判所という言葉には複数の意味がある。1つは，**裁判官**その他の職員（裁判所書記官，家庭裁判所調査官，裁判所事務官，裁判所技官，執行官など）を含めた司法行政上の官庁または官署としての裁判所を指し，**国法上の裁判所**という。いま1つは，直接に民事裁判権を行使する，すなわち訴訟を実際に審理し，判断を下す裁判機関としての裁判所を指し，**訴訟法上の裁判所**という（本書では特に断わりのない場合には「裁判所」はこの意味で用いる）。

裁判機関である訴訟法上の裁判所には，数人の裁判官による**合議制**と，1人の裁判官による**単独制**とがある。合議制のメリットとしては，個々の裁判官が相互にその知識・経験を補完し，慎重な審理を通じて正当な結論が導かれる蓋然性が高くなることが挙げられる。他方で単独制は，機動的な訴訟運営が可能となり，裁判の迅速化が期待できる。第一審である簡易裁判所および地方裁判所は原則として単独制であるが，地方裁判所では，事件によっては3人の裁判官からなる合議制で審判することもできる（裁26条）。さらに，当事者が著しく多数で，かつ，尋問すべき証人または当事者本人が著しく多数である**大規模訴訟**に係る事件（269条），また特許権等に関する訴えに係る事件（269条の2）

については，5人の裁判官の合議で審判することができる。高等裁判所は3人
または5人の合議制，最高裁判所は5人または15人の合議制を採っている。

　裁判長とは，合議制の構成員の1人であり，発言機関として合議体を代表し，
口頭弁論の指揮，証拠調べの主宰，判決の言渡しなどを行うほか，簡易・迅速
を要する事項については，単独で決定する権限を持っている。合議制のもとで
の事件について，一定の事項を構成員の1人に委任して処理させる場合に，委
任された裁判官を**受命裁判官**という。また，審理を担当する裁判所（**受訴裁判
所**）が，証拠調べや和解など一定の事項を，他の地方裁判所または簡易裁判所
に嘱託した場合に，これを取り扱うことになった裁判所の裁判官のことを，**受
託裁判官**という。

2　民事裁判権と管轄権

(1)　民事裁判権の意義

　民事裁判権とは，具体的な民事事件を裁判によって処理するために用いられ
る国家の権能であり，司法権の一作用として裁判所に属する。民事裁判権には，
訴訟当事者に判決を下すことをはじめ，これに付随して当事者に対して訴訟関
係文書を送達し，口頭弁論期日へ呼び出すことや，第三者を証人・鑑定人とし
て呼び出して尋問し，証拠物の提出を命じることなどが含まれる。

　民事裁判権は，原則としてわが国の領土内にいるすべての人に及ぶ。ただし，
外国国家や国家元首，外交官，領事等は，原則として他国裁判所での民事裁判
権の被告とされない特権が認められ，わが国の民事裁判権には服しない（**裁判
権の免除**）。このうち，外国国家については，当該外国が自ら訴訟を提起した場
合や，事件が私法上の行為から生じた紛争にかかる場合など，法が明文で認め
ている場合には，外国国家も私人と同様にわが国の裁判権に服する（**制限免除
主義**）。いかなる場合に裁判権が及ぶか，及ぶ場合に訴訟上どのように扱われ
るかについては，「外国等に対する我が国の民事裁判権に関する法律」（平成21
年法律第24号）に規定されている。

　民事裁判権の行使にあたる裁判所としては，最高裁判所，高等裁判所，地方

裁判所，簡易裁判所および家庭裁判所がある。

☝ 離婚事件と家庭裁判所

　民事訴訟事件のうち，特別訴訟事件に分類される人事訴訟事件とは，婚姻の無効・取消し，離婚の訴え，認知の訴え，養子縁組の無効・取消し，離縁の訴え等の身分関係の形成または存否確認を目的とする訴えに関する事件である（人訴2条各号）。離婚事件などの人事訴訟事件は，以前は地方裁判所で審理されていたが，平成15（2003）年の人事訴訟法の制定の際に，家庭裁判所のみがこれを扱うこととされた（同4条1項）。これによって，家庭裁判所が訴訟事件を扱うことになり，離婚事件の**調停**や審判と訴訟の手続が，家庭裁判所に一本化され，国民にとって便利かつ機能的な紛争解決制度が整備されることとなった（→序章第2節(3)(b)）。さらに，人事訴訟にかかる請求の原因である事 ⇒23頁 実に共通性があれば，それによって生じた損害の賠償についても家庭裁判所が審理および裁判ができる（同17条）。したがって，たとえば妻は夫に対して離婚請求と離婚慰謝料請求とを一緒に家庭裁判所に提起することができる。

⑵　裁判所の管轄

　管轄権とは，わが国に現在ある上記各裁判所が，具体的事件について行使できる裁判権の範囲のことをいう。裁判権が，わが国の裁判所全体について抽象的に考えられる権限であるのに対して，具体的にこれをどの裁判所が行使するかが管轄権の問題であり，各裁判所間の裁判権分担を定めているのが**管轄**である。管轄は大きく，職分管轄，審級管轄，事物管轄，土地管轄に分けられる。

　職分管轄とは，裁判所が行使する裁判権の作用がさまざまであることに鑑み，どの裁判所がどの機能を果たすかという職務の分担を定めるものである。裁判権の作用は，判決手続，督促手続，強制執行手続などに分かれ，たとえば判決手続を担当する裁判所は受訴裁判所，強制執行を担当する裁判所は執行裁判所というように区別されている。

　審級管轄とは，職分管轄の中で，三審制のうちどの審級の裁判権を担当するか，その分担を定めるものである。受訴裁判所はその担当する審級によって，第一審裁判所，第二審（控訴審）裁判所，第三審（上告審）裁判所に分けられる。

民事訴訟事件には，一般の通常訴訟事件と特別訴訟事件があり，前者については簡易裁判所と地方裁判所が（裁33条1項1号・24条1号），後者に属する人事訴訟事件については家庭裁判所が（裁31条の3第1項2号），それぞれ第一審裁判所となる。地方裁判所または家庭裁判所が第一審の場合には高等裁判所が，また簡易裁判所が第一審の場合には地方裁判所が，それぞれ第二審（控訴審）裁判所となる。さらに最高裁判所と高等裁判所が，それぞれ第三審（上告審）裁判所となる。

　事物管轄とは，通常の民事訴訟における訴えを審判する第一審裁判所の裁判権を，簡易裁判所と地方裁判所のいずれが行使するか，その事件の配分を定めるものである。そして，多数あるこれらの裁判所のうちの，どの土地の裁判所が裁判権を行使するのかを定めるのが，**土地管轄**である。事物管轄と土地管轄については，次に詳しく説明しよう。

3　訴えの管轄裁判所

(1)　事物管轄

　民事訴訟事件については，**訴訟物の価額**（**訴額**）が140万円を超えない事件は簡易裁判所，それ以外の事件は地方裁判所の事物管轄とされている。ただし，簡易裁判所の管轄に属する事件が地方裁判所に提起されても，地方裁判所が相当と認めれば自ら審判できる（16条2項）。また，訴額が140万円を超えない不動産に関する事件は，両者の競合管轄とされている。

　このように，事物管轄は訴額を基準として定められているが，訴額はどのように計算するのであろうか。訴額とは，原告が訴えで主張している利益を合理的に評価した金額で，判決を求める原告の権利主張が，直接原告にもたらす経済的利益である。金銭の支払を求める給付請求のように，その利益が直接金額で表示されていれば，その金額が訴額になる。登記請求の訴額は，目的不動産の評価額に基づいて計算される。これに対して，訴訟物が身分上の法律関係や差止請求権の主張のように，それ自体として経済的利益を内容としていない，いわゆる非財産的な訴えについては，訴額を算定することができないが，地方

裁判所の管轄であることを明らかにするために，訴額は140万円を超えるものとみなされる（8条2項）。訴額の算定が極めて困難な場合も同様である。

　1つの訴えで数個の請求をする，たとえば名誉毀損に基づく慰謝料100万円の支払と，謝罪広告の掲載を同時に請求する場合には，両請求の価額を合算して訴額を定めるとされており（9条1項），事物管轄は訴え全体について定まる。この際謝罪広告については，新聞の広告費に基づいて訴額を算定することになる。ただし，元本請求と利息請求というように，両請求の間に主従関係がある場合には，従たる請求である利息請求の価額は合算しない（同条2項）。

▌(2)　土地管轄（裁判籍）▌

　事物管轄によって，第一審の裁判所が地方裁判所と簡易裁判所のいずれかに定まったとしても，全国多数ある裁判所の中で，どの土地の裁判所の管轄と定めるかという土地管轄が問題となる。土地管轄の原因を成す，事件とその裁判所の管轄区域との人的・物的関係を**裁判籍**といい，特定の事件についての裁判所の管轄の根拠となる。裁判籍は，事件の種類内容を問わず，民事訴訟一般についての土地管轄を定める**普通裁判籍**と，種類・内容によって限定された範囲の訴訟について，普通裁判籍と競合して認められる**特別裁判籍**とに分けられる。

(a)　普通裁判籍

　訴訟は一般に，被告の普通裁判籍の所在地を管轄する裁判所の土地管轄に属する（4条1項）。普通裁判籍は，自然人であれば住所または居所（同条2項），法人その他の団体であれば主たる事務所または営業所（同条4項）とされる。したがって，いかなる事件についても，被告の住所地であれば必ず管轄が認められるという点で，裁判を受ける権利が保障されている。また，訴訟の準備に余裕があり，競合して管轄権を有する裁判所のなかから自らに有利な裁判所を選択できる原告が，一方的に訴えを提起され応訴を強いられる被告の本拠地に出向いて訴えを提起するのが，被告の防御権を保障するという意味で，当事者間の衡平にかなうといえる。

(b)　特別裁判籍

　具体的な事件の内容を考慮して，普通裁判籍と競合して認められるのが特別裁判籍である。そのうち代表的なのは，財産権上の訴えについての**義務履行地**

（5条1号），不法行為に関する訴えについての**不法行為地**（同条9号）などであり，訴えの内容に応じてそれぞれに特有の裁判籍が定められている。これらは，普通裁判籍と競合して認められることから，原告の選択肢を増やし訴えを提起しやすくすると同時に，証拠の所在地である不法行為地等に管轄を認めることにより，裁判の適正・迅速（訴訟審理の便宜）という理念にかなった規定である。他方で義務履行地に土地管轄が認められることにより，実体法上の持参債務の原則（民484条，商516条）と相まって，多くの場合，結局は原告である債権者の住所地で訴えを提起することが可能となり，上述の被告の住所地に普通裁判籍を認めた趣旨が損なわれることになってしまっているのも，また現実である。この場合に当事者間の衡平を回復するための措置として，移送という制度がある（→本節**4**(**2**)(**a**)①）。

⇒67頁

　なお，専門性が高く，高度な専門技術的な事項が審理の対象となる特許権等の知的財産事件については，裁判の適正・迅速を確保するという観点から，東京地裁および大阪地裁の管轄が定められている。東日本地域に関しては，東京地裁，西日本地域については大阪地裁が，特許権・実用新案権等に関する訴えでは専属管轄とされ（6条1項），第二審は東京高等裁判所が専属管轄とされている（同条3項）。また，著作権・商標権等に関する訴えについては，これらが選択的な管轄とされている（6条の2）。**専属管轄**とは，特に公益性が強い場合に，法律で一定の裁判所の管轄のみが認められ，ほかの裁判所の管轄が排除される場合をいう。先に挙げた職分管轄はすべて専属管轄である。専属管轄違反は控訴・上告理由となる（299条1項・312条2項3号）。

(c) 併合請求における管轄

　併合請求とは，1つの訴えで複数の請求をまとめてする場合で，本来は受訴裁判所に，各請求についてそれぞれ管轄が認められなければならないはずである。しかし法は，その中の1つの請求についてさえ管轄があれば，他の請求は，独立では当該裁判所に管轄がないものであっても，併せて当該裁判所に提起することができるとしている（7条）。原告にとっては1つの裁判所にまとめて訴えを提起できるのが便宜であるし，1つの請求について管轄がある以上，被告もその裁判所で応訴しなければならないことから，一緒に審理されることを前提とすれば，他の請求について管轄を認めても，被告の応訴上の不利益はそれ

ほど大きくはない。ただし，1つの訴えで複数の請求をする場合には，同一被告に対してする場合（**訴えの客観的併合**→第4章第❶節**1**）と，数人の被告に対してする場合（**訴えの主観的併合**→第4章第❷節**1**）があり，後者の場合には，被告の応訴上の不利益の大きさに鑑みて，併合請求の裁判籍はある程度制限されている（7条ただし書・38条前段。人事訴訟について人訴5条参照）。とはいえ，主観的併合は極めて緩やかに認められており，原告によって濫用されることもある。すなわち，原告が自己に便利な地の裁判所に管轄を生じさせるためだけの目的で，訴える必要のない者に対する訴えを本来の訴訟に加えて，前者の請求について管轄を有する裁判所に訴えを提起し，その後すぐにその請求を取り下げた場合には，原告が管轄選択権を濫用したとして，7条の併合管轄の適用を否定すべきである（札幌高決昭和41・9・19高民19巻5号428頁〈百選A2〉）。

(3) 当事者の合意に基づく管轄の決定

以上見てきたように，原告が訴えを提起する第一審裁判所は法によって定められている（**法定管轄**）が，その定めは，もっぱら当事者の訴訟追行の便宜とその利害の調整を考慮したものである。したがって，当事者双方が法定管轄以外に，より都合のよい裁判所を選ぶというのであれば，それを第一審に限って尊重したとしても，法定管轄の趣旨には反しない。民事訴訟の対象が，本来私的自治が妥当する実体私法上の権利義務の存否であることから，できる限り当事者の意思が尊重されるべきであり，このことは管轄についても当てはまる。

(a) 合意管轄

合意管轄とは，法定管轄と異なる管轄を受訴裁判所とする，当事者間の合意によって生じる管轄である（11条）。合意は，一定の法律関係に基づく事件に関して，第一審裁判所の土地管轄および事物管轄についてのみ許される。ただし，公益的要求が高いために専属管轄とされているものについては，合意によってこれを変更することはできない。合意は書面でする必要がある（電磁的記録でも可。11条3項）。当事者の意思を明確にし，訴訟になって問題が起こらないようにする趣旨であり，必ずしも同一の書面による必要はなく，申込みと承諾とが別々の書面でなされたり，時を異にしてなされても問題はない。

(b) 応訴管轄

応訴管轄とは，本来管轄権のない裁判所に提起された訴えに対して，被告がこれを争うことなく，本案（原告の権利主張）について応訴（弁論や申述）することによって認められる管轄である（12条）。合意管轄が事前の合意であるのに対して，応訴管轄は，事後的な合意といえる。

(4) 管轄の調査

管轄権は，裁判所が事件について裁判権を行使する前提要件であり，管轄権を有しない裁判所は訴えについて本案判決をすべきではない。したがって，管轄権の存在は訴訟要件（→第**3**章第**2**節**1**(2)(c)）の１つである。ただし，管轄権を有しない裁判所に訴えが提起されても，訴訟要件がないことを理由に却下されることはなく，訴訟は管轄権ある裁判所に移送される（→本節**4**(1)）。

裁判所はいつでも職権で管轄権の調査を行われなければならないし（**職権調査事項**），その際には，職権で証拠調べをすることもできる（**職権証拠調べ**。14条）。ただし，専属管轄以外の任意管轄については，管轄原因について当事者間に争いがない場合には，証拠調べをする必要はない。管轄事項について争いがある場合でも，不法行為で定まる土地管轄など，訴訟上の請求の種類や性質，請求を理由づける事実によって管轄が定まる場合には，原告が主張するところに従って管轄を定めるべきである。これらの問題は本案判決を待って最終的に確定されるからである。なお，事物管轄を基礎づける訴額は，手数料の額の基準にもなることから，当事者の主張にかかわらず，職権で証拠調べをすることができる。

管轄は起訴の時，すなわち原告が訴状を裁判所に提出した時を標準にして判定する（15条）。訴訟中に被告が住所を変更するなど，管轄を根拠づける事情が変更しても，管轄は変わらない（**管轄の恒定**）。

(5) 国際裁判管轄

(a) 国際裁判管轄ルールの明文化

国際裁判管轄とは，事件の中身（当事者や請求）が複数の国に関連している渉外事件について，どこの国が裁判権を行使し，具体的な事案について審理を行

うことができるかという問題である。国内事件と異なり，各国の訴訟手続も異なるし，場所的な隔たりも大きい。また，国内事件の場合には，管轄のない裁判所に訴えを提起しても，国内の管轄ある裁判所に移送することができるが（→本節**4**），国際裁判管轄の場合には移送制度がなく，訴えは却下される。さらに，どこの国の実体法を渉外事件の実体判断に適用するかは，裁判権を行使する国（法廷地）の国際私法（日本では，「法の適用に関する通則法」。平成18年法律第78号）によって決まるので，国際裁判管轄の決定が事案の最終的な結論を左右することもある。日本では，平成23年の民事訴訟法改正において，国際裁判管轄のルールが明文化された。

それまでは，国内土地管轄の規定を類推適用し，その結果が当事者間の公平，裁判の適正・迅速という理念に反する特段の事情がある場合には，国際裁判管轄を認めないという判例法理によって，国際裁判管轄の有無が判断されていた（最判平成9・11・11民集51巻10号4055頁）。しかしこれに対しては，具体的妥当性を重視するあまり，裁判所の裁量が特段の事情の中で肥大化し，当事者の予測可能性を害するという批判が強かった。そこで立法化においては，国内土地管轄の規定を参照しつつ，国際裁判管轄にそのまま適用したのでは過剰管轄となるような場合をあらかじめ排除し，当事者の予測可能性を確保するという観点から，具体的事件と日本との間に，日本の裁判権行使を正当化するだけの関連性が認められる管轄原因を規定し，ルールの明確性・予測可能性の確保を目指した。現行法は，日本の裁判所に管轄権が認められる場合を列挙したうえで（3条の2〜3条の8），これらによって管轄権が認められる場合でも，「事案の性質，応訴による被告の負担の程度，証拠の所在地その他の事情を考慮して，日本の裁判所が審理及び裁判をすることが当事者間の衡平を害し，又は適正かつ迅速な審理の実現を妨げることとなる特別の事情があると認めるとき」は，訴えの全部または一部を却下できるとしている（3条の9。最判平成28・3・10民集70巻3号846頁参照。ただし，専属管轄合意に基づいて訴えが提起された場合を除く）。これは先に挙げた従来の判例理論を踏襲したものであるが，裁判所はルールの明確化という立法趣旨に鑑み，特別の事情のもとで考慮すべき要素を詳細に認定することで予測可能性を高め，例外的にのみ管轄が否定されることを明らかにしたといえる。

(b) 管轄原因

個々の管轄原因は，国内土地管轄の定めを手がかりにしつつも，事件の渉外的要素に着目し，被告の応訴の期待可能性と原告の権利保護の要請のバランスを考えたうえで独自に定められている。ここでは，国内土地管轄の規定をそのまま国際裁判管轄の規定として適用する場合には問題があると，従来から指摘されていた類型を中心に，現行法におけるルールを見てみよう。

(ア) 被告の住所地原則　　被告の住所ないし居所は，国内管轄における普通裁判籍に対応する一般管轄，すなわち事件の種類内容に関わりなく認められる国際裁判管轄であるが，国内土地管轄とは異なり，日本国内のみならず世界各国どこにも住所がない場合に限って，居所による国際裁判管轄が認められるとしている（3条の2第1項）。

(イ) 契約上の債務に関する訴え　　契約上の債務に関する訴えについての管轄は，事件類型によって，債務の履行地に管轄が認められる場合と，被告の財産所在地に管轄が認められる場合とに分けられる。

債務の履行地に管轄が認められるのは，以下の4つの場合である。①契約上の債務の履行の請求（売買契約に基づく代金支払請求など），②契約上の債務に関して行われた事務管理または生じた不当利得に係る請求（売買契約の解除に伴う目的物の返還請求など），③契約上の債務の不履行による損害賠償の請求（売主が売買目的物を引き渡さなかったことによる損害賠償請求など），④その他契約上の債務に関する請求に限られ，不法行為債務については債務の履行地，すなわち原告の住所地に国際裁判管轄は認められない（3条の3第1号）。ここでいう履行地は，契約において定められているか，当事者が指定した契約準拠法によって定まる場合をいう。

被告の財産所在地に管轄が認められるのは，財産権上の訴えにつき請求の目的が日本国内にあるとき，あるいは金銭の支払を請求するものについて，訴額に見合う程度の差押え可能な財産が日本国内にある場合である（同条3号）。

(ウ) 不法行為に関する訴え　　不法行為に関する訴えについては，不法行為地に管轄が認められる。不法行為地には損害発生地のみならず，加害行為地も含まれるが，外国で行われた加害行為の結果が日本国内で発生した場合において，日本国内におけるその結果の発生が通常予見することのできないもので

あったときには，管轄は認められない（同条8号）。

　㈥　消費者契約・労働関係に関する訴え　　現行法は，消費者保護・労働者保護の観点に基づき，消費者契約・労働契約に基因する紛争について国内土地管轄の規定にはない，国際裁判管轄固有の規定も設けている。消費者契約に関する消費者から事業者に対する訴えについては，訴え提起時ないしは契約締結時いずれかの時において消費者の住所が日本にあれば，国際裁判管轄が認められる（3条の4第1項）。また，個別労働関係民事紛争に関する労働者から事業主に対する訴えについては，労働契約における労務の提供地が日本にあれば，国際裁判管轄が認められる。これが定まっていない場合には，労働者を雇い入れた事業所の所在地が基準となる（同条2項）。これに対して事業者・事業主から消費者・労働者に対する訴えについては，管轄合意（3条の7，特に5項・6項）や応訴管轄（3条の8）が認められる場合を除いて，被告住所地にしか国際裁判管轄は認められない（3条の4第3項）。

　㈦　併合請求について　　原告が被告に対して複数の請求をする客観的併合の場合，併合される複数請求の1つについて日本に国際裁判管轄が認められる場合，当該請求と他の請求との間に密接な関連があるときに限り，併合管轄が認められる。さらに，1つの訴えで複数の被告に対して請求をする主観的併合の場合には，請求間の密接な関連性に加えて，38条前段の場合に限って併合管轄が認められる（3条の6）。

(c)　国際裁判管轄の審理

　国際裁判管轄の有無は，訴え提起の時点を標準として決定される（3条の12）。これは国内事件の場合と同じである（15条）。ただし，国際裁判管轄を欠く裁判所に訴えが提起された場合は，国際裁判管轄を有する他国の裁判所に移送をすることができないので，訴えは不適法却下される。

4　訴訟の移送

(1)　移送の機能

　訴訟の**移送**とは，訴えを提起された裁判所が，当該訴訟を別の裁判所に移

転・送致することをいう。これは訴え提起後に裁判所を変更することを意味するが，訴え提起時には法廷地を選択する自由のない被告にも，**移送申立権**が認められている。移送の理由はさまざまであるが，管轄がない裁判所に訴えが提起された場合にその誤りを修正するための手段であるほか（16条），当事者間の衡平や審理の適正という実質的な考慮に基づいて事後的に土地管轄ないし事物管轄を調整するための手段としても機能している。したがって，移送とは，原告が選んだ自らに有利な法廷地を，被告の手元に引き戻すために被告のイニシアティブを認めたものであり，それこそが移送制度の本質である。

(2) 管轄の事後的調整

(a) 土地管轄の事後的調整

① 17条による裁量移送

既に見てきたように，土地管轄については被告の住所地を原則とするとしながらも，実際には複数の管轄が競合し，原告が自分にとって最も都合のよい管轄地を選択することができるようになっている。しかし原告が選択した管轄裁判所が，被告の訴訟追行上便宜であるとは限らないし，また裁判所から見て審理に適当であるとは限らない。そこで受訴裁判所は，訴訟がその管轄に属する場合であっても，訴訟の著しい遅滞を避け，または当事者間の衡平を図るため必要があると認めるときは，申立てによりまたは職権で，訴訟の全部または一部を他の管轄裁判所に移送することができる（17条）。原告に管轄選択権が認められているのと同様に，被告に対しても移送申立権を認め，原告が選んだ自らに有利な法廷地を被告の手元に引き戻す手段として機能している。当事者間の衡平や裁判の適正・迅速という観点に基づき，事後的に土地管轄を調整するものである。

いかなる場合にこの移送が認められるかについては，条文で挙げられている「当事者及び尋問を受けるべき証人の住所，使用すべき検証物の所在地」など，証拠の所在地や取調べの便宜などのほか，当事者の資力や健康状態，期日への出席の難易（遠隔地に居住しているなど），被告の住所地等に原告の支店があるか等，審理の効率や訴訟経済，当事者間の実質的対等関係の実現のために必要な事情を考慮する必要がある。なお，当事者の衡平を図るために移送をする場合

は，当事者の意見を聴いたうえで裁判所が決定で移送するかどうかを決める（規8条）。

本条に基づく裁量移送は，特に消費者契約などで，約款や定型的な契約書式の中で管轄について合意がされている場合に重要となる。消費者の住所地から遠く離れた地の裁判所が合意されている場合にも，このような合意に基づいて管轄が認められるとすると，応訴にあたり経済的・時間的に困難を来すことになり，当該消費者の裁判を受ける権利は実質的に否定されたことになってしまう。このような場合には，合意管轄裁判所（→本節**3**(3)(a)）が，訴訟の著しい遅滞を避け，または当事者間の衡平を図るために，被告の住所地を管轄する裁判所に訴訟を移送するという措置をとることで，被告の応訴の負担を緩和することが可能である。その合意が，特定の裁判所のみに管轄を認める専属的管轄合意であっても，移送は認められる（20条参照）。

② 特許権などに関する訴訟についての裁量移送

特許権等に関する訴訟についても，同様の移送が認められている。特許権等に関する訴訟は，審理の充実と促進を図るため，東京地裁と大阪地裁の専属管轄とされている。ただ，すべての訴訟が専門的知見を要するわけではないことから，審理において専門的技術的事項が問題となっていないような場合にまで専属管轄を維持することが，かえって当事者間の衡平や裁判の適正・迅速に反する場合もある。そこで，受訴裁判所は，当事者の申立てがあった場合または職権で，当事者の便宜や審理の実質効率の観点から，民訴法の一般原則によって管轄が認められる他の地方裁判所に訴訟を移送することができる（20条の2）。

③ 当事者の合意に基づく必要的移送

訴えが提起され，被告が応訴する前に（審理が本格的に始まる前に），一方当事者が移送を申し立てて相手方がこれに同意した場合には，移送により著しく訴訟を遅滞させない限り，裁判所はその申立てどおりに事件を移送しなければならない（19条1項）。これは，事前の管轄の合意が認められていることに対応して，いわば提訴後の合意管轄を認める趣旨である。

(b) **事物管轄の事後的調整**

既に述べたとおり，訴額を基準とした事物管轄の定めにより，訴額が140万円を超えない訴えは簡易裁判所が，140万円を超える訴えは地方裁判所がそれ

ぞれ管轄を有する。しかし，この簡易裁判所と地方裁判所の役割分担は，それ
ほど絶対的なものではない。法は両者間の事件処理分担を，事件の困難さや複
雑さなどの実質的考慮に基づいて再調整することを認めている（事物管轄の弾
力化）。

　簡易裁判所は，訴訟がその事物管轄に属する場合でも，相当と認めればこれ
を地方裁判所へ移送できる（裁量移送。18条）。他方，不動産に関する訴訟が簡
易裁判所に提起された場合で，被告から移送の申立てがあったときは，自己の
事物管轄に属する事件でも，必ず管轄ある地方裁判所に移送しなければならな
い（必要的移送。19条2項）。

　本来管轄のない裁判所に訴えが提起された場合には，裁判所は申立てにより
または職権で，管轄のある裁判所に事件を移送しなければならない（16条1
項）。しかし，事物管轄違いで，本来は簡易裁判所に提起されるべき訴えが，
同じ管轄区域内の地方裁判所に提起された場合には，地方裁判所は相当と認め
るときは，申立てによりまたは職権で，自ら審理および裁判することができる
（同条2項。最決平成20・7・18民集62巻7号2013頁〈百選A1〉）。

　なお，人事訴訟に係る請求が家庭裁判所に係属し，当該請求の原因である事
実によって生じた損害の賠償に関する請求が別の地方裁判所に係属している場
合には，当事者が申し立て，地方裁判所が相当と認めるときは，当該損害賠償
請求を人事訴訟事件が係属している家庭裁判所に移送することができる（人訴
8条1項）。

▌(3)　移送の裁判とその効果 ▌

　移送の判断は，決定という裁判方式によってなされる。この裁判が確定する
と，訴訟は最初から移送を受けた裁判所に提起したものとみなされる（22条3
項）。移送を受けた裁判所は，移送の裁判における移送の原因および移送先の
裁判所の管轄権等，その理由となった判断について拘束され（同条1項），これ
と異なる判断をして事件をさらに他の裁判所に移送することはできない（同条
2項）。

✊ 裁判官の除斥・忌避・回避

　裁判の公正を担保するためには，裁判を行う裁判官が公正であることが不可欠である。これについて，憲法では裁判官の独立（憲76条3項）や裁判官の地位が保障される（同78条）等，制度的な配慮がされている。しかし，具体的事件との関係でも，その公正さを担保する必要がある。そこで民事訴訟法は，具体的事件に関して，その事件を審判すべき裁判官および裁判所書記官（27条）について，公正を妨げる事情がある場合には，職務執行をさせないという制度を認めている。それが，除斥・忌避・回避の制度である。これらの制度は，裁判の公正を担保するためのものであるから，裁判に関与する専門委員（92条の6）および知的財産事件の裁判所調査官（92条の9）にも当てはまる。

　除斥は，裁判の公正に対して疑いを抱くのがもっともであると考えられる場合を法定し，そのような事由（除斥原因）がある裁判官は，法律上当然に職務の執行から排除されるとする制度である（23条1項）。**忌避**は，除斥原因にはあたらないが，なお裁判官に公正を妨げる事情があることに基づいて，当事者の申立てを待って，裁判で職務執行ができないこととする制度である（24条1項）。忌避事由と認められるのは，裁判官が当事者の親友である場合や，事件に重大な経済的利益を有している場合など，当事者が裁判の公正さに疑念をもつことが客観的にも正当化できるような事由である（最判昭和30・1・28民集9巻1号83頁〈百選3〉）。さらに，裁判官等が除斥または忌避の事由のあることを自ら認めて，監督権ある裁判所の許可を得たうえで，自発的に職務執行から身を引くこともできる（**回避**，規12条）。

CHECK

1　管轄にはどのような種類があるか，種類ごとにその内容を説明しなさい。
2　水戸に本社を置く貸金業者Xは，札幌に居住する債務者Yに対して，東京地裁に貸金返還請求訴訟を提起した。Xは約款において東京地裁を専属的管轄とする合意があったと主張している。これに対してYは，どのような主張をして移送を申し立てればよいか。

4. 訴えの提起後の手続

　本節では，訴えの提起後の手続を見ていこう。裁判所は訴状の提出を受けて，具体的にどのような手続をとるのか。訴状が適法に受理されると，その訴状を被告に送達しなければならない。訴状の送達は，原告が被告に対してどのような権利主張をしているかを被告に知らせるものであり，被告の裁判を受ける権利を保障するうえで必要な手続である。送達にはどのような方法があるのか。そして，訴状が被告に送達されると，特定の裁判所で特定の当事者の間で特定の事件が審判される準備が整い，訴訟が係属する。訴訟が係属することで，実体法上および訴訟法上，どのような効果が生じるのか。ここでは，これらのことを学んでいこう。

1　訴状の提出と審査

(1)　訴状の記載事項

　訴状は，裁判所に対しては，原告がいかなる内容の審判を申し立てているかを明示すると同時に，被告に対しては，いかなる主張をしているかを明示するものである。したがって訴状には，当事者および法定代理人，請求の趣旨および原因を記載しなければならない（**必要的記載事項**。改正前133条2項，改正後134条2項）。

　当事者については，原告および被告が特定の人物であることを示すのに十分な程度の記載が必要である。氏名と住所（自然人の場合），商号・名称と本店・主たる事務所の所在地など（法人の場合）を記載するのが通常である（原告の代理人の郵便番号および電話・ファックス番号も記載する。規53条4項）。訴訟担当の

場合は，いかなる資格に基づいて当事者適格が認められているかを示す資格（破産管財人など）も表示することが望ましい。また当事者が訴訟能力を欠く場合には，その法定代理人を記載する必要がある。

請求の趣旨は，訴えによって求める審判内容を，簡潔かつ確定的に表示し，請求の原因は，請求の趣旨と相まって，訴訟物を特定するために必要な事項である。なお，必要的記載事項ではないが，争点を早期に開示し，迅速かつ充実した審理を実現するために，請求の原因に加えて，予想される争点や重要な間接事実を記載し，証拠を引用し添付することが望ましい（**任意的記載事項**。規53条1項2項）。

なお，令和4（2022）年の改正では，住所・氏名等の秘匿制度が創設され，一方当事者が住所や氏名等を相手方当事者に知られることによって，その社会生活に著しい支障を生ずるおそれがある場合には，その疎明によって裁判所が秘匿決定の裁判をすることが認められることとなった（改正後133条1項）。この場合，本来記載すべき事項に代わる事項を裁判所が定め，当該事項を記載することをもって，訴状その他関連する手続における必要的記載事項に代替されることが認められている（133条の2第5項〔新設〕）。

▎(2) 訴状の提出 ▎

訴えの提起は，訴状を裁判所に提出することによるのが原則である（改正前133条1項，改正後134条1項）。令和4年IT化改正により，訴状のオンライン提出，すなわちオンラインによる訴えの提起が可能となる。具体的には，既に平成16（2004）年改正により督促手続について導入されていた事件管理システム（→第**6**章**3**_{⇒270頁}）を活用して，訴状に記載すべき事項をファイルに記録する方法によって行う（132条の10）。オンラインによる訴状の提出は，本人訴訟の場合には権利として認められるもので，従来の書面による訴状の提出も可能であるが，弁護士に訴訟追行を委任している場合には，オンライン提出が義務付けられる（132条の11第1項1号〔新設〕）。

訴　　状

令和3年10月7日

東京地方裁判所民事部　御中

原告訴訟代理人弁護士　　A　　印

〒125-0000　東京都足立区○○1丁目2番マンション○○102号

　　　　　　　　　　原　　告　　　　　　X

〒104-0000　東京都中央区○○3丁目5番4号　赤木ビル505号（送達場所）

　　　　　　　上記訴訟代理人弁護士　　　A

　　　　　　　電話　03-1224-××××

　　　　　　　ファックス　03-1224-××××

〒125-0000　東京都足立区○○1丁目2番マンション○○202号

　　　　　　　　　　被　　告　　　　　　Y

騒音防止等請求事件

　訴訟物の価額　　　金390万1000円

　貼用印紙額　　　　金2万5000円

第1　請求の趣旨

　1　被告は，原告に対し，被告所有の別紙物件目録1記載の建物から発生する騒音を，原告が所有する同目録2記載の建物内に，40dB（A）を超えて到達させてはならない。

　2　被告は，原告に対し，134万1000円及びこれに対する訴状送達の日から支払済みまで年3パーセントの割合による金員を支払え。

　3　被告は，原告に対し，訴状送達の日から1項記載の不作為義務が履行されるまでの間，1か月2万円の割合による金員を支払え。

　4　訴訟費用は被告の負担とする。

　との判決並びに仮執行の宣言を求める。

第2　請求の原因

　1　原告は，別紙物件目録2記載の建物（以下「102号室」）を，被告は同目録1記載の建物（以下「202号室」という。）をそれぞれ所有し，両建物はいずれも同一のマンション（以下「本件マンション」という。）内にある区分所有建物であり，202号室の階下に102号室がある。原告は102号室に，被告及びその家族（被告の子を含む。）は202号室に，それぞれ居住している。

　2　被告の子は，令和元年4月以降，毎晩深夜まで202号室の室内を走り回り，102号室内で45dB（A）から66dB（A）の音量に達する歩行音を発生させた。

3　102号室の階上にある202号室に居住する被告は，その階下にある102号室に居住する原告に対し，被告の子を202号室内で走り回らないように，あるいは走り回っても階下に歩行音を侵入させないように配慮する義務があるのにこれを怠り，前記のとおり40dB（A）を超える歩行音を102号室に到達させていることは，原告の受忍限度を超え，原告の人格権ないし原告の102号室に対する所有権を侵害する不法行為である（以下「本件不法行為」という。）。

4　原告は，令和2年6月，前記歩行音の測定を訴外株式会社（以下「訴外会社」という。）に依頼し，同社に対し調査費用として70万円を支払った（甲1号証）。

5　原告は，本件不法行為により受けたストレスのため体調不良となり，○○メンタルクリニックに通院し，治療費及び薬代として合計2万1000円を支払った（甲2号証）。その体調不良は現在も続いている。

6　原告が前記のとおり支払った金員は，本件不法行為と相当因果関係がある損害である。

7　本件不法行為により，原告は精神的苦痛を受け，同精神的苦痛についての慰謝料額は，1か月2万円を下らない。被告は，被告の子が走り回り始めた令和元年4月から訴え提起までの31ヵ月について62万円，さらに現時点から騒音がやむまでの間，1日あたり2万円の慰謝料を支払う義務を負う。

8　よって，原告は，被告に対し，所有権ないし人格権に基づく妨害排除請求として，被告所有の居室から発生する騒音の差止め，並びに不法行為（被告の子が被告所有の居室内を歩行して騒音を発生させた。）に基づく損害賠償請求として134万1000円及びこれに対する訴状送達の日から支払済みまで年3パーセントの割合による金員の支払を，さらに，騒音が止むまでの間，1か月2万円及びこれに対する訴状送達の日から支払済みまで年3パーセントの割合による金員の支払をそれぞれ求めて，本訴に及んだ。

証拠方法

1　甲第1号証（調査結果）
2　甲第2号証（診療報酬の領収書）

附属書類

1　訴状副本		1通
2　訴訟委任状		1通
3　甲号証の写し		各2通
4　証拠説明書		2通

(3) 訴状の審査

　訴状が提出されると，書記官が事件を特定の裁判官または合議体に配布する。配布を受けた裁判官，合議体の裁判長は，訴状に必要的記載事項が記載されているか，また必要な額の印紙が貼られているかについて審査を行う。もし訴状に不備がある場合には，相当期間を定めて，原告に対してその**補正**を命じ（**補正命令**。137条1項），期間内に補正がされない場合には，命令で訴状を却下しなければならない（**訴状却下命令**。同条2項）。ただ実際には，補正命令を発する前に任意の**補正の促し**で対応することが多く，その補正の促しは，裁判所書記官に命じて行わせることができる（規56条）。

☝ 訴訟にまつわるお金の話

　裁判をするには，どのくらいのお金がかかるのか。まず，訴えを提起する際には，訴額（→本章第3節**3**(1)）[⇒59頁] に応じた印紙，たとえば，訴額が100万円なら手数料は1万円，1000万円なら5万円の印紙を訴状に貼る必要がある。すなわち，原告は訴訟にかかる手数料を予納しなければならないのである。これに加えて，訴状などの訴訟書類を当事者に送達（→本節**2**）[⇒76頁] するための費用として，各地裁で定める一定の郵便料（6000円前後）を納めなければならない。訴訟費用は原則として，訴訟で負けた者が負担する（**敗訴者負担の原則**。61条）とされ，原告が勝訴すればその旨判決の主文に記載され，原告は予納した金額を回収することができる。ただ実際には，主文では「訴訟費用は被告の負担とする」としか記載されていないため，その金額を定めるには別の手続（**訴訟費用確定の裁判**。71条）をしなければならない。また，訴訟をするために弁護士に依頼した場合，弁護士費用はこの訴訟費用には含まれないため，原則各自の負担となる。

　訴訟費用を予納する資力のない者の裁判を受ける権利を保障するために，訴訟救助と法律扶助という制度がある。**訴訟救助**は，その者の訴えに勝利の見込みがないとはいえないときに認められ，訴状提出の際に印紙を貼らなくてよい等の措置がとられ，費用（弁護士費用は除く）の支払が猶予される（82条）。**法律扶助**は，もともとは日弁連によって設けられた制度であり，現在では，平成16年に公布された総合法律支援法（平成16年法律第74号）のもとで設置されている**日本司法支援センター**，通称「**法テラス**」において，民事裁判等手続

の準備・追行に必要な弁護士費用等の立替え，無料の法律相談など総合的な支援が行われている。

　なお，訴状をオンラインで提出した場合は，手数料および郵送料は現金（ペイジー）によって支払われる（改正後民訴費 8 条 1 項）。

2　送　達

(1)　送達の意義

　裁判長が訴状を適式と認めれば，訴状は被告に送達される（138 条 1 項）。**送達**とは，当事者その他の訴訟関係人に対して訴訟上の書類の内容を知る機会を与えるために，裁判所が法定の方式に従って書類を交付する裁判権の作用である。送達されるのは，訴え提起時に原告が訴状に添付した，被告の人数分の副本である（規 58 条）。訴状をはじめとする訴訟書類は，原則として裁判所の責任で送達される（**職権送達主義**。98 条 1 項）。送達に関する事務は，裁判所書記官が取り扱う（同条 2 項）が，実際に被告に送達を実施するのは，裁判所書記官（改正前 100 条，改正後 102 条）のほか，郵便の業務に従事する者（郵便集配人）または執行官（改正前 99 条，改正後 101 条→序章第 2 節(2)(a)）である。送達が実施された場合，送達をした者は送達に関する事項を記載した**送達報告書**を作成し，裁判所に提出しなければならない（改正前 109 条，改正後 100 条）。名宛人や方法を誤った場合には，送達は無効である。ただし，送達の方式を誤った場合でも，当事者が適時に異議を述べなければ，その瑕疵は治癒される。

　訴状審査後は，裁判長は口頭弁論の期日を指定し当事者を呼び出さなければならない（139 条）。その呼出状は訴状とともに送達される（94 条）。

(2)　送達の方法

(a)　交付送達の原則

　訴訟上の書類の送達は，被告の手続関与の機会を実質的に保障する手段として，被告の裁判を受ける権利の保障（憲 32 条）との関係でも，重要な意義を有

する制度である。このことから，送達を受けるべき者に送達内容を確実に了知させるため，送達は，原則として，送達を受けるべき者本人に直接書類を交付して行う（**交付送達**。102条の2〔新設〕）。送達の場所は，本人の住所や就業場所，法人の場合は営業所などで（103条），当事者はこれを裁判所に届け出なければならない（104条）。

(b) 補充送達・差置送達

交付送達の原則を厳格に貫こうとすると，他方で相手方当事者（原告）の裁判を受ける権利，特に裁判によって迅速に権利を実現する機会を奪うことになりかねないし，円滑な手続進行を阻害することにもなる。そこで現行法はいくつかの例外を規定している。まず，原告本人に直接交付できない場合でも，家族や従業員など「書類の受領について相当のわきまえのあるもの」に交付するか（**補充送達**。106条1項），これらの者が正当な理由なく受領を拒む場合には，送達をすべき場所に書類を置いてくることもできる（**差置送達**。同条3項）。

(c) 付郵便送達

送達を受けるべき者が常に不在である等で，これらの方法のいずれもが奏功しない場合に，特別に認められているのが，裁判所書記官が，書類を書留郵便で送達場所に発送する方法である（**付郵便送達**。107条）。この場合，送達を受けるべき者が実際に書類を受領したか否かにかかわらず，書留郵便で発送した時に，送達があったものとみなされる（同条3項）。

(d) 公示送達

上記の送達方法は，原告が何らかの方法で被告の住所や就業場所の情報を有している場合に有用であるが，合理的な手段を尽くしても被告の所在が不明な場合に最後の手段として認められているのが，**公示送達**である（110条）。これは，裁判所書記官が送達すべき書類を保管し，いつでも送達を受けるべき者に交付すべき旨を裁判所の掲示板に掲示する方法でなされ（改正前111条，改正後同条1号），掲示を始めた日から2週間を経過することによって，送達の効力を生ずる（改正後112条）。なお，令和4年IT化改正により，掲示板に加えて裁判所のウェブサイトに公示する方法も認められる（改正後111条2号）。

(e) システム送達

令和4年IT化改正により，オンライン提出された訴状については，ファイ

ルに記録された事項を印刷して作成した書面によって送達することが原則となる（改正後109条）。ファイルに記録された電子呼出状の送達も同様である（改正後94条1項1号）。また，送達を受けるべき者が，事件管理システムを用いてオンラインで行う送達（システム送達）を受ける旨の届出をしている場合には，ファイルに記録された事項を閲覧できるようにし，その旨を通知する方法によって，システム送達が行われる（109条の2〔新設〕）。弁護士が訴訟代理人の場合には，システム送達を受ける旨の届出が義務付けられている（132条の11第2項〔新設〕）が，弁護士がこの届出をしなくても，裁判所はシステム送達を行うことができる（109条の4第1項〔新設〕）。送達の時期は，閲覧した時か，ファイルをダウンロードした時か，上記通知から1週間の経過か，いずれか早い時に送達されたものとされる（109条の3第1項各号〔新設〕）。

　なお，当事者の住所など，送達すべき場所が知れない場合でも，システム送達ができる限りでは，公示送達は認められない（改正後110条1項1号かっこ書）。

(3) 送達をめぐる問題

　補充送達や差置送達は，同居者等に送達書類を交付すれば遅滞なく受送達者本人に届けられることを前提としている。同居者等に交付することで，外観は本人に届いていそうでも，実際にはいろいろな事情で本人に届かないままということもある。たとえば，妻が夫に内緒で夫名義のクレジットカードを使い，夫がその支払を請求されている場合には，送達書類に係る訴訟の訴訟物である権利関係の発生について，同居者である妻と受送達者である夫（夫名義のカードであるため被告はあくまで夫）との間に事実上の利害関係の対立がある。このような場合には，同居者である妻が訴状等の交付を受けても，それを遅滞なく夫に渡すことは期待できないことから，補充送達制度の前提を欠き，送達自体が無効となるとも考えられる。しかし判例は，補充送達は有効であるとし，ただ受送達者が訴訟手続に関与する機会を与えられなかったことが再審事由（338条1項3号）となるとする（最決平成19・3・20民集61巻2号586頁〈百選38〉）。

　付郵便送達や公示送達は，被告の実際の受領なしに送達の効力を認め（送達の擬制），手続を進行させるものであるから，被告が訴訟係属の事実を知りえないことを制度的に予定したものであるが，被告の手続保障の確保という送達

制度の趣旨に鑑みれば，その運用には慎重さが要求される。この制度は，原告によって悪用されることも少なくなく，実際に実務を扱う担当書記官は，被告の住所または居所や就労場所等が不明であるとの原告からの回答を鵜呑みにしてよいのか，調査報告書等の積極的認定資料の提出まで求める必要があるのかが問題となる。判例は「相当と認められる方法により収集した認定資料に基づいて」合理的に判断すれば足りるとする（最判平成 10・9・10 判時 1661 号 81 頁〈百選 37 ①〉）。原告がこれらの制度を悪用して被告の手続関与の機会が奪われた場合の救済方法としては，**上訴の追完**（→第 **2** 章第 **2** 節 **4**(3)(b)コラム）^{⇒113頁}や**再審**（→第 **5** 章第 **2** 節 **2**(1)）^{⇒261頁}が認められている（前掲最決平成 19・3・20）。

3 訴え提起・訴訟係属に伴う効果 ————————●

訴えが提起され，裁判長の訴状審査を経て事件が受理されて，特定の裁判所で当事者間の特定の事件が審判されるようになった状態を，**訴訟係属**という。訴訟係属は，訴状が被告に送達された時点で発生する。訴訟係属が発生すると，いよいよ本格的な審理がスタートするわけだが，これに伴い，さまざまな実体法上および訴訟法上の効果が生じる。

具体的には，訴えの提起によって，時効の完成猶予（民 147 条）や除斥期間または出訴期間の遵守（同 201 条・747 条 2 項・777 条）などの，実体法上の効果が生じる。他方で訴訟法上の効果としては，係属している訴訟に関連づけて別の請求についても管轄が認められる関連裁判籍が生じるほか，重要なものとして，重複訴訟の禁止がある。

▎(1) 重複訴訟の禁止 ▎

(a) 趣 旨

裁判所に係属する事件については，当事者は，さらに同じ訴えを提起することができない（142 条）。これを**重複訴訟（二重起訴）の禁止**という。同一事件について重ねて訴えが提起されると，裁判所の審理が重複し訴訟経済に反するし，被告の応訴負担も増す。また，両訴で矛盾した判決が下されて混乱が生じるおそれがあるからである。重ねて提起された訴えは，不適法として却下される。

(b) 事件の同一性

　事件の同一性は，当事者と請求の双方の同一性で判断する。当事者の同一性については，原告と被告の地位が逆になった場合，一方の訴訟の当事者が他方の訴訟の当事者にはなっていなくても，当事者と同視しうる立場の者として他方訴訟の判決の効力を受ける場合（115条）には，当事者の同一性が認められる。請求の同一性については，かつては，訴訟物となっている権利・法律関係が同一であることを基準としていた。たとえば，原告が東京地裁で被告に対して貸金返還請求訴訟を提起し，その訴訟が係属中に水戸地裁で同じ貸金についてさらに返還請求訴訟を提起すれば，これは142条に該当し，水戸地裁で提起した訴えは不適法却下される。

　しかし，このように，同じ当事者が全く同じ請求を重ねてするという場合は極端な例で，両訴の請求がぴったり重なるという事例はまれである（ただし，訴訟物について，旧訴訟物理論と新訴訟物理論のいずれによるかで，その範囲は変わってくる。新訴訟物理論によると重複訴訟にあたる範囲は広くなる→本章第 1 節 1 (3)(b)）。^{⇒30頁}実際には，訴訟物が異なっていても，請求の基礎や主要な争点が共通しているという場合も少なくない。たとえば，XのYに対する売買代金請求訴訟が先行している場合に，YからXに対して売買契約の目的物引渡請求訴訟を提起した場合，訴訟物は異なるが，売買契約の有効性（成立）という主要な争点は共通している。この場合に売買契約の成立についての審理は重複し，別々に訴訟をするのは訴訟経済に反する。また，売買契約の成立の判断は判決理由とはいえ，異なった判断が下されるのは好ましくない。このことから近時は，142条によって重複訴訟として禁止される訴訟の範囲を，訴訟物が同一の場合だけでなく，請求の基礎や主要な争点が共通している，いわば紛争が実質的に同一の場合にまで拡大する傾向にある。ただ，先の例でいえば，後から提起されたYのXに対する目的物引渡請求訴訟を重複訴訟にあたるとして却下してしまうと，共通している売買契約の成立については先行訴訟で判断されても，Yは目的物引渡請求自体については判決をもらうことができず，裁判を受ける権利を不当に奪われることになってしまう。適用範囲を広げて効果はそのままにしておくのは妥当ではないことから，近時の有力説は，場合によっては先行訴訟と併合することで，重複訴訟の効果についてもバランスをとっている。

(c) 重複訴訟の処理

　以上のことを条文に則して整理すると，「更に訴えを提起することができない」という文言は，別訴を提起することはできないが，先行訴訟において**訴えを追加的に変更し**（143条。先行訴訟原告の場合），**反訴**を提起する（146条。先行訴訟被告の場合）ことで同一の手続内での審理を確保すればよい，と解釈することになる。この意味で，142条が禁止するのは，同一事件をめぐる二重訴訟の係属であって二重起訴自体ではないということから，142条を重複訴訟の禁止と呼ぶことができる。先の例のように先行訴訟が東京地裁，後から別訴で提起された訴訟が水戸地裁であった場合には，水戸地裁が自身の裁判所に係属する訴訟を東京地裁に移送（17条）したうえで，東京地裁が自身の裁判所に係属している先行訴訟と**併合**する（152条1項）こともできる。

　ただし，移送するためには，移送先の裁判所に当該訴訟についての管轄がなければならないし，移送も併合もあくまでも裁判所の裁量であり，相手方当事者が申し立てても裁判所はこれに拘束されない。さらに，当事者自らが併合審理を確保するために反訴を提起しても，裁判所がこれについて弁論を分離することは禁じられていない（152条1項）。したがって，142条の趣旨を貫徹するために，重複訴訟禁止にあたる場合を拡張するとしても，別訴禁止・併合強制という効果は，必ずしも保障されるわけではなく，裁判所の運用に委ねるしかない。また，争点の共通性も，基準が不明確なうえに，訴訟物のように必ずしも当初から特定されているわけではなく，後訴裁判所の立場に立てば，かえって審理の不安定要因を抱えることにもなりかねない。当事者，特に被告にとっては，相手方の提起した訴訟手続内で反訴を提起するか，それとも自らの選んだ管轄裁判所で別訴を提起するかは，本来自由に選択できるはずであり，上記の取扱いのもとでは，実質的に反訴を強制されることになる。裁判所には，請求や訴訟資料の共通性・関連性が強いか，別訴によることが当事者間の衡平に反するかなどの事情を考慮し，併合できないとしても，場合によっては後訴の手続を停止するなども含めた柔軟かつ適切な対処を期待するところである。

(2) 相殺の抗弁と重複訴訟禁止

(a) 相殺の抗弁の特徴

相殺の抗弁とは，相手方が請求している債権を受働債権とし，自らが相手方に対して有する別の債権を自働債権として相殺する旨の意思表示を訴訟内でする，訴訟上の主張である。相殺の抗弁は訴え提起ではないが，相殺に供された自働債権に関する判断には，受働債権と対抗した額について既判力が生じる（114条2項）。したがって，ある債権が一方では訴訟物として，他方では相殺の自働債権として主張された場合，自働債権の存否について審理が重複し，矛盾した判断がなされると既判力の抵触のおそれが生じることにもなるため，重複訴訟を禁じる142条が類推適用されるのではないかが問題となる。

他方で，相殺の抗弁には以下のような特徴がある。すなわち，相殺の抗弁は訴えの提起と異なり，相手方の提訴を契機として防御の手段として提出されるものであり，相手方の訴求する債権と簡易迅速かつ確実な決済を図るという機能を有する（**相殺の担保的機能**）。また，相殺の抗弁に供された自働債権に関する判断に既判力が生じることから，相殺の抗弁が**予備的抗弁**とされた場合には，裁判所はまず原告の請求している債権の存否を審理し，その存在が認められた後で，相殺に供された反対債権の存否を審判しなければならず，訴求債権が認められなければ反対債権の存否はそもそも審理されない（**審理順序の強制**）。142条の類推適用の適否は，これらの相殺の抗弁の特徴をどこまで重視するかにもかかっているが，通常は，既に係属中の訴訟で訴訟物となっている債権を，別の訴訟において自働債権として相殺の抗弁を主張する場合（別訴先行型）と，既に係属中の訴訟で相殺の抗弁に供している債権を，別の訴訟において訴訟物として請求する場合（抗弁先行型）に分けて議論されている。

(b) 別訴先行型

既に係属中の訴訟で訴訟物となっている債権を，別の訴訟において自働債権として相殺の抗弁を主張する別訴先行型については，最高裁判例が，訴求債権および抗弁の基礎として主張された自働債権は同一の債権であり，相殺の自働債権は，訴訟物に準じるものとして裁判所の審判の対象となることを理由に，相殺の抗弁を認めずに重複訴訟にあたるとしている（最判平成3・12・17民集45

巻9号1435頁〈百選35①〉）。しかしこれに対しては，先に述べた審理順序の強制により，反対債権の審判がされるとは限らないのに，必要以上に重複訴訟や既判力の抵触のおそれを強調しすぎていることや，相殺の担保的機能を度外視していることを根拠に，142条の類推適用を否定する説も有力である。

最高裁は，相殺の担保的機能および審理の重複についての実質的な判断を重視し，明示の一部請求の場合（→本章第１節**1(4)(c)**[⇒34頁]，第**3**章第**3**節**4(3)**[⇒196頁]），当該債権の残部を自働債権として他の訴訟において相殺の抗弁を主張することを認めている（最判平成10・6・30民集52巻4号1225頁〈百選36〉）。さらに，本訴および反訴が係属中に，一方を自働債権とし，他方を受働債権として相殺の抗弁を主張することを認めている（最判平成18・4・14民集60巻4号1497頁〈百選（5版）A11〉，最判令和2・9・11民集74巻6号1693頁〈百選35②〉）。

(c) 抗弁先行型

既に係属中の訴訟で相殺の抗弁に供している債権を，別の訴訟において訴訟物として請求する抗弁先行型については，いまだ最高裁の判例はない。下級審レベルでは，別訴を適法とするものがかつては多かったが，近時は，142条の趣旨を重視して重複訴訟にあたるとするもの（東京高判平成8・4・8判タ937号262頁）もあらわれ，見解は統一されていない。

重複訴訟にあたるとされると，当事者は相殺の抗弁と訴えのいずれを優先するかの選択を迫られることになる。したがって，本来自由なはずの相殺権の行使を訴訟法上制限することに合理性があるか，当事者の相殺権への期待の保護の必要性，自己の債権について債務名義を取得する利益，同一手続内での主張を強いることが相手方との関係で衡平かなどを，142条の趣旨との対比で総合的に判断する必要があろう。重複訴訟にあたるとされた場合でも，係属中の訴訟の具体的な進行状況等を見て，その後の処理を柔軟に判断すべきである。

☝ **債務不存在確認訴訟と給付訴訟**

　債務不存在確認訴訟が提起された後で，給付訴訟が提起された場合には，訴訟物たる権利関係が同一であることから，後行の給付訴訟は142条で禁止される重複訴訟にあたるとも考えられる。もしそうであるならば，後行の給

付訴訟は却下されてしまうのであろうか。しかし，訴訟前の交渉を誠実に行おうとする債権者に対して，直ちに債務不存在確認訴訟を管轄上自己に有利な裁判所に提起しようとする債務者を優遇することは適切ではない。さらに，債権者は給付訴訟の提起を受ける前に先制的に債務不存在確認の訴えを提起しておけば，債権者による債務名義の取得を遅らせることにもなる。

　近時は，先行する債務不存在確認訴訟の審理が進んでおり，裁判をするのに熟している場合を除いて，債務不存在確認訴訟の係属のあとに提起された給付訴訟は，重複訴訟にあたらず，反対に債務不存在確認訴訟が原則として確認の利益を失い，不適法になるとする説も有力となっている（神戸地決平成26・9・30判時2248号54頁参照。ただし控訴審は，先行する債務不存在確認訴訟を優先し，後行給付訴訟を17条により移送した）。この場合に確認の利益が失われるのは，同一の権利関係に関する訴訟であれば，確認訴訟の場合には既判力しか生じないところ，給付訴訟であれば既判力に加えて執行力が得られるからである（確認の利益について→本章第1節**2**(3)）。後行する給付訴訟が同一の手続内^{⇒38頁}で反訴（→第**4**章第1節**3**）^{⇒214頁}として提起された事例で，同一の権利関係について先行する確認訴訟を，確認の利益を欠くとして不適法却下し，後行訴訟である給付訴訟を残した判例はあるが（最判平成16・3・25民集58巻3号753頁〈百選26〉），給付訴訟と確認訴訟が別々の手続でなされている場合については，まだ最高裁の判例はない（債務不存在確認請求訴訟と手形訴訟について，大阪高判昭和62・7・16判時1258号130頁〈百選（5版）37〉）。

CHECK

1 訴状の送達の種類にはどのようなものがあるか，送達の種類ごとに原告の利益と被告の利益はどのように調整されているかを踏まえつつ，整理しなさい。

2 ある債権を，一方では訴訟物として請求し，他方で相殺の抗弁に供することは，142条が禁じる重複訴訟にあたるとする根拠と，それに対する反論をそれぞれ述べなさい。

第 2 章

訴訟の審理

1 審理の具体的な流れ

　　原告から訴状が提出され被告にこれが送達されて訴訟係属が生じると，いよいよ審理の始まりである。裁判所は，第1回口頭弁論期日を指定し，両当事者を裁判所に呼び出す。第1回口頭弁論期日においては，両当事者からの申立ておよび双方の主張する事実の認否がなされるのが一般的である。第1回口頭弁論期日を経た後，当事者間において争いのある事実（争点）が一体何であるのかを早期に解明すべく，争点および証拠の整理手続が実施される。ここで，形成された争点とそれに対応して整理された証拠に基づいて，証拠調べのための口頭弁論期日が改めて行われ，証拠調べが集中的に実施されていく。

　　本節では，このような民事裁判における審理の具体的な流れを簡単に見ていこう。

1 訴状の提出から第1回口頭弁論期日まで ─────────●

いま，XとYとの間において，XがYに対して貸し付けたとする金銭の返還をめぐってトラブルが生じているとする。Xの言い分はこうである。「長年の友人であるYの事業がうまくいっていないことを知った私（X）は，当面の事業の運転資金として1000万円をYに融通してあげた。このお金を元手として，Yの事業は次第に回復のきざしを見せはじめ経営状況も改善するようになったが，当初約束した弁済の期日（1年後）をすぎてもYから1000万円の弁済がなされなかったので，Yに対し1000万円を返すよう求めたところ，Yはこれに応じてくれなかった」。これに対し，Yは次のような反論をしている。「確かに私（Y）は，事業がうまくいかずXから1000万円という大金を都合してはもらったが，このお金は，長年の友であるXが，私の窮状を見るに見かねて，厚意でくれたものである」。

XがYを相手取って貸金返還請求訴訟を提起した場合，Xの主張する訴訟物（→第1章第1節1(3)）^{⇒29頁}は，「貸金返還請求権」ということになる。このXの申立てを受けて，裁判所としては，審理を経たうえで，XのYに対する訴訟物の存否についての本案判決を下すことになる。

まず，Xから訴状が提出されると，裁判所は訴状審査（137条→第1章第4節1(3)）^{⇒75頁}を経たうえで，第1回目の口頭弁論期日を，原則として訴え提起から30日以内（規60条2項）に指定し（139条），Yに対してXから提出された訴状の副本と第1回口頭弁論期日の呼出状を送達（→第1章第4節2）^{⇒76頁}することとなる。この期日の指定にあたっては，裁判長は事前に当事者から，訴訟の進行について参考とすべき事項を聴取することもできる（規61条）。

これを受けて，Yとしては，実際に審理が始まっていくまでに，答弁書という書面を提出することになる。答弁書とは，訴状の送達を受けた被告が最初に提出する準備書面（→本章第3節1(1)）^{⇒116頁}を指し，原告の定立した請求の趣旨に対する答弁，訴状に記載された事実に対する認否や抗弁事実，立証を要する事実に関連する事実（間接事実）で重要なものおよび証拠が記載される（規80条）。先の例に即して考えると，Yとしては，Xの請求の趣旨に対し「原告の請求を棄却する，との判決を求める」という申立てをしたうえで，Xの主張

する消費貸借契約締結という事実については,「Xが返還を求めている 1000万円は,自分にくれたものである」と理由を付して,Xの請求原因事実を否認(理由付否認。規 79 条 3 項)するといった趣旨の答弁書が提出されることになる。答弁書に記載した事項については,第 1 回口頭弁論期日において,口頭で陳述しなければならない(→本章第 2 節 1 (3)(c))^{⇒95頁}。

⇒95頁

2 第 1 回口頭弁論期日 ———————————————————●

(1) 手続の進行面

訴訟手続の進行に関しては,基本的には裁判所の主導によって手続が進められ,整序がなされる(職権進行主義→本章第 2 節 4 (1))^{⇒110頁}。第 1 回口頭弁論期日の指定などは,まさに裁判所の職責に基づいて行われるものである。裁判所は,口頭弁論期日の指定だけでなく,必要に応じては,争点および証拠を整理するための期日や和解期日といった,訴訟の進行に必要な訴訟行為を当事者に行わせるためのさまざまな期日を指定し,審理の進行・整序を図っていくことになる。もっとも,実際の裁判では,当事者が期日に出頭しないこともままあり,このような当事者の不熱心な訴訟追行に対する規律も必要となってくる。たとえば,第 1 回口頭弁論期日に原告が欠席した場合には,手続を進める必要性から訴状の記載内容が陳述されたものと擬制されることになり,これとのバランス上,被告が欠席した場合であっても提出済みの答弁書等における記載内容が陳述されたものと擬制されるが(158 条),続行期日における一方当事者の欠席や,当事者双方の欠席などさまざまな場合がありうることから,法はこれらに対する規律を設けている(→本章第 2 節 3 (2))^{⇒108頁}。

では,なぜ,民事裁判においては口頭弁論が実施されなければならないのであろうか。それは,民事訴訟法においては必要的口頭弁論の原則というものが採用されており,本案について審理し判決を下すにあたっては,必ず口頭弁論を実施しなければならないとされているからである(87 条 1 項本文→本章第 2 節 1 (2))^{⇒93頁}。そのため,裁判所は,口頭弁論を実施するための期日を指定するが,これは公開法廷で行われなければならない(公開主義)。また,口頭弁論期日に

おいては，裁判所は，当事者双方に主張・立証を行う機会を公平に与えなければならない（双方審尋主義）とともに，当事者が口頭で陳述したものだけを斟酌して審理をしなければならず（口頭主義），この口頭弁論期日における審理に関与した裁判官が最終的に判決を下すことになる（直接主義）。

　実務的には，第1回口頭弁論期日においては，事前に提出されている訴状，答弁書に記載された事実の主張のみで終わっているのが通常である。とはいえ，訴状，答弁書に記載されている事項は，各当事者からの申立ておよび事実主張などを含む重要な事項であり，公開主義，口頭主義の要請がはたらく口頭弁論においては，公開の法廷において当事者の口頭による陳述が不可欠となる。

　第1回目の口頭弁論が実施されると，原被告の双方の言い分について裁判所は審理を進め，これに対する判断を下すことになるが，そのためには，裁判に必要な資料（事実・証拠）を収集して裁判所に提出されなければならない。訴訟手続の進行面とは異なり，資料の収集・提出の役割については当事者の側にある（弁論主義→本章第２節 **2**(**1**)）。⇒98頁

▌ (2)　攻撃防御方法の提出 ▌

　口頭弁論の中心をなすのは，当事者が行う，本案についての申立て・事実の主張・立証という3段階の訴訟行為である。そして，後2者をまとめて攻撃防御方法と呼ぶ。これらの行為は，裁判所に対して判決を求め，またはその資料を提供するものであり，判決を得てはじめて本来の効力を発揮するものである。ここにいう事実とは，訴訟物たる権利関係の発生・消滅・変更という法律効果を判断するのに直接必要な事実（主要事実→本章第２節 **2**(**2**)）をいうが，その手^{⇒101頁}がかりとなるのは実体法である。

　先に挙げた例に即して考えると，原告Xに「貸金返還請求権」という権利が認められるかどうかについては，「貸金返還請求権」の発生について定めた実体法規（民587条）によると，消費貸借契約の成立要件たる事実は，①返還の約束，②金銭の交付，の2つであり，Xとしてはこの2つの要件に該当する具体的事実を主張することになる。これに対し，被告Yは，1000万円は受け取ったがそのお金はXからもらったものであるとして，Xの言い分を争おうとしていることから，実体法に照らすと，②の事実については認めるが，①

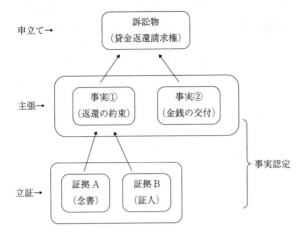

の事実については争う，ということを意味しており，法的には，②の事実は両当事者間において争いのない事実とされる一方，①の事実については争いのある事実（争点）ということになる。

　争いのない事実については，裁判上の自白が成立し証明を要しない事実となるので（179条→本章第 5 節 1 (3)）[⇒156頁]，裁判所としては，②の事実については事実認定をする必要はない。これに対し，当事者間において争いのある事実についてはその事実の有無につき裁判所が認定をしなければならないが，その心証の形成にあたっては口頭弁論の全趣旨および証拠調べ（→本章第 5 節 2）[⇒157頁]の結果を斟酌する（247条）とされていることから，当事者は当該事実についての立証活動を行う必要がある。

　裁判所としては，争いのある事実につきその有無に係る心証が形成され，訴訟が裁判をするのに熟す（243条 1 項参照）まで，この口頭弁論期日を繰り返していけばよいということにはなる。しかしながら，端的に口頭弁論期日を繰り返すだけの審理を進めることは，書面交換と次回期日の設定を行うだけの期日が数か月おきにポツン，ポツンと開かれ（五月雨式審理），当事者が互いに主張をかみ合わせないまま，主張と立証の段階を行ったり来たりして（漂流型審理）漫然と期日が重ねられることとなり，審理の充実・促進には役立たなかったという過去の教訓から（→序章第 2 節 (1)(a)④）[⇒13頁]，現在の民事訴訟法は，次に述べる争点整理手続という制度を設けている。

3 争点整理手続 ──────────────────────●

　先に挙げた例では，XとYとの間における争いのある事実（争点）は，①返還の約束の有無ぐらいで，ほかに争点らしい争点はないような事例である。しかしながら，実際の裁判においては争点が多岐にわたることも多く，審理の迅速を図り充実した裁判を実施するには，いたずらに口頭弁論期日だけを繰り返して審理を進めるのではなく，手続の比較的初期の段階において，争いのある事実（争点）と争いのない事実をふるい分け，争いのある事実についての証拠調べをスムーズに行うためにあらかじめ証拠となるべきものについても整理をしておくことが望ましい。

　そこで現在の民事訴訟法においては，争点および証拠の整理手続（争点整理手続）が設けられており（164条以下→本章第3節**2**），その種類には3つのものがあるが，実際の裁判では弁論準備手続という手続を用いて争点整理を行っているのが一般的である。この弁論準備手続は，公開の法廷とは異なる非公開の部屋においてインフォーマルな雰囲気（裁判官は法服を着用せずに現れ，裁判所書記官も存在しないのが一般的）のなかで実施される。ここでは単に争いのある事実（争点）と争いのない事実とをふるい分けるだけではなく，争いある事実について後に控える証拠調べを集中的かつ円滑に実施できるよう証拠も提示され，どの争点との関係においてどの証拠の取調べが必要かといった整理がなされるが，文書（先の図における証拠A）については証拠調べがこの時点で行われるのが通常である（170条2項）。

　争点中心の集中審理方式を採用している現在の民事訴訟法のもとにおいては，第1回目の口頭弁論を実施した後に，争点整理手続のための期日が指定され，数回の争点整理手続の期日を経ながら争いのある事実と証拠を整理し，争いのある事実について集中的に証拠調べをする（182条→本章第4節**2**(3)(b)参照）ための口頭弁論期日が再度指定される，という手続の流れが標準となる。

4 証拠調べ ──────────────────────●

裁判所が原告の訴訟上の請求の当否を判断するためには，まず適用される法

規を確定し（適用実体法の発見），次にその法規の効果を導くために必要な事実が存在するかどうかを確定する（事実認定）。

　たとえば，冒頭に掲げた事例のように，貸した金を返せ，という単純な貸金返還請求訴訟において，XはYに1年後を返済の期限として1000万円を被告に貸したと主張するのに対して，YはXからそのような金を借りた事実はないから応じられないといって支払を拒んでいるならば，XとYとの間で，金銭消費貸借契約（民587条）が成立していたのか否かが，まず裁判上の争点になる。この裁判の勝敗を決するのは，証拠である。この例でいえば，契約書や念書，あるいは貸付けの現場に立ち会った第三者の記憶に基づく証言が証拠になる。民事訴訟では，これらの契約書，念書または第三者を証拠と位置づけて，その取調べおよび評価に関して詳細な規定をおいている（第2編第4章）。証拠となるものには，契約書や念書のような文書を代表例とする物証と，第三者の記憶に基づく証言のような人証に大別される。

　民事訴訟の手続の順序を見れば，証拠調べは，判決言渡し直前の手続の最終段階に位置している。しかも，上述の標準的な手続の流れに従うと，当事者間に争いのある事実を入念に整理したうえで，一気に証拠調べを実施するということになる。したがって，証拠調べの実施のために開かれる口頭弁論期日においては，人証についての証拠調べ（証人尋問・当事者尋問）が集中的に行われる（集中証拠調べ。182条→本章第4節 **2**(3)）。^{⇒133頁}

2 口 頭 弁 論

　この節では，訴訟の審理の中核である口頭弁論について見ていこう。まず，審理を進めていくにあたり，民事裁判という手続を主宰する役割は，基本的には裁判所の側にあるとされる（職権進行主義）が，当

事者にも一定程度の関与が認められる。

　また，審理を行うにあたっては，裁判に必要な資料の収集および提出が必要となってくるが，そのイニシアティブが裁判所の側にあるのか当事者の側にあるのかが次に問題となってくる。

　さらに，審理の結果，裁判所は最終的に判決を下すことになるが，判決をするにあたっては必ず口頭弁論を実施しなければならない（必要的口頭弁論の原則。87条1項本文）。ここにいう口頭弁論とはそもそも何を意味するのであろうか。口頭弁論とは，裁判所が定めた期日に，当事者双方がその審理のために，口頭で本案の申立てや攻撃防御方法の提出その他の陳述をすることを意味するものである。この口頭弁論を実施するにあたっても，さまざまな基本的なルールがあり，これらについても学んでおく必要がある。

1　必要的口頭弁論の原則

(1)　口頭弁論の意義

　口頭弁論とは，公開の法廷において，受訴裁判所の面前で当事者双方が対席して，口頭陳述によりそれぞれの主張事実を提出する審理方式をいう。口頭弁論の構造は，弁論と証拠調べに分けられる。口頭弁論は，公開の法廷において呼出しを受けた当事者が実際に出頭して行われるのが通例であるが，令和4年IT化改正によって，裁判所は，相当と認めるときは，当事者の意見を聴いたうえで，**ウェブ会議**を用いて口頭弁論の期日を実施することができるようになった（87条の2第1項〔新設〕）。当事者は実際に出廷する必要はないが，裁判官は在廷することとなる。条文上は，音声のみならず映像についても送受信できる方法とされていることから，音声のみの送受信方法である電話会議システムは用いることができない。

　ある期日で審理が終了しない場合，期日が続行されるため，口頭弁論は断続的に数期日にわたり実施されることがあるが，各期日において行われた訴訟行為は，あたかも1期日にすべて行われた場合と同様に，そこで獲得された訴訟

資料および証拠資料が等しく判決の基礎とされる（**口頭弁論の一体性**）。口頭弁論を実施し，裁判をするのに熟したとき，裁判所は口頭弁論を終結することになる（243条1項参照）。

各口頭弁論期日において，裁判所書記官は，口頭弁論の経過を記録した口頭弁論調書（電子調書）を作成しなければならない（改正前160条，改正後160条）。

(2) 口頭弁論の必要性

民事訴訟においては，口頭弁論を行わなければ判決をすることができないし，口頭弁論に顕出された事実や証拠だけが判決の基礎となるという建前が採用されており，これを**必要的口頭弁論の原則**（87条1項本文）という。このような原則が採用されているのは，民事訴訟制度の公正を確保し，裁判に必要な資料の提出についての手続保障を当事者に与えることにある。もっとも，口頭弁論を開いて当事者に攻撃防御の機会を保障しなくても不当といえない場合には，口頭弁論を開かなくてよい。たとえば，訴訟要件の欠缺により補正の見込みのない場合（140条・290条など），上告棄却の場合（319条），日本に住居等を持たない原告が訴訟費用の担保供与決定を受けてもこれを提供しない場合（78条），判決の変更を行う場合（256条2項）などには，判決に際し，口頭弁論を開く必要はないとされる。

これに対し，移送などのように**決定**という形式で裁判される（21条）事件については，口頭弁論を開くか否かが裁判所の裁量に任される（**任意的口頭弁論**。87条1項ただし書）。決定手続の対象の多くは，訴訟手続上の派生的・付随的事項であり，その判断に際しては，簡易・迅速性が要求されることから，口頭弁論という厳格かつ慎重な審理方式を踏むべきか否かを，裁判所の裁量に委ねているのである。とはいえ，口頭弁論が開かれず，書面審理だけが行われる場合であっても，裁判所は裁量で，当事者その他の利害関係人の言い分を法廷における口頭弁論以外の方法で，口頭または書面により**審尋**する（同条2項）ことができる。この審尋についてもウェブ会議を利用することができる（87条の2第2項〔新設〕）。

(3) 口頭弁論の諸原則

(a) 公開主義

訴訟の審理や判決は公開の法廷で行われなければならないとする原則を**公開主義**という。その趣旨は，裁判の公正を図り，司法に対する国民の信頼を得ることにあるから，ここでは，広く一般国民に対して公開すること（一般公開）を意味する。公開の対象となるのは，対審，すなわち，裁判所の判断の対象とされるべき事実を審理に上程する手続である弁論および証拠調べと，判決の言渡しである（憲82条1項）。これらについて公開しなかった場合は，絶対的上告理由となる（312条2項5号）。

もっとも，裁判官の全員一致で，公開すると公序良俗に反すると受訴裁判所が判断した場合（憲82条2項本文）には，非公開とすることができる。さらには，裁判所は，プライバシーや営業秘密に関して，一定の場合に人証の取調べの公開を停止することができ（人訴22条，特許105条の7，新案30条，不正競争13条），当事者の申立てにより，当事者等が訴訟追行上取得した当事者の保有する営業秘密に関して，秘密保持を命じることができる（特許105条の4以下，新案30条，不正競争10条以下，意匠41条，商標39条，著作114条の6以下）。なお，訴訟記録については公開の対象ではないものの，公開主義の趣旨をより徹底すべく，一般第三者にも閲覧権が認められる（91条1項。電磁的訴訟記録につき，91条の2〔新設〕）が，当事者の申立てにより，裁判所は，訴訟記録におけるプライバシーに関する部分等の閲覧等を制限することができる（92条）。

(b) 双方審尋主義

審理においては，各当事者に主張・立証を行うための機会を公平に与えなければならず，これを**双方審尋主義**という。これは，公平な裁判を行う前提として，当事者双方にそれぞれの言い分を述べる機会を十分に与える趣旨のものであり，憲法13条，14条，32条，82条の要請に基づくものとされる。この原則を具体化した制度としては，訴訟手続の中断・中止（124条以下），手続保障の欠缺に関する絶対的上告理由（312条2項4号）および再審事由（338条1項3号）などがある。

(c)　口頭主義

　訴訟行為は口頭でなされることを要し，当事者が口頭で陳述したもののみを裁判において斟酌してよいとする原則を，**口頭主義**という。その趣旨は，口頭による陳述は，書面によるものに比して，関係人に新鮮な印象を与えるうえ，不明確な点を問いただすことで当事者の真意を把握しやすいことや，審理が活気を帯びるといった点にあるとされる。

　とはいえ，口頭での陳述を完全に記憶し続けておくことは困難であること，口頭での陳述の内容は整理されておらず不正確な場合もあること，といった口頭主義の短所を補完するため，一定の場合には書面の利用が認められている。たとえば，訴えや上訴など，審判の基礎ないし出発点となる重要な訴訟行為について確実を期すため，また，複雑な事実問題や法律構成を裁判官や相手方が理解しやすくするため，さらに，口頭弁論が長期にわたる場合に審理の結果について記憶の確実を期すために，書面の作成（改正前 133 条，改正後 134 条・160 条・161 条等）が義務づけられている。また，口頭弁論期日における事実の主張や証拠の提出については，あらかじめ書面でこれを準備しておかなければならない（**準備書面**。161 条 1 項→本章第 3 節 **1**(**1**)^{⇒116頁}）。

(d)　直接主義

　判決の基礎となる弁論と証拠調べに直接関与した裁判官だけが判決を下すことができるとする原則を**直接主義**（249 条 1 項）という。その趣旨は，上述の口頭主義ともあいまって，裁判官が陳述の趣旨またはその真偽を正確に理解し，その結果を裁判に直結させる点で優れているためであるとされる。

　もっとも，裁判官が転勤や退職する場合などに直接主義を貫徹するとかえって不合理な結果となることがあるため，審理途中で裁判官の交代があった場合，裁判官の面前で，当事者が従前の弁論の結果を陳述することで，直接主義の形式を満足させている（249 条 2 項）これを**弁論の更新**という。ただし，証人尋問については，単独事件や合議体の過半数が交替した場合に，当事者から申立てがあればやり直さなければならない（同条 3 項）。裁判官の交替があったにもかかわらず，弁論の更新がなされないまま弁論が続行され，判決がなされた場合，直接主義違反となり，絶対的上告理由（312 条 2 項 1 号），再審事由（338 条 1 項 1 号）となる。

(e)　集中審理主義

　一般に，裁判官は，1つの事件について集中的に審理し，判決まで終えてから他の事件の審理に入るべきとする原則を**集中審理主義**という。この原則を採用するメリットとしては，短時間で事件の全体像が明らかになり，裁判官も事件に関心を集中して，心証形成が容易かつ的確になることが指摘されている。しかし，裁判官が同時に複数の事件を抱え同時並行的に審理（併行審理）するのが実情である。旧法下においても集中審理主義が目指されてはいたが（旧規25条・27条），争点中心の集中審理方式を採用した現行法のもとでは，人証の証拠調べに限って集中審理主義が実現されている（集中証拠調べ。182条→本章第4節**2(3)**）。
⇒133頁

(f)　適時提出主義

　適時提出主義（156条）とは，当事者は，**攻撃防御方法**の提出を，訴訟の進行状況に応じた適切な時期に行わなければならないとする原則をいう。旧法下の随時提出主義がともすれば攻撃防御方法の後出しを誘発し，訴訟の遅延をもたらしていたことから，現行法制定時に設けられた原則であり，訴訟追行にあたっての当事者に課せられる信義誠実義務（2条）の具体的な現れとされている。攻撃防御方法を提出すべき適切な時期がいつであるかについては，訴訟の進行状況に応じ個別具体的に定まることにならざるをえない。加えて，適時提出主義に反した攻撃防御方法の提出については，直接の制裁規定があるわけではないことから，適時提出主義を定めた民訴法156条は，当事者に対する訓示的な規定としての意味合いが強い。

　ただ，攻撃防御方法の提出があまりにも時機に後れたものと判断される場合には，裁判所は当該攻撃防御方法を却下することができる（157条1項）。提出された攻撃防御方法が時機に後れたものとして裁判所が却下をするには，当該攻撃防御方法が，①時機に後れて提出されたものであること，②時機に後れて提出されたことが当事者の故意・重過失に基づくものであること，③これを採用することによって訴訟の完結が遅延すること，という3つの要件を充足する必要がある。①の要件の判断にあたっては，各事件の具体的進行状況（最判昭和30・4・5民集9巻4号439頁，最判昭和46・4・23判時631号55頁〈百選（5版）45〉など）や，当該攻撃防御方法の性質に即して，提出された時期よりもより

早期に提出できることが期待しうるような客観的状況の有無によって判断しなければならない。②の要件の判断にあたっては，当事者の法律の知識（本人訴訟か弁護士訴訟か）や攻撃防御方法の種類を考慮すべきであるとされる。③の要件をめぐっては，古くは相対説（相対的遅延概念）と絶対説（絶対的遅延概念）との対立があったが，今日では，後れた提出を許容した場合にそれを却下した場合よりも手続期間が長くなることをもって「遅延」ととらえる絶対説が一般的な見解といえる。

(g) 計画審理主義

　適正かつ迅速な審理を実現するために，裁判所および当事者に対して，訴訟手続の計画的な進行を図ることを求める原則を**計画審理主義**という（147条の2）。これは，裁判の迅速をより一層推進すべく，いかに複雑難解な訴訟であっても2年以内に第一審の終局判決を下すべきとの趣旨を定めた，「裁判の迅速化に関する法律」（平成15年法律第107号）2条の要請を受けて，平成15年に民訴法が改正された際に導入された概念である。この計画審理主義を具体化するものとして，**審理計画**の策定が挙げられる。すなわち，大規模な公害訴訟や医療過誤訴訟や建築関係訴訟などの専門的な知見を要する訴訟など，裁判所が，審理すべき事項が多数であり，または，錯綜しているなど事件が複雑であることその他の事情により，その適正かつ迅速な審理を行うために必要があると認めるときには，双方当事者と協議のうえ，審理計画を定めることができる（147条の3第1項）とされている。

　審理計画には，①争点および証拠の整理を行う期間，②証人尋問および当事者尋問を行う期間，③口頭弁論の終結および判決の言渡し予定時期，を定めなければならず（147条の3第2項各号），定められた審理の計画を実現すべく，裁判所および両当事者の三者は協働して審理の進行に努めることが望まれる。また，審理計画には特定の事項についての攻撃防御方法の提出期間を定めることもできるが（同条3項・156条の2），この期間を徒過して提出された攻撃防御方法は，原則として却下される（157条の2）。

2　裁判に必要な資料の収集提出に関する裁判所と当事者の役割分担　—●

(1)　弁論主義

(a)　弁論主義の意義・根拠・機能

　裁判所の判断資料を形成すべき事実と証拠の収集および提出を，当事者の権能ないしは責任に委ねる建前を**弁論主義**という。これに対し，裁判所のほうにその権能ないしは責任を認める建前を**職権探知主義**という。弁論主義を直接根拠づけた規定は民事訴訟法には存在しないが，わが国の民事訴訟においては，弁論主義が採用されているとされている。それはなぜだろうか，弁論主義採用の根拠が問題となってくる。

　この点については，大別して本質説と呼ばれる見解と手段説と呼ばれる見解とがある。本質説とは，弁論主義は，私益に関する紛争の解決を目的とする民事訴訟の本質に根ざすものであるとして，その根拠を私的自治の尊重に求める見解である。この見解は，私的自治の原則が妥当する私人間の権利関係については，当事者の自由な意思に基づく処分に委ねられるべきことを出発点とする。そして，訴訟における判決を通じた権利関係の処分を行う場合にも，その内容が可能な限り当事者の自由意思を尊重した処分に近いものとなることが望ましいことから，その権利の判断のために用いられる資料である事実と証拠の選択について，当事者の意向を反映させようとしたものとされる。

　これに対し，手段説とは，訴訟の結果について最も利害を感じるのは当事者であるため，当事者に自己に有利な資料の提出の責任を負わせることで，客観的にも十分な資料の収集が期待でき真実を発見しやすいことから，真実発見の便宜的・技術的見地から認められた1つの手段として弁論主義が採用されているとする見解である。とはいえ，手段説には，真実発見という目的は職権探知主義を採用している訴訟手続（人訴20条など）においても同様に当てはまるはずであるのに，当該訴訟手続ではなぜ弁論主義が採用されていないのかを上手く説明できないという難点がある。

　このほか，弁論主義は多年にわたって形成されてきた概念であり，現在認められている弁論主義をいずれか1つの根拠で割り切って説くことは不可能であ

るとして，上記の私的自治の尊重や真実発見の効率に加えて，不意打ち防止や裁判への信頼確保といった要請も加えた多元的な根拠に基づく歴史的所産であるとの見解（多元説）も有力に主張されている。

　たしかに，弁論主義という原理は歴史的に形成されてきたものであって，私的自治の尊重以外のさまざまな要素もある意味では弁論主義を正当化するものとして議論されてきたものであり，弁論主義を考えるうえでまったく考慮しないわけではない。そこで，当事者の提出しない資料を裁判の基礎にしてはならないという伝統的な意味での弁論主義の根拠は私的自治の原則に求め，真実発見や不意打ち防止といった観点は弁論主義を採用することによって結果的にもたらされる機能として位置づけるべきであろう。実際に，代理人による契約締結という事実（主要事実→(2)(a)^{⇒101頁}）を，当事者の主張なく認定した裁判所の判断が，弁論主義違反にならないとされた判例（最判昭和 33・7・8 民集 12 巻 11 号 1740 頁〈百選 43〉）についても，同事件ではかかる認定をしても結果において当事者に対する不意打ちはなかった事例であったとして，この判例の結論を支持する向きも見られる。

　このように，弁論主義の根拠を私的自治の尊重に求めるならば，同じく私的自治に根拠を求める処分権主義（→第 1 章第 1 節 1(1)^{⇒27頁}）とは，その背景・基盤を共通にするものといえるが，処分権主義は審判対象の定立および処分に関わるいわば申立てレベルの問題であるのに対し，弁論主義は事実および証拠の収集・提出に関わるもので主張・立証レベルの問題である点で異なる。

(b) 弁論主義の内容

　事実と証拠の収集および提出の役割を当事者に委ねるとする弁論主義は，具体的には以下の 3 つの内容として現れてくる。なお，事実を主張したうえで，当該事実を争わないか争うのかの態度を表明し，争いのある事実については立証を要するという当事者の一連の訴訟行為の流れに着目すると，以下の 3 つの内容を習得するにあたってはその順番も重要である。

① 主張責任（弁論主義[1]）

　第一に，事実の主張に関するものとして，「裁判所は，当事者の主張しない事実を判決の基礎としてはならない」というものがある。もし仮に，当事者から主張されていない事実を裁判所が勝手に認定し判決の基礎として採り入れて

もよいとすると，当事者に不意打ちを与える結果となってしまう。当事者に主体性を認める弁論主義のもとでは，かかる事態は容認されるべきではない。このことは逆にいうと，一方当事者が自己に有利な事実を主張しないことによってその事実が裁判所に顕出しないときには，当該事実はないものとされ，一方当事者は，自己に有利な事実認定をしてもらえないという不利益を受けることになるという結果責任を問われることにもなる。これを**主張責任**（客観的主張責任）という。

　弁論主義は，当事者間ではなく裁判所と当事者との間の役割分担の問題であることから，裁判所は，当事者によって主張された事実である限り，いずれの当事者が主張したかにかかわらず，判決の基礎とすることができる。これを，**主張共通の原則**という（最判昭和41・9・8民集20巻7号1314頁）。

　また，証拠調べを通じて裁判所が知るに至った事実についても，当事者からの主張がない以上は，判決の基礎とすることは許されないこととなる。これを，**訴訟資料と証拠資料の峻別**という（訴訟資料とは，当事者の弁論から得られる裁判の資料〔判決の基礎となる事実〕を指す）。たとえば，相続による財産の取得が争われている場合に，証拠調べの結果に基づき，当事者の主張していない死因贈与の事実を認定することは許されない（最判昭和55・2・7民集34巻2号123頁〈百選42〉）。

　②　自白（弁論主義②）

　第二に，同じく事実の主張に関するものとして，「裁判所は，当事者間に争いのない事実（**自白**された事実）は，そのまま判決の基礎としなければならない」というものがある。つまり，双方当事者の主張が一致している事実については裁判所の審判権が排除され，裁判所としては，当該事実の存否を確かめるために証拠調べを行ったり，自白に反する事実を認定することはできないこととなる。

　自白とは，当事者の一方が相手方の主張する自己に不利益な事実を認めることをいい，この陳述が口頭弁論または弁論準備手続においてなされた場合には，これを**裁判上の自白**という。裁判上の自白の成立要件としては，①当該陳述が，口頭弁論期日または弁論準備期日における弁論としての陳述であること，②当該陳述の内容が，相手方の主張と一致すること，③陳述の内容が自己に不利益

なこと，の３つが必要である。③の不利益の意味について判例は，相手方が証明責任を負う場合であるとしている（大判昭和 8・2・9 民集 12 巻 397 頁）。

　裁判上の自白が成立すると，弁論主義に基づいて，審判権が排除されることになる（**審判排除効**）。そのため，当事者は，自白された事実について証明が不要となる（**証明不要効**。179 条）。さらに，裁判上の自白をした当事者は，禁反言や証拠の散逸防止，相手方の信頼保護といった見地から，当該主張を撤回してこれと矛盾する別の事実を主張できなくなる（**不可撤回効**）。もっとも，いかなる場合にも自白が成立した主張を撤回できないとすると，適正な裁判の要請との関係で問題がある。そこで，①刑事上罰すべき他人の行為により自白がなされた場合は，これが再審事由（338 条 1 項 5 号）とされていることからも，自白の撤回が認められる。また，②当該主張を撤回することについて相手方の同意がある場合も撤回を認めてよいとされる。さらに，③適正な裁判の要請，および，自白の不可撤回効は一種の自己責任に基づくことなどから，自白が真実に反し，かつ，錯誤に基づく場合には撤回を認めるとするのが判例（大判大正 4・9・29 民録 21 輯 1520 頁〈百選 53〉）である。そして，客観的な真実に反したことの証明があれば，錯誤によるものであることが推定される（最判昭和 25・7・11 民集 4 巻 7 号 316 頁）。

　③　**職権証拠調べの禁止**（弁論主義③）

　第三に，証拠の提出に関するものとして，「当事者間に争いある事実を認定する際には，当事者の申し出た証拠によらなければならない」というものがある。これを，**職権証拠調べの禁止**という。もっとも，この原則に関しては，職権で行われる当事者尋問（207 条 1 項）等いくつかの例外も認められている（証拠の提出については→本章第 4 節 **2(1)**）。 _{⇒130頁}

(2)　弁論主義が適用される事実

(a)　弁論主義の適用対象としての事実

　民事訴訟において主張される事実の分類としては，主要事実，間接事実，および補助事実の３つがある。**主要事実**とは，権利の発生・消滅・変更という法律効果を判断するのに直接必要な事実をいう。**間接事実**とは，経験則により主要事実の存否を推認するのに役立つ事実をいう。**補助事実**とは，証拠の信頼性

に関する事実をいう。

　たとえば，冒頭に掲げた例において，XがYに対し1000万円を交付したという事実は主要事実であり（民587条参照），Xが銀行預金から1000万円を引き出したという事実や，金銭を交付したと主張する日の翌日からYの金回りがよくなったといった事実は間接事実とされる。さらに，証拠として提出された消費貸借契約書は，Yが自ら作成し署名したという事実は補助事実ということになる。なお，主要事実と類似したものとして，要件事実という概念もある。実務上は両者を同義で用いることもあるが，**要件事実**とは，法律要件に該当する類型的かつ抽象的な事実をさす概念であるのに対し，主要事実は個別の事件において法律要件に該当する個々具体的な事実をさす概念である。

　ところで，弁論主義の適用される「事実」とは，上記3つの事実のうちどの事実であろうか。この問題は，裁判に必要な資料のうち事実レベルに関する弁論主義①および②との関係において問題となってくる。

　この点については，①間接事実および補助事実は，主要事実を推認し，また，証拠の信用性に影響を与えるもので，証拠と同じ機能を営むものであることから，弁論主義の領域の問題とすべきではない，また，②自由心証主義（247条 →本章第5節**2**）のもとでは裁判官にできるだけ自然で合理的な判断をさせることが望ましく，間接事実の主張がないからといって主要事実を推認できないとすると，裁判官に窮屈な事実認定を強いることになる，さらに，③すべての事実について主張責任を認めるとなると，当事者に過大な責任を負わせることにもなりかねないことから，権利関係を直接基礎づける主要事実に限れば十分であるといえる。以上の理由より，弁論主義（とりわけ弁論主義①）の適用対象とされる「事実」は，主要事実のみと解するのが一般的である。これに対し，訴状の記載事項に関し，任意的とはいえ重要な間接事実の記載が要求されている（規53条1項参照）ことから，全部が対象となるとする見解も存在する。

　同様に，弁論主義②との関係においても，当事者間に争いのない「事実」という文言から，事実に関する陳述であることが必要とされ，これが主要事実を含む点において争いはない。他方，間接事実や補助事実に関する陳述を自白の対象として認めるべきかについて判例は，間接事実や補助事実に自白の成立を認めることは，自由心証主義の制限になるとして否定している（間接事実につ

き，最判昭和41・9・22民集20巻7号1392頁〈百選51〉，補助事実につき，最判昭和52・4・15民集31巻3号371頁）。なお，請求の当否の前提をなす先決的な権利・法律関係の存否に関する主張に自白の成立を認めるべきかという問題（権利自白）については，相手方は一応その権利主張を根拠づける必要はなくなるが，なお裁判所の事実認定権は排除されず，当事者はいつでも撤回できるとするのが判例である（最判昭和30・7・5民集9巻9号985頁〈百選52〉）。

(b) 主要事実と間接事実の区別

たとえば，自転車による交通事故を原因とする不法行為（民709条参照）に基づく損害賠償請求訴訟を想定してみよう。この場合，被害者である原告が，加害者（自転車の運転者）である被告の過失を主張する必要がある。しかし，「過失」そのものが主要事実であるとの前提に立つと，原告が，被告に過失があるとする根拠として主張した「携帯電話を操作しながらのわき見運転」といった事実は間接事実ということになる。そして，被告も，「わき見運転といった事実はない」としてこれを争っていたところ，裁判所としては，証拠資料等から同じく間接事実であることになる「酔っ払い運転」という事実を認定することができたとしよう。仮にこの事実を判決の基礎としてもよいとすると，当事者（とりわけ被告）にとっては不意打ちとなりえよう。

このように，実体法には，「過失」や「正当事由」といった抽象的概念を法律要件として定めているものがいくつかあるが，具体的な事実に対して法的評価を下してなされる概念を規範的要件要素といい，そうした評価を根拠づける具体的な事実を評価根拠事実という。上述のように，実体法規の定める法律要件に直接該当する事実が主要事実でありそれ以外は間接事実であるとして，規範的要件要素をそのまま主要事実ととらえると，その内容が漠然としたものとなり，当事者にとって不意打ちとなるおそれがある。そこで，こうした場合は，規範的要件要素を主要事実とすべきか，それとも，評価根拠事実を主要事実とすべきかが問題とされる。

この点については，評価根拠事実を弁論主義の対象となる事実として扱うという結論において異論はほとんどない。もっとも，評価根拠事実の位置づけをめぐって若干の争いがある。厳密には主要事実ではないとして準主要事実という位置づけをする見解もあるが，弁論主義の適用対象という観点からは，規範

的要件要素を定める法規については，評価根拠事実が主要事実になると解すべきであろう。

　これに関連して，当事者からの主張なしに，公序良俗や信義則に反するものと認定できるかという問題もある。たしかに，公序良俗，権利濫用，信義則等は高度の公益性を含む概念であり，適正な裁判の理想からは，裁判に反映されるべきものであるが，相手方の防御の機会を保障して不意打ちを防止する必要もある。そこで，公序良俗等に関する法の適用を主張することまでは要しないが，それを基礎づける具体的事実については，当事者の主張に現れていることが必要であると解される（最判昭和 36・4・27 民集 15 巻 4 号 901 頁〈百選 44〉）。

▎(3)　釈明権　▎

　裁判に必要な資料の収集提出を当事者の権能とする弁論主義を機械的に運用すると，能力や知識の格差からくる不平等が訴訟上の地位にも影響し，公平な裁判の実現や，適切な攻撃防御による適正な裁判を実現することは難しくなるおそれがある。そこで，裁判所が積極的に訴訟指揮権を行使し，訴訟関係を明瞭にするため，事実上および法律上の事項に関して，当事者に対して問いを発しまたは立証を促すことで，両当事者の訴訟追行能力の実質的な平等を図ることが認められている（最判昭和 45・6・11 民集 24 巻 6 号 516 頁〈百選 48〉）。こうした裁判所の権能を**釈明権**という（149 条 1 項）。

　釈明権は，口頭弁論や弁論準備手続などの期日において行使されるだけでなく，期日外においても行使することができる（期日外釈明）。期日外の釈明に応じた当事者の訴訟行為は，期日においてなされることにはなるが，相手方当事者としては，期日外釈明がなされた事実，およびその内容を知る利益があるので，重要な事項に関する期日外釈明については，その内容が裁判長などから相手方に通知される（同条 4 項）。なお，当事者自らが釈明権を行使することはできないのはもちろんのことではあるが，裁判所に対して釈明権の行使を求めることはできる（求問権。同条 3 項）。釈明権は，本来的には，当事者の攻撃防御方法を適切に整序し争点を明確にすることを目的とするものであるが，同時に，弁論主義が制度上内包する欠点，すなわち，弁論主義の名のもと，一切合切を当事者任せにしてしまうと，主張されるべき事実や提出されるべき証拠が裁判

所に顕出されないといった事態が生じうること，を補完する機能を営むものといえる。そのため，149条1項は，釈明を裁判所の裁量として規定しているが，釈明を行うことは，裁判所の裁量権限であるだけでなく義務（**釈明義務**）でもあると解されている（最判昭和39・6・26民集18巻5号954頁〈百選49〉など）。

　いかなる場合に釈明権の行使ができるかという問題については，そもそも釈明権の行使がケース・バイ・ケースで行われることから，明確な基準を立てることは困難である。そこで，一定の合理的な基準として，①当事者が事案にとって必要な特定の申立て・主張等を提出しているが，それらに不明瞭・矛盾・欠缺・不用意がある場合における補充的な釈明である消極的釈明と，②当事者のなした申立て・主張等が事案について不当または不適当である場合，あるいは，当事者が必要な申立て・主張をしない場合に，裁判所が積極的にそれを示唆・指摘してさせる是正的釈明である積極的釈明とに分けて考察するのが一般的である。この基準によれば，消極的釈明は，本来行うべきことが予定された釈明であるため，行使の限界はないとされるのに対して，積極的釈明は，場合によっては当事者の公平を損なうおそれがあり，行うにしても一定の利益衡量が必要であるとされる。

　裁判所が釈明権を行使すべきであったにもかかわらず行使しなかった場合，すなわち，釈明義務違反があった場合には，当該訴訟行為を基礎とする判決には審理不尽の違法があり上告の理由になるとされる。そこで，上告審が釈明義務違反を理由に，原判決を取消しないし破棄すべき基準が問題となる。ここでも，上述の消極的釈明と積極的釈明の概念を用いて検討すると，消極的釈明を怠り，判決の基礎をなす事実について矛盾や不明瞭があるのに，それを放置して判決がなされた場合には，法令違反として上告理由になるものと解される。これに対して，積極的釈明の場合は，釈明義務の範囲を検討するに際して，当事者の力量，事件の複雑さや困難さなどの組合せからなる具体的事情を考慮する必要があり，明快な基準を定めることが困難である。そこで，①判決における勝敗転換の蓋然性，当事者の申立て・主張等における法的構成の不備の有無，②釈明をすることなく適切な主張・立証をすることが当事者に期待できるかどうか，③釈明をすることによる当事者間の不公平，訴訟手続の完結の著しい遅滞といった事態を生じせしめるか，などの要素を検討して判断すべきであると

される。

　さらに，近時では，釈明義務の一態様として，裁判所は**法的観点指摘義務**という義務も負うという議論がある。そもそも弁論主義は，事実に関する主張および証拠の申出に関わる基本原則であり，また，釈明権・釈明義務は，その弁論主義の補完機能を営むものである。これに対し，法規の適用・解釈は，裁判所の責務であって，当事者による法律に関する主張は，裁判所の参考にされるにすぎない。とはいえ，当事者が，ある法律構成に基づいてある事実の主張を行っている場合，裁判所が，同一の事実関係を前提としつつも，別の法律構成に基づく法的判断をするならば，当事者としては，思ってもみなかった法的判断をされるという不意打ちのおそれがある。そこで，当事者がある法律構成を前提としてそれに当てはまる事実などを主張しているときに，裁判所にはそれとは異なる法律構成ないし法的観点を指摘して，当事者の攻撃防御方法を充実させる義務があるとされる。当事者によって主張されていた事実を前提として，そこから当事者によりなされていなかった信義則違反という法的構成を採用した原判決には釈明義務違反の違法があるとして，これを取り消した裁判例があり（最判平成22・10・14判時2098号55頁〈百選50〉），この裁判例に対しては，最高裁が法的観点指摘義務を示唆したものとする評価が多くなされている。

3　当事者の訴訟行為

(1)　攻撃防御方法の提出

　訴訟行為とは，訴訟手続を展開させていく当事者および裁判所の行為（広義），または，訴訟法上の効果を発生させる行為（狭義）をいう。

　口頭弁論の中心をなすのは，当事者が本案について行う申立て・主張・立証という3段階の訴訟行為であり，さらに後2者についてはこれらをまとめて**攻撃防御方法**と呼ぶ（→本章第1節の図）。これらの行為は，裁判所に対して判決を求め，またはその資料を提供するものであり，判決を得てはじめて本来の効力を発揮するものである。

(a) 申立て

申立てとは，裁判所に対して裁判等一定の行為を求める当事者の行為をいう。これには，当事者が訴えをもって行う本案に関する終局判決を求める本案の申立てと，訴訟手続上の付随的事項または派生的事項について裁判所の行為を求める訴訟上の申立てとがある。

申立ての撤回は，原則として，自由である。もっとも，相手方の地位を保護するため，相手方当事者が一定の行為をなした場合は，制限されることがある（261条2項参照）。また，訴訟行為に条件・期限を付することは，手続の安定を害するおそれがあるため，原則として許されないとされる。

(b) 主 張

主張は，その内容に応じて，法律に関する主張と事実に関する主張とに分かれる。前者は，狭義においては，要件事実に対する法規の適用の効果の主張をいい，広義においては，外国法を含む法規の存否，内容，解釈，適用についての主張をいう。もっとも，法規の解釈・適用は裁判所の職責に属するため，この主張は，単に裁判所の注意を促し参考に供するにとどまることになる。後者は，要件事実に該当ないし関連する事実を裁判所に報告する当事者の行為をいう。

一方当事者の行う事実に関する主張に対する相手方の対応として，相手方が証明責任を負う事実を否定し，それによってその事実の証拠調べを必要ならしめる行為を**否認**という。冒頭の例における①の返還の約束という事実につき，Yがこれを争うという場合がこれにあたる。なお，相手方の主張する事実を否認するには，その理由を述べなければならない（**理由付否認**。規79条3項など）。また，相手方の主張する事実に対し，自らが証明責任を負う事実を主張して争うことを**抗弁**という。冒頭に掲げた例におけるYの言い分とは異なり，Yが「1000万円はすでに弁済した」という争い方をしている場合がこれにあたる。相手方の主張する自己に不利益な事実を争わないとする陳述を**裁判上の自白**といい，自白がなされると，裁判所の事実認定権が排除され，弁論主義②より当該事実がそのまま判決の基礎とされるため，当事者は証拠による証明が不要となる（179条）。先の例における②の事実はこれにあたる。加えて，相手方の主張する事実を知らないとする陳述を**不知**という。不知の陳述は否認したものと推定される（159条2項）。なお，相手方の主張について対応しないこと

を**沈黙**という。一方当事者が，相手方の事実に関する主張を，口頭弁論終結時までに明らかに争わないときは，**擬制自白**が成立する（同条 1 項）。

　主張の撤回は，弁論主義のもとでは，自由に認められるのが原則である。撤回された主張事実は訴訟資料とはならないが，弁論の全趣旨（247 条参照）として斟酌される可能性はある。ただし，自白の成立した主張については，相手方の信頼保護等の見地から，原則として撤回は許されない（→第 2 節 **2**(1)(b)）。^{⇒101頁}

　また，先の例において，Y が，消費貸借契約の成立を否定しつつも，消費貸借契約を締結したとしても 1000 万円については弁済ずみである，といった主張をする場合のように，ある事実を主張しつつこれが裁判所によって認められない場合に備えて，あらかじめまたは同時に両立しえない他の事実を主張する，いわゆる仮定的主張がなされることがある。これは一種の条件付主張であるが，手続の安定を害しない限り許容され，裁判所も本来の主張より先に仮定的主張から審理判断してもよい。

(c) 立 証

　争いある事実に関して特定の証拠方法（→第 4 節 **2**(2)）の取調べを求め，そ^{⇒131頁}れを提出することを**立証**という。証拠調べは，弁論主義③により，当事者の申出を待って行うのが原則である。

　立証は，裁判所が証拠調べを行うまでは，任意に撤回できるが，裁判所が証拠調べに着手した後は，心証形成を妨げることになるため，撤回は許されない。また，立証に条件・期限を付することは，訴訟審理を阻害し，その結果，裁判官の心証形成を妨害することになるため許されないとされる。

┃ (2) 不熱心訴訟追行 ┃

　訴訟手続においては，当事者が訴訟行為を積極的に展開していくことが望ましいのはいうまでもないことであるが，実際には当事者が積極的に訴訟行為を行わない場合もままある。ここでは，そのような**不熱心な訴訟追行**としての期日における当事者の欠席に対する法の規律を見てみよう。

(a) 一方当事者の欠席

　当事者の一方だけが期日に**欠席**した場合，弁論準備手続を経ない最初の口頭弁論期日においては，手続進行の必要から，原告が欠席しても訴状の**陳述擬制**

が認められ，公平上，被告が欠席しても提出した答弁書等について陳述擬制が
なされる（158条）。また，欠席した当事者が公示送達によるものでなく，また，
何らの書面も提出していない場合は，相手方の主張を争わないものとして**擬制
自白**が成立する可能性がある（159条3項）。他方，続行期日において一方当事
者が欠席した場合は，原則として，従来の弁論に出席当事者の準備書面に基づ
く弁論を突き合わせて審理を進める。また，審理の現状および当事者の訴訟追
行の状況を考慮して相当と認めるときは，出席当事者の申立てがあれば，終局
判決（**審理の現状に基づく判決**）をすることができる（244条ただし書）。

(b) 当事者双方の欠席

当事者の双方および代理人がまったく出廷しないといった場合には，裁判所
の人的・物的資源が無駄になるといった事態が生じる。そこで，このような場
合，1か月以内に当事者のいずれもが期日指定の申立てをしない場合は，訴え
の取下げが擬制され（263条前段），連続して2回双方当事者が欠席した場合も，
同様に訴えの取下げが擬制される（同条後段）。もちろん，裁判所としては，事
件が裁判を行うに熟した状態にあると認めることができるならば，直ちに弁論
を終結して終局判決をすることもできる（243条1項）が，そのような状況に
至っていない場合であっても，審理の現状および当事者の訴訟追行の状況を考
慮して相当と認めるときは，終局判決をすることができる（244条本文）。

4　訴訟手続の進行に関する裁判所と当事者の役割分担 ──●

│(1)　職権進行主義│

民事訴訟の対象は私的な権利関係に関する紛争であるため，その処分につい
ては当事者の意思を尊重すべきであるという見地から，当事者主義（処分権主
義）が基調となる。すなわち，①当事者が訴訟をするかどうか（「訴えなければ
裁判なし」→第1章第1節1(1))，②その審理・裁判の対象と範囲を当事者が決
⇒27頁
める（→第1章第1節1(4))。また，自分たちで始めた手続であるから，③それ
⇒32頁
を終わらせることも当事者の処分権の範囲である（→第3章第1節)。また，事
⇒167頁
案を解明し，裁判所が法的判断を行うために必要な資料を供給するという局面

でも，いかなる資料の利用を裁判所に求めるのかについて，当事者の意思を尊重するのが望ましいことから，当事者主義の1つである弁論主義が採用されている。

とはいえ，訴訟は，裁判所という公的機関で行われる手続であるため，訴訟手続の効率的運営といった公益的な見地から，職権主義が採用されることもある。その1つとして，訴えまたは上訴によって開始された訴訟手続の進行・整序の主導権を裁判所に認めるという，**職権進行主義**というものがある。職権進行主義は，手続の進行・整序を当事者に委ねた場合に生じうる訴訟遅延といった問題に鑑み，効率的な手続運営を図るべく採用されている。また，これによって，公平な訴訟を実質的に保障し，充実した審理を実現することが期待されている。

┃ (2) 裁判所による訴訟指揮と当事者の関与 ┃

(a) 訴訟指揮権

職権進行主義を具体化するものとして，裁判所には，審理の主宰権能が認められる。これを，**訴訟指揮権**という。そのため，裁判所は，手続の進行について，原則として，当事者の申立てを要せず，また，その合意に拘束されることもない。訴訟指揮権は，原則として裁判所が行使する（89条・151条〜155条など）。また，裁判所が合議体によって形成されている場合，その裁判長が行使することもある（148条・149条など）。さらに，裁判長自身に訴訟指揮権が帰属する場合がある（93条1項・137条など）。その他，受命裁判官や受託裁判官（→第1章第3節1）^{⇒57頁}について，権限の範囲内で訴訟指揮権が認められることもある（206条・215条の4など）。

訴訟指揮の例としては，①審理の進行に関するもの（**期日の指定**および変更〔93条〕，中断した手続に対する続行命令〔129条〕など），②審理の整序に関するもの（**弁論の制限・分離・併合**〔152条〕，**弁論の再開**〔153条。なお，弁論の再開を義務づけた判例として，最判昭和56・9・24民集35巻6号1088頁〈百選39〉〕，時機に後れた攻撃防御方法の却下〔157条〕など），③期日における当事者の訴訟行為の整理をするもの（口頭弁論の指揮〔148条〕など），④訴訟関係を明瞭にするためのもの（釈明権〔149条〕，釈明処分〔151条〕など）がある。これらの訴訟指揮は，裁

判長による口頭弁論の指揮などの事実行為や，決定・命令といった裁判によって行われる。

(b) 当事者の関与

民事訴訟手続では職権進行主義が原則ではあるが，手続進行の結果が当事者の利害に重大な影響をもたらす局面では，それに関して当事者の意思を尊重する必要があり，そのための権能が与えられている。そうした手続の進行や訴訟指揮に関して，当事者が裁判所の処置を要求できる権能を**当事者の申立権**という。たとえば，裁量移送（17条・18条→第1章第3節**4**(2)(a)①）⇒67頁や期日指定・変更（改正後93条1項）などについては当事者の申立権が規定されており，こうした法定の申立権に基づいて，手続進行に関する申立てがなされた場合，裁判所は，当該申立てをそのまま放置することは許されず，必ず裁判によってその許否を明確にしなければならない。

また，当事者は訴訟主体として，裁判所による手続進行の適法性を監視し，自己の手続的な利益を擁護する必要がある。そこで，裁判所の訴訟手続，ならびに，相手方の訴訟行為の方式・要件の違背に対して，異議を述べ，その効力を争う権能（90条参照）も認められている。この権能を，講学上，**責問権**という。もっとも，任意規定，特に，当事者の利益を保護するための規定については，それに違反した手続進行があったとしても，当事者がこれを甘受するのであれば，それを無効とする必要はないし，これを常に無効とすると，かえって手続の安定性を害し，訴訟不経済をもたらすおそれがある。そこで，強行規定違反以外のものについては，当該違反を知っていたか，知ることができたにもかかわらず，直ちに異議を述べなかった当事者は，後でこれを述べることができなくなるものとされている（**責問権の喪失**。90条本文）。また，当事者が意識的に責問権の行使をしないことを責問権の放棄ともいう。これら責問権の喪失・放棄が行われると，その対象となった訴訟手続の瑕疵は治癒され，以後は，問題とされないことになる。

さらに，争点中心の集中審理方式を実効性あるものとして運用していくには，裁判所からの一方的な手続の押し付けではなく，裁判所と両当事者の協力関係を構築することが不可欠となってくる。そのため，事件を弁論準備手続や書面による準備手続に付して争点および証拠の整理を実施しようとするにあたって

は，裁判所は当事者の意見を聴取しなければならない（168条・175条）。加えて，当事者の意見を聴いて開始された弁論準備手続であっても，当事者双方からこれを取り消す旨の申立てがなされれば裁判所は弁論準備手続に事件を付す旨の裁判を取り消さなければならない（172条ただし書）。

また，計画的な審理を実現するために審理計画の策定を必要とする場合には，裁判所と両当事者の協議のうえでこれを策定することが必要とされている（147条の3第1項）。

(3) 期日・期間

訴えの提起に始まり審理を経て判決に至る一連の民事裁判の流れにおいて，手続の進行を時間的に段階づける目安となり，当事者に弁論やその準備の機会を保障して十分な審理を行えるよう手続を組み立てるものとして，期日・期間という概念がある。

(a) 期 日

期日とは，裁判所，当事者その他の訴訟関係者が会合して，訴訟に関する行為をするために定められた時間をいう。期日には，その目的とする事項により，口頭弁論期日，弁論準備手続期日，和解期日，証拠調べ期日など，さまざまな名称のものがある。

期日は，あらかじめ，場所，年月日，および開始時刻を明示してなされる。期日の指定は，原則として，裁判長，受命裁判官，または受託裁判官が職権により，命令でもって指定するが（93条1項，規35条），当事者による訴訟進行に関する関与の仕方として，期日指定の申立てによってこれを促すことができる（93条1項）。当事者の申立てによる場合，当該申立てを認める場合には，裁判長等が申立てに応じて期日指定を行う。これに対して，申立てを却下する場合には，裁判所が申立てを却下する決定でもって行うべきとされている。

期日が指定されると，裁判所は，当事者その他の関係人にそれを知らせて呼び出さなければならない。この呼出しは，呼出状（電子呼出状）の送達，または，当該事件について出頭した者に対する期日の告知，その他相当と認める方法（簡易な呼出し）によって行われる（改正後94条1項）。期日が指定されても，何らかの事情でこれを開くことができないことが予想される場合には，事前に

当該期日指定を取り消し別の期日を指定することがある。これを期日の変更という。もっとも，一度指定された期日が，たいした理由もなく頻繁に変更されると，裁判所事務や訴訟関係者に混乱をもたらすおそれがある。そこで，期日の変更は一定の事由がある場合にしか認められない（93条3項4項）。

(b) 期 間

一定の時間の経過について訴訟法上の効果が付与される場合の当該時間の経過を**期間**という。期間には，訴訟手続の迅速・明確を期するため，一定の訴訟行為を行うことが求められる期間である行為期間と，当事者やその他の利害関係人の利益保護のため，熟慮・準備させたり，法的効果を発生させるための期間である猶予期間（112条など）とがある。行為期間には，当事者の行為について定められる固有の期間（34条1項・75条5項・285条・342条など）と，裁判所の行為について定められる職務期間（251条1項など）とがある。

また，期間の長さにつき，それが法律で定められている法定期間（285条・313条・332条など）と，裁判所が長さを裁判で決める裁定期間（34条1項・75条5項・79条3項など）とがある。さらに，法定期間のうち，特に裁判所が自由に伸縮できないように定められた期間を**不変期間**（285条・313条・327条2項・332条・342条1項・357条・393条）という。なお，期間の計算は民法の定めるところによる（95条1項）。

不変期間以外の法定期間（通常期間）は，原則として，伸縮することができる（96条1項）。また，裁定期間も伸縮することができる（規38条）。これら期間の伸縮はいずれも，裁判所の職権裁量事項であり，当事者に申立権や不服申立ては認められない。不変期間については例外として，遠隔地に住所または居所を有する者のために，裁判所が付加期間を定めることが許される（96条2項）。その場合，本来の期間と付加期間を合算した期間が不変期間となる。

☝ 訴訟行為の追完

不変期間は原則として自由に伸縮することができないが，当事者が，裁判所の使用に係るコンピュータの故障や，当事者の責めに帰することのできない事由により不変期間を遵守できなかった場合にはどうすべきか。このよう

な場合には，その事由が消滅した後1週間以内に限り，不変期間内にすべき訴訟行為を行うことが認められている（**訴訟行為の追完**。改正後97条）。当事者の責めに帰すことができない事由とは，訴訟追行の際に通常人であれば払うであろう注意をしても避けられないと認められる事由をいう。たとえば，大震災による通信の途絶（大判大正13・6・13新聞2335号15頁）のような天災の影響がこれにあたる。また，公示送達制度（→第1章第⒋節**2**(2)(d)）[⇒77頁]を悪用された結果，自己に対して訴訟が提起されていることを過失なくして知らなかった当事者が，不変期間経過後にそれを知った場合もこれにあたると解される（最判昭和42・2・24民集21巻1号209頁〈百選（5版）A12〉）。

⑷　訴訟手続の停止

　訴訟係属中に，一定の事由の発生により，法律上，その訴訟手続が進行しない状態になることを，**訴訟手続の停止**という。この制度は，双方審尋主義の観点から，訴訟追行ができない状況にある者に手続関与の機会を実質的に保障するためのものである。訴訟手続の停止には，訴訟手続の中断と訴訟手続の中止とがある。

　なお，訴訟手続の停止は，当事者が期日に欠席するなどして事実上手続の進行が停止している場合とは異なる概念である。また，当事者間で和解がまとまりそうなので手続を一時的に休止するような場合や，重複して提起された事件が先行する訴訟に併合すべきかを判断すべく「期日は追って指定」するといった実務上の運用（→第1章第⒋節**3**(1)）[⇒81頁]も，ここにいう訴訟手続の停止とは異なる。

　訴訟手続の中断とは，法定の中断事由の発生によって訴訟手続停止の効果が発生することをいう。具体的な中断事由としては，当事者の死亡や合併などがあり（124条1項各号参照），中断した訴訟手続は，死亡した当事者の相続人や合併による新設会社や存続会社によって引き継がれる（受継→第4章第2節**7**(2)[⇒243頁]参照）。**訴訟手続の中止**とは，裁判所または当事者が訴訟行為を行うことを不可能にする事由が発生した場合，その事由が止むまで手続が停止することをいう。中止事由の1つとしては，天変地異その他の事由によって裁判所の職務執行が

不能となったことがあり，この場合，当該事由が止むことで，当然に手続が続行される（130条）。

3　口頭弁論の準備と争点整理

　　口頭弁論を能率よく実施し，充実した審理を集中的に実現するためには，裁判所と当事者双方とが期日に行われる訴訟行為の内容を事前に知っておき，これに対する対応をあらかじめ考えておくことが必要となってくる。すなわち，口頭弁論の準備という作業が不可欠となってくるところ，民訴法は，口頭弁論を準備するためのさまざまな制度を設けている。さらに，口頭弁論を有意義かつ実効性あるものとして実施するためには，審理の比較的初期の段階から，当事者間に争いの

ある事実（争点）と争いのない事実（自白の成立した事実）とをふるい分け，争いのある事実についての事実認定を迅速かつ効率的に行うため証拠となるべきものを整理しておくことも望ましい。

　本節では，口頭弁論の準備のための制度としての準備書面・当事者照会を見たうえで，さらに，争点や証拠を整理するための制度として用意されている準備的口頭弁論・弁論準備手続・書面による準備手続といった諸制度について学んでいこう。

1　口頭弁論の準備

(1)　準備書面

　口頭弁論における充実かつ集中的な審理の実現のために，当事者はあらかじめ口頭弁論期日に先立って書面で口頭弁論の内容を準備しておく必要がある。この書面を**準備書面**といい，当事者は，原則として，口頭弁論において提出しようとする攻撃防御方法やそれに対する応答を予告的に記載して裁判所に提出しなければならない（161条1項2項）。被告が最初に提出する**答弁書**（規80条）も準備書面の一種である。

　一般の準備書面（161条，規2条）には，主張および証拠の申出，相手方の請求および攻撃または防御の方法に対する陳述，当事者，代理人の住所・氏名，事件・裁判所の表示等が記載される。当事者は，原則として，記載事項について相手方が準備をするのに必要な期間をおいて，準備書面を裁判所に提出し（規79条1項），また，相手方当事者に直接送らなければならない（直送。規83条）。準備書面を受領した相手方当事者は，受領書を返送し，また，裁判所に提出しなければならない（規47条5項）。

　準備書面に記載された事項は，原則として，口頭弁論において陳述されることによって，訴訟資料となる（例外，158条）。また，一方当事者は，相手方当事者が口頭弁論期日に在廷していない場合，準備書面に記載して相手方に予告していない事実を口頭弁論で主張することができない（161条3項）。

(2) 当事者照会

口頭弁論期日における主張または立証を準備するための制度として，**当事者照会**（163条）というものが存在する。これは，裁判所の関与なしに直接に当事者相互間で，主張または立証を準備するために必要な事項について書面または電磁的方法によって照会をし，相当期間内に書面または電磁的方法で回答するよう相手方に求めることができるというものである。ただし，具体的または個別的でない照会，相手方を侮辱し困惑させる照会等，照会に対する回答を拒むことができる事項もある（改正前163条各号，改正後163条1項各号）。

このように，当事者照会は，本来的には口頭弁論の準備のための制度ではあるものの，この制度の用い方次第によっては，相手方からの**情報収集機能**が期待されるところでもある。しかしながら，制度上相手方からの回答を強制することはできない（相手方の回答義務はせいぜい訴訟上の信義則（2条）を根拠とする訴訟協力義務に求められる程度にすぎない）とされていることから，その実効性に対しては立法当初から疑問も少なくなく，実際の裁判実務においてもほとんど用いられていないようである。とはいえ，正当な理由もなく回答をしなかったり，虚偽の回答をしたりした場合には，それによって増加した訴訟費用の負担を命ぜられたり（63条），事実認定にあたってこのことが弁論の全趣旨（247条）として斟酌される可能性もありうる。

なお，提訴予告通知をした場合には，訴えの提起前にも当事者照会をすることができる（132条の2→本章第4節1(2)(b)）。⇒127頁

(3) 進行協議期日

口頭弁論の準備を直接の目的とするものではないが，口頭弁論における審理の充実を図るべく，口頭弁論の期日外で裁判所と当事者が，口頭弁論における証拠調べと争点との関係の確認その他訴訟の進行につき必要な事項を協議するための特別な期日（**進行協議期日**。規95条）を開くこともできる。

2　争点および証拠の整理手続 ──────────────●

(1)　争点整理手続の意義・役割

　紛争の迅速な解決のためには，口頭弁論に先立ってあらかじめ争点および証拠を入念に整理しておくことが肝要であり，旧法下の実務で行われがちであった，書面交換と次回期日の設定を行うだけの期日が数か月おきにポツン，ポツンと開かれ（五月雨式審理），当事者が互いに主張をかみ合わせないまま，主張と立証の段階を行き来して（漂流型審理）漫然と期日が重ねられるといった審理は避けなければならない。旧法下においても，準備手続（旧249条以下）という制度は存在してはいたものの，その強力な失権効（旧255条1項3項），証拠調べや中間的裁判ができないこと，手続の二度手間といった手続自体が内包していた問題点から失敗に終わったものであった。そこで，旧法下の実務においては，**弁論兼和解**という手続が編み出された。この手続を一義的に把握するのは困難であるが，その標準的な方式としては，公開の法廷でない和解室や準備室において1つのテーブルを囲み，インフォーマルな雰囲気の中で裁判官と当事者（必要があれば本人も出頭）が実質的な弁論や和解のための話合いを行う，というものであった。これにより間接事実，背景事情を理解することが容易となり，裁判官も当事者も事件の見通しをつけることができ，和解の機運も高まりやすいと評されていた。そのため，一方では実質的な意味での口頭弁論の再生・活性化と評価する向きもあった。他方，弁論兼和解を根拠づける直接の実定法上の根拠は存在しないものであったことから，非公開の場所で和解を行いつつ，実質的には弁論まで行い裁判官が心証を形成してしまうといったことが公開主義に反するのではないか，といった批判もあった。

　このように，旧法下においてすら，五月雨式・漂流型の審理方式を打破していこうとする機運は高まっていたことから，現行法の制定過程においては，事件の真の争点が何でありその争点を解明するためにどのような証拠方法があるのかということを早期に整理・確定し，しかる後に集中的に証拠調べを行うといった審理構造の構築が目指されたのである。このような争点中心の集中審理構造を構築すべく，現在の民事訴訟法は，争点および証拠を整理するための手

続（争点整理手続）を設ける（164条〜178条）と同時に，集中証拠調べ（182条
→本章第❹節**2**(**3**)⇒133頁）に関する規定を置いている。

　事件の真の争点が何であるかを解明し集中的な審理を実現するためには，争
点整理手続自体は，訴訟の比較的初期の段階において実施されるのが望ましい。
ここにいう争点とは，当事者間に争いのある事実を指すところ，争いのある事
実については後の口頭弁論において証拠調べを経ることによって事実認定がな
されることになる。そのためには，当事者間において争いのある事実と争いの
ない事実とを的確にふるい分け，後の証拠調べにおいて対象とすべき証拠方法
を争点ごとに入念に整理しておくことが肝要となってくる。また，絞り込まれ
た争点を中心にその後の当事者の攻撃防御活動が展開されていくことになるこ
とから，争点そのものの形成過程（争点整理手続）においては，両当事者およ
び裁判所を交えた綿密な3者間での協働作業が不可欠となってくる。

　なお，当事者間に争いのない事実については，裁判所はそのまま判決の基礎
としなければならない（弁論主義②）ことから，その後の証拠調べも不要とな
る（179条）。当事者間に争いのない事実，すなわち，相手方の主張する自己に
不利益な事実を争わないとする旨の陳述を裁判上の自白（→本章第❷節**2**(**1**)(b)⇒100頁
②）というが，当事者から多々主張されてくるさまざまな事実との関係におい
て争点を整序する機能を有するものといえる。

❙ (2)　争点整理手続の種類 ❙

　将来的に事実認定の対象とされる争いのある事実（争点），および取調べの
対象とすべき証拠を選別して効率的な審理を準備するため，法は，準備的口頭
弁論，弁論準備手続，書面による準備手続という3つの争点整理手続を定めて
いる。裁判所としては，3種類の手続の違いに応じ，当該事件の争点整理に適
切なものを，当事者の意向も確認（→本章第❷節**4**(**2**)(b)⇒111頁）しつつ選択していくこ
とが必要となるが，現在の裁判実務においては，弁論準備手続の利用の割合が
圧倒的に高い。

(a)　弁論準備手続

　争点および証拠の整理を目的とする特別な期日を裁判所で開く手続を，**弁論
準備手続**という（168条以下）。この手続は，利害関係人が自由かつ率直に協議

を行い，事案を解明することを目的とし，多数の証拠を整理したり，多様な資料を駆使して機動的に争点整理を行うのに適したものとなっていることから，多くの事件で利用されている。もっとも，後述するように，この手続は，原則として非公開の手続であるにもかかわらず，口頭弁論において行うことができる訴訟行為のほとんどを行うことができるものであり，旧法下での弁論兼和解の運用を明文化したものともいえることから，利用の割合が高いのは当然といえば当然のことかもしれない。

弁論準備手続の開始にあたっては，裁判所は，当事者の意見を聴取したうえで，事件を弁論準備手続に付す旨の決定を行う（168条）。この手続の期日の指定にあたっては，当事者双方が立ち会うことができる期日を指定しなければならない（対席保障。169条1項）。この手続は一般に公開されることはないが，裁判所は裁量により相当と認める者に手続の傍聴を許すことができ，当事者の申し出た者については，原則としてこれを認めなければならない（裁量公開・関係者公開。同条2項）。実施場所については特に定められていないが，裁判所の準備手続室等が利用されることが多い。

また，裁判所が相当と認めるとき（改正前170条3項で要件として例示されていた，遠隔地居住は削除）は，当事者の意見を聴いて，電話会議システム（実際にはウェブ会議）を用いて手続を進めることもできる（改正後170条3項）。改正前には要求されていた一方当事者の出頭要件（改正前170条3項ただし書）は，必要とされなくなった。

この手続において，受訴裁判所は，①準備書面の提出を求めて事前の準備をさせることができ（170条1項），その提出期間を定めること（同条5項による162条の準用），②証拠の申出に関する裁判，文書や電子データの証拠調べ，公開法廷ですることを要しない裁判（たとえば，訴訟引受けの決定〔50条〕，補助参加許否の決定〔44条〕など）（改正後170条2項），③口頭弁論における訴訟指揮権の行使（148条），期日内または期日外の釈明権の行使（149条〜151条），弁論の制限・分離・併合・再開の裁判（152条1項・153条），通訳人の立会い（154条），弁論能力を欠く者に対する措置（155条）など（170条5項による準用），をすることができる。また，攻撃防御方法の提出にかかる諸原則，すなわち適時提出主義（156条），時機に後れた攻撃防御方法の却下（157条），欠席者等の陳

述の擬制（158条），自白の擬制（159条）の準用がある（170条5項による準用）。

この手続は受訴裁判所が主宰するが，合議事件の場合には合議体の一員である裁判官（受命裁判官）に委ねることも可能である（171条1項）。実務上は，受命裁判官が弁論準備手続を実施していることが多い。この場合，②の裁判，③のうち釈明権に対する異議の裁判（150条），審理計画が定められている場合の攻撃防御方法の却下の裁判（157条の2）はできない（171条2項）。ただし，調査嘱託（186条），鑑定の嘱託（218条），文書送付嘱託（226条・229条2項・231条）をすることはできるし，文書や電子データの証拠調べもすることができる（改正後171条3項）。

(b) 準備的口頭弁論

争点整理手続のメニューのうち，争点および証拠の整理という目的でもって弁論を制限された口頭弁論による方式を，**準備的口頭弁論**という（164条以下）。これは，社会的関心を集めている事件や当事者や関係人が多数の事件など，公開法廷における争点整理を相当とする事件類型に適した手続である。

準備的口頭弁論の性質は，口頭弁論であることから，期日に公開法廷で行われる。また，一般の口頭弁論や準備書面に関する規定がすべて適用され，争点整理に関係のある限り，釈明処分や証拠調べも含め，あらゆる行為をすることができる。準備的口頭弁論に顕出された資料は当然に訴訟資料となる。準備的口頭弁論の実施は当事者の意見聴取を必要としないが，その開始に際してはその旨の決定をして当事者に明示しなければならない（164条）。

(c) 書面による準備手続

裁判所は，相当と認めるとき（改正前175条で要件として例示されていた，遠隔地居住は削除）は，当事者の意見を聴いたうえで，決定で，事件を**書面による準備手続**に付することができる（改正後175条）。この手続は，当事者が裁判所に出頭することなく，準備書面の提出によって争点および証拠の整理手続を行うものである（175条かっこ書）ことから，裁判長等（受命裁判官も含む。176条の2〔新設〕）は，準備書面の提出期間（改正後162条1項）を定めなければならない（改正後176条1項）。

令和4年IT化改正前においても，**ウェブ会議**を用いた争点整理手続の実施が試行されていたが，改正前の弁論準備手続においては，当事者の一方が裁判

所に出頭することが要件とされていたため（改正前170条3項ただし書），当事者双方が出頭しないままウェブ会議を用いた争点整理手続の実施を可能とする手段（改正前176条3項参照）として，書面による準備手続が活用されていた。

この手続は，準備書面の交換によって行われるものであるが，必要があると認められるときは，電話会議システム（実際にはウェブ会議）を用いて行うこともできる（改正後176条2項）。

▌(3)　争点整理手続の終結とその後の口頭弁論との関係

(a)　争点の確認

準備的口頭弁論の終了ないし弁論準備手続の終結に際しては，裁判所は，その後の証拠調べにより証明すべき事実を当事者との間で確認し（165条1項・170条5項），裁判所書記官に当該事実を調書に記載させなければならない（規86条1項・90条）。また裁判長は，相当と認めるときには，争点等の整理の結果を要約した書面を提出させることができる（165条2項・170条5項）。書面による準備手続については，この手続が，後に開かれる口頭弁論の期日において陳述する予定の主張の事前整理にすぎず，この手続の終結時には，いまだ証拠調べによって証明すべき事実を確認できる状態に至っていないともいえることから，その終結後の口頭弁論期日において，集中的に実施される証拠調べ（182条。ただし，文書の取調べについては，争点整理手続中において行われているのが通例であるので，集中証拠調べの対象となるのも人証が中心となる）によって証明すべき事実を当事者との間で確認がなされ（177条），証明すべき事実が調書に記載される（規93条）。書面による準備手続の中で，当事者に争点および証拠の整理の結果を要約した書面を提出させることもできる（改正前176条4項，改正後176条3項による165条2項の準用）。

(b)　手続結果の陳述

弁論準備手続が終結すると，引き続き口頭弁論が開始されるわけであるが，当事者は弁論準備手続の結果を口頭弁論期日において陳述しなければならない（手続結果の口頭弁論への上程。173条）。このような作業が必要とされるのは，弁論準備手続で提出された資料を訴訟資料とするためには，口頭主義・公開主義の要請を満たす必要があるためであり，また，受命裁判官が弁論準備手続を実

施した場合には直接主義の要請も満たす必要があるためである。この結果陳述については，その後の証拠調べによって証明すべき事実（立証テーマ）を明確にして行わなければならないとの最低限の指針が，規則上明記されている（規89条）。

(c) 争点整理手続後にする新たな攻撃防御方法の提出

準備的口頭弁論の終了または弁論準備手続の終結後に新たに攻撃防御方法を提出することは，特には妨げられない（失権効の否定）が，無制約に攻撃防御方法を追加的に提出できるとしたのでは，争点整理の実効性が損なわれ，また相手方との信頼関係を崩壊させることにもなりかねない。そこで，法は，争点整理手続の終了後に攻撃防御方法を提出した当事者は，相手方の求め（**詰問権**）があるときには，手続終了前にこれを提出できなかった理由を説明しなければならない（**説明義務**），という規定を置いている（167条・174条）。この説明義務は，訴訟上の信義則（2条）の具体的現れとされる。書面による準備手続が実施され，口頭弁論期日における要約書面の記載事項の陳述または177条による証明すべき事実の確認があった後に攻撃防御方法が提出された場合も，同様の説明義務が課される（178条）。

相手方当事者からの理由説明要求があったにもかかわらず説明義務が果たされなかった場合や，説明がなされたとしてもそれが著しく合理性を欠いているような場合には，当該攻撃防御方法は当然に却下されることにはならないが，適時提出主義（156条）ならびに時機に後れた攻撃防御方法の却下（157条1項）との関係からは，争点整理手続を経たという事実それ自体が，157条1項の適用要件①（当該攻撃防御方法が，時機に後れて提出されたものであること）の判断要素になると考えられる。加えて，説明がなされなかったあるいは説明が著しく合理性を欠いているといった事情は，同条項の適用要件②（当事者の故意・重過失）を認定するための有力な判断材料になるものと考えられる。なお，審理計画が策定され攻撃防御方法の提出期間について定められている場合（147条の3第3項・156条の2）には，この期間を徒過して提出された攻撃防御方法は原則として却下される（157条の2）。

☝ 専門委員の関与

　科学技術の高度化，社会生活の複雑化に伴い，裁判所に持ち込まれる紛争にも，法律以外の専門的知見を要する訴訟（医療過誤訴訟や建築関係紛争はその典型例といえる）が多くなってきている。このような訴訟においては，訴訟手続のタイミングに応じて専門家を関与させ，専門的知見を活用することが，充実しかつ迅速な審理の実現のためには不可欠となってくる。そこで，平成15年の民事訴訟法改正の折に，**専門委員**の制度が設けられた（92条の2以下）。

　専門委員の地位は，専門的知見を要する事実に対する裁判所の理解を補助する非常勤の裁判所職員であり，事件ごとに選任される（92条の5第2項3項4項）。専門委員は，審理のあらゆる段階において関与することができる。もっとも，専門委員の中立性・公平性は確保する必要があることから，専門委員には除斥・忌避（→第1章第3節4(3)コラム）に関する規定が準用される（92条の6）。また，訴訟手続への関与にあたっても，当事者の意向に反するようなことがあってはならず，また裁判官も専門委員によって提供される専門的知見によって心証形成が害されることがあってはならない。そのため，口頭弁論の準備，進行協議期日や証拠調べにおいて専門的な知見に基づく説明をさせる場合には，当事者の意見聴取が必要とされているが（92条の2第1項前段・第3項前段〔改正後〕），人証の証拠調べ期日において証人・当事者本人または鑑定人に対して直接問いを発する場合や，和解期日における和解の勧試に際して専門的な知見に基づく説明をさせる場合には，当事者の同意が必要とされている（改正後92条の2第3項後段・同第4項）。

CHECK

　証拠調べを実施する口頭弁論期日に先立って争点および証拠を整理しておくことの意義を説明しなさい。また，争点および証拠を整理する手続にはどのようなものがあるか，それぞれの異同に留意しつつ説明しなさい。

4 証拠の収集と証拠調べ

　民事訴訟の手続のなかで，証拠調べは口頭弁論を終結する直前で手続の最終段階に位置している。しかし，民事訴訟の当事者にとって，証拠の問題は，提訴以前の段階において，そもそも裁判所に訴えを提起して勝ち目があるのかどうか，また提訴後の手続過程において，相手方が主張する反論を有効に反駁することができるのか，そのために必要な証拠をどのようにして収集するのか，裁判所は証拠をどのように評価してくれるのか，と常に頭から離れない。本節では，民事訴訟において証拠の存在が果たす役割を明らかにしたうえで，①証拠の収集，②証拠の提出，③証拠調べの方法の各局面に分けて説明したい。

1 裁判のための情報および証拠の収集

(1) 当事者による証拠の収集と限界

　弁論主義③によれば，証拠の収集および提出については，当事者が責任を負い，裁判所の職権による証拠調べは禁止されている。当事者は，自分に有利な証拠をできるだけ多く収集して，裁判所に提出しなければならない。ある当事者の訴訟遂行にとって重要だと考えられる証拠が，相手方当事者の手もとに存在しているという場合，この相手方が，自分にとって訴訟上不利益な結果をもたらすかもしれない証拠を自発的に参照させることは例外であろう。訴訟が対等な私人の間の争いの延長として位置づけられる限り，自らの敗訴を引き起こすような行動は，当事者に期待できないのである。

　このことは，対等な当事者の争いを前提とする限りにおいて，当事者間の公平に合致し，適切である。しかし，現実の訴訟手続において，当事者双方の力

関係は必ずしも対等ではない。病院・医師と患者，メーカー企業と消費者，金融機関と顧客のように当事者の間に存在する不平等は，訴訟において特に立証の局面において大きく影響する。医療過誤，製造物の事故，公害，薬害，金融商品取引等の現代型訴訟事件では，原告は不法行為の因果関係や過失の存在について証明責任を負っているのに，それらを裏づける決定的な証拠が被告（加害者）または第三者の手もとに偏在し，原告がそれに容易にアクセスできない，あるいは，そもそも訴えを提起すべきかどうか判断できない，という事態が生じている。証拠収集の局面について形式的に当事者主義を貫いた場合の不都合を，どのような方法によって，どの程度まで是正することができるかは，証拠法の最大の課題である。

(2) 提訴前の情報および証拠の収集方法——法改正による対応

(a) 従前の状況

民事紛争の渦中にある者は，裁判所に訴えを提起してその紛争を解決すべきかどうかの決断を迫られる。提訴した場合の勝敗の見通しを，当事者は紛争事件に関する証拠の有無によって確認することになる。ここでいう証拠は，訴訟手続において当事者の主張の当否を判断するために裁判所が取り調べるものに限られない。むしろ，紛争事件の事案の詳細を解明すること，どのような証拠が存在するのか，収集できるのか予想を立てること，ひいては訴訟の勝敗を見通すことに役立つ情報として証拠をできるだけ多く入手することが課題である。

紛争の当事者は，自分が紛争事件の渦中にいるのであるから，自分自身である程度の情報もしくは証拠をはじめから所持しているはずである。当事者が，それらの情報や証拠では足りないと考える場合，さらに自発的に任意の調査活動をする。あるいは，現地調査そして関係者からの聴き取りによって，事件に関する情報と将来の証拠を収集する。これらの提訴前の当事者の活動に関して，法および裁判所は原則的に関知しないという立場が従来は貫かれてきた。

提訴前の証拠収集手続として当事者が利用できる民事訴訟法上の制度は，証拠保全（234条以下）のみであった。証拠保全（→(4)）とは，本来はあらかじめ証拠調べをしておかなければその証拠を使用することが困難となる事情がある場合に，証拠調べを前倒しにしてその結果を保全しておくという手続であるが，

⇒129頁

実務や解釈論においては，この手続を証拠・情報開示のために利用する動きもあった。ただその利用には一定の要件（あらかじめ証拠調べをする必要性＝保全の必要性。234条）が課され，また無制限に認めると制度の濫用にもつながりかねないため，おのずと限界があった。

(b) 提訴予告通知および提訴前照会・証拠収集処分の手続の新設

民事訴訟の審理の充実化，迅速化のためには，訴え提起の段階で当事者が訴訟追行に必要な情報や証拠をあらかじめ持っていて，その後の訴訟の進行についての見通しを有していることが望ましいことはいうまでもない。提訴の段階で当事者が十分な情報を持っていれば，その後の争点整理手続や審理計画策定のための協議も効率的に行うことが可能となり，現行法の目指す争点中心型の充実した審理を実現することができる。

平成15年の民事訴訟法改正によって導入された**提訴予告通知**の制度（132条の2以下）は，当事者による提訴前の情報または証拠収集の可能性を広げた。提訴予告通知の書面には，提起しようとする訴えに係る「請求の要旨」と「紛争の要点」を記載しなければならない（132条の2第1項3項）。通常の訴えであれば，請求の趣旨を記載しなければならないが，予告通知が訴え提起前に利用される手続であること，訴状作成の準備のために事前に情報を収集することを目的として利用される手続であることから，訴状と同様の具体的事項の記載を求めることはできない。ただ他方で，この予告通知によって訴訟中に準じる関係が形成され，また制度の濫用を防止する必要があることから，ある程度具体的な記載を要求する必要はある。そこで現行法は従来から簡裁手続（272条）や調停手続（民調規3条）で要求されている「紛争の要点」の記載に加えて，請求の要旨の記載を義務づけ，さらに規則において，これらの事項は具体的に記載しなければならないと定めた（規52条の2第2項）。

予告通知者が予告通知書を送付することで利用できるのは，以下の2つの手続である。第一に，訴えを提起した場合の主張または立証を準備するのに必要であることが明らかな事項について，相当の期間を定めて，回答するよう，書面により照会をすることができる（132条の2第1項）。訴訟係属後の当事者照会（163条）を，訴え提起前にも利用することができるのである。予告通知者が提訴前の照会をすることができるのは，予告通知をした日から4か月以内に

限られる。なお，予告通知を受けた者（被予告通知者）も，予告通知者に対して同様の措置を利用することができる（132条の3）。第二に，証拠収集処分の申立てをすることができる。証拠収集処分は，裁判所を関与させずに当事者間で行われる照会とは異なり，当事者の申立てに基づいて裁判所が判断をするという点に特徴がある。この制度は，訴え提起後の証拠収集制度のうち，強制力を持たないものを提訴前の段階まで前倒しして行うことを実質的に可能とするもので，従来からあった証拠保全（234条）に比べて，より広く提訴前の段階での証拠収集を可能とする制度として新たに創設されたものである。裁判所は，提訴後立証に必要であることが明らかな証拠について，申立人が自ら収集することが困難であると認められるときに限って，提訴前証拠収集の処分をすることができる。利用できる処分は，文書または電磁的記録の送付嘱託，調査嘱託，専門知識を有する者に対する意見陳述嘱託，執行官に対する現況調査命令の4つである（132条の4第1項）。

　提訴前照会も証拠収集処分も，当事者主義を強化し，審理の充実・促進を図るため当事者の自主性，自律性に期待した制度であるため，義務違反に対する制裁が設けられていない。そのためか，実際にはほとんど利用されていないのが現状である。

(3) 提訴後の情報および証拠の収集

(a) 裁判外の証拠収集

　訴訟当事者は裁判手続の外で，独自の情報および証拠の収集を継続して行い，続行期日の準備をする。法律に基づく裁判外の証拠収集方法として，弁護士法による照会（**弁護士会照会**。弁護23条の2）があり，提訴前にも，提訴後にも利用できる。たとえば，建物を不法占拠して食堂を営業する者に対して明渡請求をする場合，その占拠者を特定するために飲食店の営業許可に関する事項を保健所に照会することができる。照会先は人の名誉・信用に慎重に配慮して報告をなすべきものと解されている（最判昭和56・4・14民集35巻3号620頁〈百選（5版）73〉），報告拒絶に対する罰則はない。報告拒絶の行為が該当弁護士会に対する不法行為を構成することはない（最判平成28・10・18民集70巻7号1725頁）。弁護士会が，その照会先に対し，照会に対する報告義務があることの確認を求め

る訴えの確認の利益もない（最判平成30・12・21民集72巻6号1368頁〈百選27〉）。

訴訟当事者であれば**当事者照会**（163条，規84条）を利用して，訴訟上の主張または立証の準備に役立つ情報を相手方から得ることができる。たとえば，交通事故訴訟で，同乗者の氏名・住所等を照会したり，医療過誤事件で，関与した医師・看護師の氏名を照会したりすることが考えられる。

(b) 裁判内の証拠収集

訴え提起の後は，当事者は，受訴裁判所を利用して，訴訟手続の進行と並行して，証拠を収集することもできる。第三者機関に対して事件に関連する既存情報を任意に提供するよう依頼する**調査の嘱託**（186条），および関連する文書を任意に提出するよう依頼する**文書送付の嘱託**（226条）は，裁判所を介しての証拠収集のための制度として実務上もよく利用されている。

調査の嘱託は訴訟法上の証拠収集方法のひとつであるが，民事訴訟法が定めるさまざまな証拠法上の規制（当事者の援用，証人尋問の宣誓，反対尋問の保障など）が及ばないことに特徴がある。調査の嘱託によって照会される事項は，その回答の公正さに疑問を抱かせないような客観的なものだからである。典型的には，事件当日の日の気候について，気象台等に調査を委託して，その調査報告を証拠資料とする。株価，伝染病の症状経過，取引慣行，外国法の内容について民間の団体（研究機関，会社）に問い合わせをする，等である。

調査の嘱託と文書送付の嘱託は，証拠を所持する者から任意に提出されることを念頭に置いているが，民事訴訟法はさらに証拠の提出を他方当事者または第三者に強制する方法も定める。文書提出命令（223条）と検証物提出命令（232条）である。

┃ (4) 証拠保全手続 ┃

提訴前のみならず提訴後の証拠収集の役割を果たすことができる制度として，**証拠保全**（234条）がある。もともと証拠保全の制度は，裁判所による本来の証拠調べの手続が始まることを待っていたのでは，証拠が被告または第三者の故意・過失によって消失してしまい，証拠調べ自体が不可能になることを避けるための保全措置である。当事者が証拠を収集するための法制度ではない。証拠保全の申立てには「あらかじめ証拠調べをしておかなければその証拠を使用す

ることが困難となる事情」（証拠保全の必要性）があることが要件である（診療録の保全について具体的な改ざんのおそれの疎明を要する。広島地決昭和 61・11・21 判時 1224 号 76 頁〈百選（5 版）72〉）。

⇒125頁
上記(1)で述べたように現代型訴訟のための証拠収集手続の拡大という観点が強調されるとき，証拠保全の必要性を緩やかに解釈して，事件に関連する証拠の探索，発見または収集を目的とする証拠保全の申立てを許すという運用（証拠保全の証拠開示的運用）が期待されたことがある。

民訴法改正によって提訴予告通知とそれに基づく提訴前証拠収集処分が導入されたことから（→前述(2)(b)），証拠保全の証拠開示的運用はもはや無用になったとも考えられるが，各証拠調べに含まれる制裁規定を利用できるという意味では証拠保全手続を開示的に運用する余地は残っている。
⇒127頁

2 証拠調べの手続

(1) 証拠の申出と採用

当事者は，自己の主張に有利に作用するように（相手方の主張に不利に作用するように）考えて，提訴前または提訴後に収集することができた証拠を選んで裁判所に提出する（証拠の申出。180 条 1 項）。当事者の判断で行われた証拠の申出はその性質上撤回が可能である。しかし証拠調べが実施された後は，裁判所の心証がすでに形成されているので，その撤回はできない（最判昭和 32・6・25 民集 11 巻 6 号 1143 頁〈百選 A19〉）。

裁判所は当事者が申し出た証拠のすべてを取り調べる必要はなく，自由な裁量によってその採否を判断する（181 条。最判昭和 41・4・14 民集 20 巻 4 号 649 頁）。もっとも，その際の裁判所の裁量は無制約ではない。裁判所が主観的な専恣ないし独断によって証人の採否を判断することは許されない（なお，最判平成 20・11・7 判タ 1288 号 53 頁参照）。当事者が取調べを申し出た証拠が唯一のものである場合，裁判所はその申出を却下することができないという判例法理もある（**唯一の証拠方法の法理**。最判昭和 53・3・23 判時 885 号 118 頁）。

裁判所がいったん採用した証拠は，当事者が期日に出頭していない場合にお

いてもその取調べを実施することができる（183条）。このように証拠調べの手続においては，当事者主義（弁論主義③）と職権主義が交錯していることに留意しなければならない。

(2) 証拠調べの手続──総論

(a) 5つの証拠方法

当事者から申出があり，裁判所が取り調べる必要を認めた証拠をどのような条件で，またどのような手順で取り調べるのかについて，証拠の特性に即して詳細な規定がある（190条以下）。証拠調べの種類には，証人尋問（190条以下），当事者尋問（207条以下），鑑定（212条以下），書証（219条以下）および検証（232条以下）がある。証人，当事者，鑑定人，文書および検証物がそれぞれの取調べの対象，すなわち**証拠方法**になる。

図面，写真，録音テープ，ビデオテープ等の物件で文書でないものは準文書と呼ばれ，書証の規定が準用される（231条）。ハードディスクやUSBメモリ等に記録された電子データは，電磁的記録として，同様に書証に準じて取り調べられる（231条の2・231条の3〔いずれも新設〕参照）。

(b) 争点整理および事案の解明のための証拠調べ──書証の特殊性

ところで証拠調べは，民事訴訟の流れの中のどの段階で実施されるのだろうか。口頭弁論または各種の争点整理手続を経て明らかになった事件の争点に決着をつけるという意義に注目するならば，証拠調べの手続は，当事者の主張の認否および争点整理の手続が終了した段階で実施されるのが本来の姿であろう（現に民事訴訟法第2編はそのような条文構成である）。証人および当事者の尋問については，訴訟の迅速化の目標も考慮して，複数の証人および当事者の尋問について，争点および証拠の整理が終了した後にできるだけ1回の口頭弁論期日ですべて完了させなければならないという**集中証拠調べの原則**が明文で定められてもいる（182条）。

しかし，民事訴訟において各種の証拠から明らかになる情報は，本案の請求権の当否の判断に決着をつけるためだけに用いられるわけではない。特に提訴以前から存在した，紛争に直接関わる客観的証拠である文書（契約書，注文書，設計図，議事録，電子メールの記録等）はもちろんのこと，提訴後に作成される関

係者の報告書や陳述書（→(5)(b)コラム^{⇒139頁}）であっても，訴訟事件の事案（ストーリー）の解明や争点の絞り込みまたは証拠の整理にとって有用である。しかも証拠としての文書の取調べ，すなわち書証は，裁判所が当該文書を閲読することによって実施されるだけなので，一般傍聴人を意識した公開法廷での審理にはなじまない。それゆえに，民事訴訟法は，証拠のうち，文書，準文書（231条）および電磁的記録情報（231条の2）に限り，非公開の弁論準備手続において取調べをすることを許している（170条2項）。書証のこのような特殊な取扱いは，文書提出義務の拡大化も手伝って，争点および証拠整理手続の有用性を高め，民事訴訟の審理の充実と迅速化に役立っている（手持ちの文書は，訴状提出の段階からその存在を開示することすら求められている。規55条2項）。

(c) 証拠調べの手続──厳格な証明

このように事案解明の機能を併せもつ文書および準文書の取調べは別として，その他の証拠方法の取調べの手続は口頭弁論期日において実施されなければならない（87条，憲82条）。つまり，証拠の取調べは，当事者および裁判所の口頭弁論期日における正式な訴訟活動として，口頭弁論に関する諸原則（→本章第2節1(3)^{⇒94頁}），すなわち公開主義，直接主義，口頭主義および双方審尋主義に支配される手続である。民事訴訟法においては，特に法で定められた手続（180条以下）に従って証拠の取調べが行われることを**厳格な証明**と呼んでいる。

それに対して，これらの証拠調べ手続の法規定に拘束されないで実施される証明を**自由な証明**ということがある。自由な証明は，主として手続の簡易・迅速を目的とする非訟事件（→序章第1節(3)(c)^{⇒7頁}）の手続（決定手続）で行われる証明の方法である。しかし，民事訴訟においても例外的に，訴訟要件および上訴の要件などの職権調査事項を裁判所が判断する場合，さらには裁判所の専権事項とされる準拠法または経験則を探知する場合に自由な証明が許されると考えられている。

そのほかに，証拠調べにおける公開主義または直接主義を緩和して，裁判所は，相当と認めるときは裁判所外における証拠調べを許し，この場合に，合議体の構成員である受命裁判官，または他の裁判所に属する受託裁判官に証拠調べを嘱託することができる（185条1項・206条・215条の4）。

令和4年IT化改正は，証拠調べの手続にも大きな変化をもたらした。裁判

所は，相当と認めるとき，当事者の意見を聴いて，ウェブ会議の方法を使って，裁判所外で証拠調べの手続を行うことができる（185条3項〔新設〕）。

(3) 人証と集中証拠調べの原則

(a) 人証の意義

　ヒトを対象として行われる証拠調べのことを**人証**（「じんしょう」または「にんしょう」）と呼ぶ。そのヒトとは，証人，当事者および鑑定人に区別される。それらのうち**証人**と当事者本人の尋問手続は，終局判決をもって終了する民事訴訟手続においてはほぼ例外なく実施され，両者には共通規定が多い（210条）。それに対し，鑑定人を対象とする鑑定が実施されるのは医療事件のような専門的訴訟手続に限られ，通常の民事訴訟事件ではほとんど実施されない。また平成15年の民訴法改正の際に，鑑定人の特質（当事者ではなく裁判所が選任し〔213条〕，尋問ではなく質問を受ける〔215条の2〕等）を重視して固有の条文および規則が整備された。したがって，証人と当事者を念頭に置いて人証の手続を解説したい。

(b) 集中証拠調べの原則

　証人および当事者本人の尋問は，できる限り争点および証拠の整理が終了した後に集中して行われる。これは**集中証拠調べの原則**（182条）と呼ばれ，書証の対象となる文書が訴状にも添付されて訴訟手続の開始段階から早々に取り調べられることと対照的である（→(2)(b)^{⇒131頁}）。人証は，かならず公開の法廷において，口頭弁論期日として実施され（87条。例外は185条），裁判所の法廷外の準備室等で行われる弁論準備手続の期日で実施することは許されない（→(2)(c)^{⇒132頁}）。

　人証の取調べに先立つ争点整理手続（164条以下→本章第3節2^{⇒118頁}）において，裁判所は当事者と協議して事案の争点を絞り込んで，証明すべき事実を確認する（165条1項・170条5項・177条）。そして，その争点を判定するためにその証人の証言や当事者の供述が本当に必要不可欠なのかを，当事者からの提案（証拠調べの申出，180条。一括して申請する，規100条）を基にして，裁判所が判断する（181条1項）。その際には，どの証人または当事者本人に対し，主尋問および反対尋問で何を尋ね，またそれらをそれぞれ何分間実施するのか，証拠調べは合計何分間で完了させるのか，について綿密な計画が裁判所当事者の間で合

意される。これらの手続はすべて人証の集中証拠調べを可能にするための実務上の工夫である。

　争点整理手続が，手続上の合理性に指導されて自由闊達に行われることを旨として実施されていたことに比べて，集中証拠調べの手続は，傍聴人がいる公開の法廷において格式張った作法に従う，儀式めいた手続に見える。予定の（複数の）証人および当事者本人の全員が，原則的に，1回の口頭弁論期日に呼び出されて，争点整理手続で決められていた順番で取り調べられる。呼び出されている証人等を同席させて，証人等が相互に別の証人等の陳述を聞いたうえでそのことについてさらに陳述を重ねる対質（たいしつ）もある（規118条・126条）。集中証拠調べは，合計2〜3時間通して行われ，その間に集中力を持続し，緊張を強いられる当事者（特に代理人弁護士）にとっては骨の折れる手続になっている（それゆえ，公開法廷で行われる民事訴訟の最大の見せ場〔ハイライト〕であるともいえる）。裁判官も法廷で発せられる一言一句を供述者の表情とともに傾聴して心証形成に努めている。裁判所は，判決書を起案する際に，証拠調べの期日の調書（尋問調書）を読み返して，尋問のときの記憶を喚起することができる。

⑷　証人尋問の意義

⒜　意　義

　証人とは自ら過去において経験した具体的事実を裁判所において供述すべき訴訟の第三者である。証人尋問は，証人がしたこの供述（＝証言）を裁判の証拠資料にするための手続のことである。**証人尋問**は，人の過去における体験の記憶だけを頼りとする証拠調べであるゆえに，文書または検証物という他の客観的証拠と比較して，確実性という点で劣る。しかし，契約書のない取引活動や偶発的な事件や事故のように客観的証拠に乏しい事件においては，証人尋問は不可欠であり，その効果的な実施のためのさまざまな実践上のノウハウが実務で語られている。

　わが国の裁判権に服する者は，**証人義務**を負う（190条）。その意味で証人義務は一般的義務であるといわれる。証人の年齢または精神状態による制限はなく，また当事者の親族も証人になることができる。ただし，訴訟の当事者の法定代理人は当該訴訟の証人になる資格はない（当事者尋問の手続に服する。211

条）。証人は，以下のように出頭義務，証言義務および宣誓義務を負う。

(b) 証人の呼出しと出頭義務

裁判所は，証人を尋問すると決定したならば，証拠調べの期日に証人を呼び出す。当事者が証人を同行できない場合，裁判所は呼出状を証人に送達等して期日へのその出頭を確保する（規108条）。尋問の申出をした当事者は，証人を期日に出頭させるように努めなければならない（規109条）。呼出しを受けた証人は，裁判所に出頭する公法上の義務を負う。証人は，正当な理由なく出頭しないときは，決定でこれによって生じた訴訟費用の負担が命じられ，かつ，10万円以下の過料に処せられる（192条1項）。証人の不出頭は犯罪を構成し，10万円以下の罰金または（および）拘留に処せられる（193条1項2項）。さらに，証人は，代替性がないので，裁判所は勾引を命じることもできる（194条）。もっとも，裁判所がこれらの強制措置をとることは実務上皆無に等しく，その結果，自発的に裁判所に出頭しない者を証人として取り調べることは困難になっている。

(c) 証言義務と証言拒絶権

証人は，当事者および裁判官から尋問をされたとき，それに答える義務，すなわち証言義務を負うが（190条），例外がある。これは**証言拒絶権**といい，法によって黙秘が義務づけられている次の①〜④の場合に認められる。黙秘義務が免除されているときは，証言を拒むことはできない（197条2項）。

証言拒絶権が認められる場合は，同時に文書提出義務を免れる理由としても考慮されることが留意されなければならない（220条4号イロハ）。

① 公務員の職務上の秘密

証人が，公務員または公務員であった者で，職務上の秘密について尋問を受ける場合には，裁判所は当該監督官庁の承認を得なければならない（191条1項）。この承認が得られないときは，証人に対し尋問をすることができないし，証人は証言を拒絶することができる（197条1項1号）。もっとも，監督官庁が証人に対する尋問を拒むことができるのは，公共の利益を害し，または公務の遂行に著しい支障が生ずるおそれがある場合に限られる（191条2項）。

② 自己負罪拒否特権

証言が，証人自身または証人の一定の親族等が刑事訴追を受け，または有罪

判決を受けるおそれがある事項に関するときは，証人は証言を拒むことができる（196条。憲法38条1項も参照）。

③　医師，弁護士等の他人の秘密に接する専門職者

証人は，医師，歯科医師，薬剤師，医薬品販売業者，助産師，弁護士，弁理士，弁護人，公証人，宗教，祈祷もしくは祭祀の職にある者またはこれらの職にあった者が職務上知りえた事実で黙秘すべきものについて証人として尋問を受ける場合，証言を拒むことができる（197条1項2号。刑法134条の秘密漏示の罪を参照）。本号に列挙されていない専門職であっても法律上守秘義務を負うならば（司書24条），本号を類推できる。

④　技術または職業の秘密

証人が技術または職業の秘密に関する事項について尋問を受ける場合，証言を拒むことができる（197条1項3号）。

技術または職業の秘密に関する事項についての証言拒絶権については，②の自己負罪拒否特権および③の医師等の専門職者の場合と異なり，どのような秘密が該当するかについて解釈を必要とする。判例は，「『技術又は職業の秘密』とは，その事項が公開されると，当該技術の有する社会的価値が下落しこれによる活動が困難になるもの又は当該職業に深刻な影響を与え以後その遂行が困難になるものをいう」と定義した（最決平成12・3・10民集54巻3号1073頁〈百選A20〉）。報道記者の取材源に関する尋問が問題になった別の判例では，さらに，証言拒絶が許される保護に値する秘密かどうかは，秘密の公表による不利益（秘密保持の危殆）と利益（裁判における真実発見）と公正の利益との比較衡量によって決せられるという立場が示された（最決平成18・10・3民集60巻8号2647頁〈百選64〉）。学説では，上記の②および③の証言拒絶権の場合では比較衡量がされないことから，判例の立場の当否が論じられている。

(d)　証言拒絶権の審理

監督官庁等の承認にかかっている公務員の尋問の場合（191条）を除いて，証人に証言拒絶権が付与されるかどうかは，本案の審理とは別に受訴裁判所が審理する。証人は証言拒絶の理由を疎明しなければならない（198条）。証人の証言拒絶の当否について，受訴裁判所は，当事者を審尋して，決定で裁判をする（199条1項。これに対して即時抗告ができる。同条2項）。

証言拒絶を理由がないとする裁判が確定したとき，証人は証言をしなければ
ならず，正当な理由なくそれを拒むときは，不出頭に対する制裁（192条および
193条）と同様の過料および罰金または拘留が科せられる（200条）。

(e) 宣誓義務

証人には宣誓をさせなければならないが（201条1項），宣誓を拒否できる例
外も定められている（同条2項〜4項）。宣誓拒絶事由の存否の審査，裁判およ
び正当な理由なく宣誓を拒んだ場合の制裁は，証言拒絶の場合と同様である
（同条5項）。

(f) 証人尋問の手続

証人尋問は，まずその尋問の申出をした当事者が尋問事項書に記載された質
問項目に沿って質問し，それに証人が答える（主尋問）。次に，他方の当事者が
同じ証人に対し予告されていない質問をして先の証言内容の信用性を切り崩そ
うと努める（反対尋問）。反対尋問の結果を見て，必要に応じて，尋問の申出を
した当事者が再度の尋問（再主尋問）をすることもある。最後に，裁判長は，
当事者がした尋問に不足を感じる場合，証人にさらに質問をして，その答えを
引き出すこともできる（補充尋問）。このような尋問のやり方は，**交互尋問方式**
と呼ばれている（202条，規113条）。裁判長は，適当と認めるときは，当事者
の意見を聴いてこれらの尋問の順序を変更することができる（202条2項）。当
事者尋問でも採用される交互尋問方式は，当事者が手続上の主導権を握ってい
ること（当事者主義）にその制度上の特徴がある。

(g) 証人尋問手続の合理化のための工夫

証明を要する事実にとって最も適格な証人がこの世の中に実在しているとし
ても，物理的または心理的な障害のためにその証人が法廷で証言をすることが
できないという事態が生じる。口頭主義，直接主義または一般公開主義に支配
される口頭弁論期日での実施を厳格に貫くならば，そのような障害を負った証
人を尋問して直接有用な証言を裁判所は得ることができなくなる。民事訴訟に
おける真実発見を実現するための口頭弁論の諸原則が，裁判所にとって真実発
見の障壁になることは不合理である。そこで，民事訴訟法はさまざまな工夫を
している。令和4年IT化改正によって尋問の手続はさらに合理化・効率化さ
れた。

① 証人への付添い（203条の2）と遮へいの措置（203条の3）

犯罪被害者が民事訴訟の手続で二次被害を受けることを懸念して訴訟追行や証言を避けることを防止するために導入された制度である。これらの処置は，裁判長の訴訟指揮の一態様として理解されており，当事者はその処置に対し異議を申し立てることができる（203条の2第3項・203条の3第3項）。

② ウェブ会議の利用（204条）

204条は，映像等の送受信による通話の方法（ウェブ会議）による尋問を定めている。平成8年の民訴法制定のときには，ここではテレビ会議システムの利用が念頭に置かれていたが，ほとんど利用されなかった。令和4年IT化改正は，証人が出頭困難であるとき（204条1号），証人が陳述の際に圧迫を受けて精神の平穏を著しく害されるおそれがあるとき（同条2号），および当事者に異議がないとき（同条3号〔新設〕），ウェブ会議による尋問ができるとしてその実施の要件を緩和した。

そのうち**ビデオリンク方式**と呼ばれる204条2号は，203条の2および203条の3と同様に犯罪被害者等の権利利益の保護のための法改正を受けて導入された制度である。

③ 書面尋問

裁判所は，証人に対し，尋問をする代わりに，尋問事項についての回答が記載された書面，電子ファイル，またはUSBメモリを提出させることができる（**書面尋問**。205条）。

これらの①～③の処置は，いずれも証拠調べにおける直接主義，反対尋問権の保障，口頭主義または一般公開主義に抵触する危険性を含んでいるが，裁判所（長）の相当性の判断に加えて，当事者からの意見の聴取（規122条の2第1項・122条の3第1項・123条1項）または異議のないこと（205条1項）を要件にすることによって，そのような懸念は解消されている。なお人証の合理化という点で，これらの措置は当事者尋問の手続にも準用されているが（210条），書面尋問は当事者尋問では許されていないことに注意を要する。

その他に，証人尋問を合理化するための工夫として，文書等を利用しての質問（規116条），対質（規118条），証人による文字の筆記（規119条），耳が聞こえない証人，口がきけない証人に対する書面の利用（規122条）が許される。

(5) 当事者尋問

(a) 証拠としての当事者

当事者尋問とは，当事者自身に要証事項について陳述させることである（207条・211条）。当事者は訴訟の勝敗に直接の利害を有する者なので，その供述の信用性（証拠力）には当然疑問がある。しかし，当事者は事案をなす具体的事実を直接経験した人であり，重要な証拠方法になりうることも否定できない。民事訴訟法は当事者も証拠方法として認めている。当該訴訟において当事者を代表する法定代理人（親権者や会社代表者）も当事者尋問の方法で取り調べられる（211条）。

(b) 当事者尋問の手続

同じ人証として，前述の証人尋問と当事者尋問の手続は多くの点で共通する。ウェブ会議（204条3号〔新設〕）も利用できる（210条）。学習者は，両手続の違いを知ることによって，訴訟の当事者本人が証拠調べの対象となることの意義と特徴をよく理解することができるだろう。

第一の違いとして，当事者尋問は，裁判所の職権で実施することができる。職権証拠調べの禁止（弁論主義③）の例外である。なぜだろうか。それは，裁判所にとって出頭の確保が容易な当事者を手近な情報源として尋問できることが，事案の解明および真実発見の観点から望ましいからである。その限りにおいて，証拠提出における当事者主義の基本理念を後退させ，裁判所による真実発見を重視していることが興味深い。もっとも実務上は，職権による当事者尋問の実施は例外であり，まれに本人訴訟の場合に見られる程度である。

第二の違いとして，当事者尋問の場合，証人尋問とは異なり宣誓義務はない。法律上は，宣誓をさせるかどうかは裁判所の裁量によるが（207条1項後段），わが国の実務上は例外なく当事者にも宣誓をさせている。宣誓した当事者が虚偽の供述をしたときは，裁判所は決定で10万円以下の過料に処する（209条。なお，宣誓した証人が虚偽の陳述をすれば刑法上の偽証罪〔刑169条〕になる）。

当事者尋問を実施する場合，出頭義務が当事者に課されることは証人尋問と同様であるが，その違反の効果は異なり，過料，罰金，勾引等の措置はない。これが第三の違いである。当事者本人を尋問する場合において，その当事者が

正当な理由なく出頭せず，また宣誓もしくは陳述を拒んだときは，裁判所が尋問事項に関する相手方の主張を真実と認めるという自身の敗訴につながる別の制裁が用意されている（208条）。そのため，証人が証人拒絶できる場合のような供述拒絶権は当事者には認められない。

　裁判所が争点について当事者本人と証人の双方を取り調べようとするとき，順番として，客観性のより高い証人尋問を先行させるのが原則である（当事者尋問の補充性。207条2項本文）。しかし，当事者本人は事件について一番よく知っているはずであるという立場から，最初に尋問することが便宜な場合もあるので，裁判所が適当と認めるときは，当事者の意見を聴いたうえでまず当事者本人を尋問することができる（同項ただし書）。

☝ 人証の書面化——陳述書の問題点

　証人尋問も当事者尋問も公開の法廷の口頭弁論期日において実施されるのが原則であり，直接主義および口頭主義によって実施される手続である。しかし実務上は，それらの原則を避けるような慣行として**陳述書**が頻用されている。陳述書とは，証人となるべき者または当事者本人が，法廷で証言もしくは供述すべき内容を，任意に，あらかじめ書面に記載したものである。これらの証人または当事者本人が，陳述書を提出するだけで，陳述内容についての反対尋問を受けないとするならば，証拠に関する直接主義，反対尋問権の保障，または宣誓義務に反するとの疑問が生じる。しかし，実質的な直接主義が厳格に要求される刑事訴訟とは異なり，民事訴訟では，実際に法廷に出頭した証人または当事者についてそれらの原則が満たされていればよいと考えられている。つまり，民事訴訟においては形式的な直接主義が妥当する。したがって，陳述書は，実質的に直接主義に反するという理由でその証拠能力を否定されることはない。

　ただし，民事訴訟においても人証調べにおいては，実質的直接主義が原則的に妥当すると考え，たとえば陳述書のみで済ませることはごく限定的に解すべきだという見解も学説上は有力である。

(6) 鑑 定

(a) 意 義

裁判所が争点となっている法律要件事実を認定する際に，その前提となる事物の性状や因果関係を事実としてまず認定しなければならないことが生じる。裁判官は法知識と一般的経験則についての専門家であるといえるが，技術，医学または化学等の他の専門分野については素人である。このため，事実認定をするうえでそれらの専門的な学識経験が不可欠であるとき，裁判所は外部の専門家に頼らざるをえない。

鑑定とは，特定の専門的な学識経験から得られる経験則そのものにつき報告をなし，または経験則を裁判所の指示した具体的資料にあてはめて得た判断を報告して，裁判所を補助する行為をいい，かかる報告をなす者を**鑑定人**と呼ぶ。医療過誤事件において問題となった特定の医療行為の適否等について医師が意見を陳述することが鑑定の典型例である。

専門的知見を要する事項に関して裁判所の理解を補助するために外部の専門家に頼るという点で，鑑定は専門委員の制度（92条の2→本章第③節**2**(3)(c)コラム⇒124頁）に類似する。鑑定（人）と専門委員の違いは，鑑定は裁判所が争点を判断する際の証拠方法として機能しているのに対し，専門委員は，証拠調べ以前で争点の特定（明確化），証拠の整理または訴訟の進行に関し必要な事項を協議するために，または和解の際に，その専門的知識を裁判所に提供する者である点で異なる。ただし，専門委員も裁判所の証拠調べに関与することは許されている（同条3項）。

(b) 手 続

鑑定も他の証拠と同様に当事者からの申出に基づいて行われる（180条1項，規129条1項）。他方で，鑑定人は裁判所が選任し（213条），また鑑定を求める事項，すなわち鑑定事項も裁判所が定める（規129条4項）。鑑定人となるには，必要な学識があれば足り，代替性のない証人とは異なり特定人に限定されないからであり，鑑定事項も裁判所が配慮する。

証人と同様に，鑑定に必要な学識経験のある者は，一般的に鑑定人となる公法上の義務を負う（212条1項）。鑑定人は裁判所への出頭義務，鑑定意見報告

義務および宣誓義務を負い，その義務違反には制裁が加えられる（216条。証人とは異なり勾引の制裁はない）。証人であれば証言拒絶または宣誓拒絶をすることが許される立場にある者，またははじめから宣誓が免除されている者は，鑑定人になる資格を有しない（212条2項）。裁判所が鑑定を依頼するのは個人の専門家に限られない。官庁もしくは公署，外国の官庁もしくは公署または相当の設備を有する法人にも鑑定を嘱託することができる（218条）。

　裁判所が職権で鑑定人を指定することに対応して，当事者は，鑑定人について誠実に鑑定をすることを妨げるべき事情があるとき，その鑑定人の忌避を求める申立てをすることができる（214条1項2項）。忌避の申立てを却下する裁判所の決定に対してのみ，即時抗告が許される（同条4項）。

　鑑定は口頭弁論期日においてする証拠調べである。期日に呼び出された鑑定人は書面や電子データまたは口頭によって，求められた鑑定事項に対して意見陳述をする（215条）。鑑定人の口頭意見に対し質問をする場合，裁判長，申出当事者，他方当事者の順で行われる（いわゆる説明会方式〔215条の2第2項〕。当事者の意見を聴いて変更されることもある〔同条3項〕）。ここで鑑定人に対して行われるのが**質問**であって，証人・当事者のように尋問ではないのは，鑑定人に敵対心を抱く当事者からの非礼が生じないように配慮されるべきだからである（旧法では証人尋問の規定が準用されていた）。

　さらに令和4年IT化改正後は，鑑定のさらなる合理化のために，裁判所は相当と認める場合，証人尋問と同様にウェブ会議を利用することができる（改正後215条の3）。

(c)　鑑定証人と私鑑定

　医師が尋問されて，当該医師自身が関与した治療に関して当時の患者の態様や手術の経緯を陳述する場合のように，その有する特別の学識・経験によって知りえた過去の具体的事実を陳述する者は鑑定人ではく，**鑑定証人**と呼ばれる。この鑑定証人の陳述は，内容において鑑定事項を包含するが，証拠としての地位は証人と変わらない。鑑定証人には，すべて証人尋問に関する規定が準用される（217条）。

　当事者からの申出を受けて裁判所が鑑定人を選定してする正式な証拠調べとしての鑑定のほかに，**私鑑定**と呼ばれるものがある。これは，当事者が争点に

関する自己の主張を根拠づけるような見解をもつ専門家に対し，私的に鑑定意見書の作成を依頼し，それを書証として裁判所に取調べを求めるという実務の取扱いを指すものである。私鑑定は，正式の鑑定手続に関して法が予定する適切性確保の手続（鑑定人の欠格事由〔212条2項〕，当事者による忌避〔214条〕，鑑定人質問〔215条の2〕，虚偽鑑定の刑事処罰〔刑171条〕）を確保できないので，書証として無条件に利用することに対して慎重論がある。

(7) 書 証

(a) 意 義

　文書とは，文字等で，何らかの事実もしくは思想を表示する物件をいい，文書の中に記載された内容として表示されていることを証拠資料とするための証拠調べのことを**書証**と呼ぶ。書証は，裁判所が当該文書を閲読することによって行われる。実務の用語として，文書を処分証書と報告文書に区別することがある。**処分証書（効力文書）**とは，法律行為そのものを記載する文書である。判決書，契約書，手形，遺言書が典型である。後述のように処分証書は，真正に成立したと認められると，その記載内容である意思表示または陳述（法律行為）がなされたものと認められるので，決定的な証拠になる。それに対して，**報告文書（証明文書）**とは，処分証書以外の，作成者の見聞，意見，感想等の文書外に存在する事情を記載した文書であり，戸籍，各種調書，商業登記簿，受領書，診断書，日記が例として容易に思いつく。

　紙と文字によって象徴される文書の概念に含まれない物件であっても，情報を表すために作成された図画，写真，音声や映像は**準文書**として（231条），また電子化された記録媒体の中のデータはそれ自体として，書証と同様の方法で取り調べられる（231条の2〔新設〕・231条の3〔新設〕）。

(b) 文書の成立の真正

　文書の記載内容が，挙証者の主張どおりの特定人（作成名義人）の意思に基づいてその者の思想を表現するために作成されたと認められる場合，その文書の成立は真正であるといわれる。文書は成立が真正であると認められてはじめて証拠方法としての取調べの資格，すなわち**形式的証拠力**を得ることができる。なお，大学の授業の教材として作成された遺言書は，特定人の意思に基づいて

作成したものである限りにおいて文書の成立の真正を肯定できても，作成者の実際の遺言意思という思想を表示するものではないので遺言書としての形式的証拠力は否定される。

文書の**実質的証拠力**とは，真正に成立した，形式的証拠力ある文書に記載された表示や報告が内容的に正しいかどうかに関わるものであり，当該文書の証拠価値に直結する。手形や契約書のような処分文書は，その成立の真正が確定され，かつそこに記載されたことが実際に行われたことが否定されないならば，記載内容の法律行為（要証事実）の存否の判断にとって強力な実質的証拠力を有するものである。

文書はその成立が真正であることを証明しなければならない（228条1項）。つまり，ある法律要件事実を証明するための書証として取調べの対象となる文書について，その成立の真正それ自体がまず証明されなければならない。この証明はどのようにして行われるだろうか。相手方当事者またはその代理人は，書証として申出のあった文書の成立の真正を認めるか，争うかの態度を明らかにする。相手方が文書の成立の真正を認めれば，裁判上の自白が成立する（ただし，補助事実の自白なので，裁判所も当事者も拘束しない。最判昭和52・4・15民集31巻3号371頁。拘束力を肯定する有力説がある）。相手方が文書の成立の真正を否認するときは，その理由を明らかにしなければならない（規145条）。

相手方が文書の筆跡が作成者の筆跡と違う等を主張して，その成立の真正を争う限り，挙証者はそれを証明しなければならないが（228条1項），法は，公文書および私文書の双方について，その成立の真正に関する推定規定を置いて立証上の負担を軽減している（同条2項4項）。文書の成立の真否は，文書が作成名義人の自筆による場合，筆跡または印影の対照によっても証明でき（229条1項），その対照のための手続が整備されている（同条2項〜6項）。

文書が自筆によらず，パソコン等の機器で作成された場合，さらには署名も自筆でなく印字されている場合，押印が重要である。判例は，文書上の印影が本人または代理人の印章により顕出されている（その人の印章の印影が存在すること）場合，反証（盗取された等）のない限り，その印影は本人または代理人の意思に基づいて成立した（自分の印章を自分の意思で押した）ものと推定することが相当であるとした（最判昭和39・5・12民集18巻4号597頁〈百選68〉）。この

判例は，このような**事実上の推定**によって，押印の真正の立証負担を軽減したが，さらに進んで，作成名義人がその意思に基づいて自分の印章を押印したと推定されてその事実が確定できるときは，228条4項の法定証拠法則の要件が満たされるので，文書全体が真正に成立したと推定されると示した。これは**二段の推定**と呼ばれ，事実認定において書証および印章の存在を重視する裁判実務のよりどころになっている。

(c) 手続

書証は，当事者が証すべき事実を特定して，申し出てする証拠調べである（180条1項）。書証は，争点および証拠整理のために訴訟手続の早期の段階から実施されることはすでに述べた。証拠として裁判所に提出された文書は，裁判官が期日において閲読することによって取り調べられる。裁判所は必要があると認めるときは，提出または送付された文書を留め置くことができる（227条1項）。では書証の対象になる各文書はどのようにして入手されるのだろうか。それには，3つのルートがある。

① 所持文書の提出

挙証者が，取調べの対象になる文書を所持するときは，証拠説明書とともにこれを裁判所に提出して**書証の申出**をする（219条，規137条）。大半の書証はこの方法による。

② 文書送付の嘱託

挙証者が文書を所持せず，相手方または第三者が所持する場合，挙証者が法令により文書の所持者に対し文書の正本または謄本の交付を求めることができるときは，自ら文書を取り寄せてから，所持者として書証を申し出る（226条ただし書）。また，官公庁が保管する文書のように，裁判所が依頼すればその送付に協力することが見込まれるときは，挙証者は文書の所持者にその送付の嘱託を求めるよう，裁判所に申し立てることができる。これを**文書送付の嘱託**という（226条本文）。次の③の文書提出命令とは異なり，所持者に対する強制力はない。

③ 文書提出命令の申立て

挙証者が，文書を裁判外で任意に取得することができず，また送付を嘱託できないときは，挙証者は裁判所に**文書提出命令**を書面で申し立てて（219条，規

140条)，書証の申出をする。文書提出命令は，証拠収集活動における当事者の実質的な公平を実現するための強制力のある制度として実務上重要な意義を有する。

(d) 文書提出命令の手続

文書提出命令は，当該文書を証拠として取調べを求める当事者（挙証者）が，訴訟手続の途中で裁判所に申し立てることによって決定（→第**3**章第②節**1(1)**）⇒176頁という裁判の形式で発令される。具体的には次のような手続による。

挙証者は，文書の表示（文書にどのような名称が付されているか），文書の趣旨（どのような記載があるか），文書の所持者，証明すべき事実（立証命題たる主要事実または重要な間接事実），文書提出義務の原因（220条各号）を明らかにして，裁判所に文書提出命令を申し立てる（221条）。もっとも，これらのうち文書の表示と趣旨は，それを所持しない挙証者が正確に記載できない場合がある。その困難が著しい場合，挙証者は，文書提出命令の申立ての時においてはこれらの事項に代えて，文書所持者が識別できる程度の事項を記載すれば足りる。挙証者は，同時に文書所持者が文書の表示および趣旨を明らかにすることを裁判所が求めるよう，申し出て（222条1項），裁判所はこれに応えることができる（同条2項）。

(e) 文書提出義務とその拡大──現行法における一般義務化の試み

文書提出命令は，文書の所持者が提出義務を負う場合にのみ裁判所により発令される。

旧民事訴訟法の時代には，文書提出義務が認められるのは，当事者がその文書を訴訟において引用し，かつ所持する場合（旧312条1号），挙証者が文書の引渡し・閲覧を請求できる場合（同条2号），文書が挙証者の利益のために作成された，または所持者との法律関係に基づいて作成された場合（同条3号），に限られていた。このことから，文書提出義務は，証人義務とは異なって，文書を所持する者に課せられた裁判所に協力する一般的な義務ではなく，申請人と文書または相手方との間に一定の関係がある場合にのみ認められる限定的な義務であると解されていた。

平成8年成立の現行民訴法は，旧法と同様の文書提出義務を負う場合（220条1号～3号）に加えて，除外事由のない限り文書提出義務が負わされるとい

う規定（同条4号）を新設した。このことによって，現行法が，旧法と比較して文書提出義務の範囲を拡大したことは疑いようがない。今日，裁判にとって必要と考えられる文書が存在するならば，その所持者は裁判所に提出して事案の解明に協力すべきである，という思想が訴訟実務で定着している。

　他方で，文書の記載内容の秘密または不開示について保護に値する利益を有する文書所持者にとって，口頭弁論等において文書を取り調べられることはその記載内容の暴露になるため，避けたい。220条4号はこのことを考慮してイ～ホの除外事由を定める。客観的で，かつ，決定的な書証による真実の発見の利益と文書所持者の秘密の利益の対立が尖鋭化するこれらの除外事由の適用をめぐって，民訴法の施行直後から，最高裁判所は新しい判断を積み重ねてきた。その結果，文書提出命令に関する一群の，固有の判例法理が形成されるに至っている（最高裁判所による判断を可能にした許可抗告の制度がここで一役かっていることは見逃すことができない。→第5章第1節4(4)参照）。^{⇒258頁}

(f) 文書提出義務が生じる場合

① 引用文書（220条1号）

　当事者が文書の所持者であって，その当事者が文書を訴訟において引用したとき，相手方当事者の申立てに基づきその当事者は**引用文書**として文書提出義務を負う。当事者が自ら訴訟を有利に展開するために文書を引用したならば，それを秘匿させることは相手方当事者の関係で不公平だからである。本号に基づき文書提出義務を負うときは，守秘義務がある文書でも提出義務は免除されない。

② 引渡し・閲覧請求可能文書（220条2号）

　挙証者が文書の所持者に対しその引渡しを求めること，またはその閲覧を求めることができるとき，その所持者は文書提出義務を負う。前者の例として，弁済者の債権者に対する証書返還請求権があり（民487条），後者の例として，株主の会計帳簿閲覧請求権（会社433条1項）がある。これらの場合，所持者に文書不開示の利益は認められず，また挙証者が，引渡し・閲覧請求権だけを実現するために別の訴訟等の手続をすることは迂遠だからである。

③ 利益文書・法律関係文書（220条3号）

　文書が挙証者のために作成されたとき（**利益文書**），または挙証者と文書の所

持者との間の法律関係について作成されたとき（**法律関係文書**），その所持者は文書提出義務を負う。利益文書の例は，挙証者を受遺者とする遺言書，挙証者の代理権限を証明する委任状，領収書である。法律関係文書の例は，契約書，契約解除通知書である。

　旧民事訴訟法のもとでは，文書提出義務を拡大するために利益文書および法律関係文書の概念を拡張解釈したり，利益衡量によって判断したりする裁判例が見られた。現在では，法改正によって，文書提出義務が全般的に拡大されて観念されるようになったので，これらの概念を過度に拡張して解釈する必要はないと考えられている。法律関係文書に該当すると，次の④㈱の除外事由に当たるとしてもなお，文書提出義務を免れない（→④㈱）。^{⇒151頁}

　④　除外事由に該当しない場合（220条4号）

　限定的な提出義務を定める220条1号〜3号に該当しない場合であっても，文書が以下の(イ)〜㈱の除外事由に該当しない限り，所持者は文書の提出義務を負う（一般的提出義務と呼ぶことができる）。

　(イ)　自己負罪拒否特権文書・名誉毀損文書（220条4号イ）　　文書の所持者または文書の所持者と196条各号に掲げる関係（親族関係）を有する者についての同条に規定する（証人ならば証言拒絶をすることができる）事項が記載されている文書（**自己負罪拒否特権文書・名誉毀損文書**）は，文書提出義務を免れる。

　(ロ)　公務秘密文書（220条4号ロ）　　公務員の職務上の秘密に関する文書でその提出により公共の利益を害し，または公務の遂行に著しい支障を生ずるおそれがあるもの（**公務秘密文書**）は，文書提出義務を免れる。文書がこの公務秘密文書に該当するかどうかについて，裁判所は監督官庁等の意見を聴かなければならないが（223条3項前段），最終的な判断権は裁判所に留保されている。監督官庁等の意見聴取の手続とその際の考慮事項についても，法は詳細に定める。すなわち，監督官庁は，当該文書がこの公務秘密文書に該当するとの意見を述べるときは，理由を付さなければならない（同項後段）。しかも，その理由として，国の安全が害されるおそれ（国の安全），他国もしくは国際機関との信頼関係が損なわれるおそれ（国際的信頼），もしくはこれらとの交渉上不利益を被るおそれ（国際交渉），または，犯罪の予防，鎮圧または捜査，公訴の維持，刑の執行その他の公共の安全と秩序の維持に支障を及ぼすおそれがあるこ

と（治安維持）が述べられているときは，裁判所は，相当の理由があると認めるに足りない場合に限って，その提出を命ずることができる（同条4項）。

除外文書としての公務秘密文書に関するリーディングケースは，最決平成17年10月14日（民集59巻8号2265頁〈百選A21〉）である。この判例は，安全配慮義務違反等を理由とする労災事故の損害賠償請求訴訟において，労働局所属の調査担当官が作成し労働基準監督署長に提出した災害調査復命書は公務秘密文書にあたらないとした。この判例は，220条4号ロにいう公務員の職務上の秘密とは関係者が秘密として取り扱っているだけで秘密とする形式秘では足らず，実質秘（最決昭和52・12・19刑集31巻7号1053頁）であることを必要とするとしたうえで，公務秘密文書の提出義務について，①「公務員の職務上の秘密」には私人の秘密も含まれること，および②「その提出により公共の利益を害し，又は公務の遂行に著しい支障を生ずるおそれ」の存在は具体的に認められなければならないこと，という一般的な判断を示したことに特徴がある。

(ハ) 専門職秘密文書，および技術・職業の秘密文書（220条4号ハ）　197条1項2号に規定された事実および同項3号に記載された事項，すなわち専門職または職業に関して黙秘の義務が課されていて，証人であれば証言拒絶できる事実または事項が記載されている文書（専門職の秘密文書）は，提出義務を免れる。

197条1項2号の「職務上知り得た事実で黙秘すべきもの」とは，判例によれば，依頼者本人が当該事実を秘匿することについて客観的にみて保護に値する利益を有するものをいう（最決平成16・11・26民集58巻8号2393頁）。この判例は，197条1項2号に列挙されていない公認会計士にもこの規定が適用されることを前提にして，破綻した保険会社の保険管理人のもとに提出された調査委員会の調査報告書について，そのような秘匿についての利益が認められないとして文書提出義務を免除しなかった。

197条1項3号が定める技術・職業の秘密文書に関しても，その定義について議論がある。判例は「『技術又は職業の秘密』とは，その事項が公開されると，当該技術の有する社会的価値が下落しこれによる活動が困難になるもの又は当該職業に深刻な影響を与え以後その遂行が困難になるものをいう」と定義した（最決平成12・3・10民集54巻3号1073頁〈百選A20〉）。銀行が顧客の秘密

を守る義務があるとしても，秘密の主体である顧客が訴訟の当事者になって開示義務を負うならば，その当事者（顧客）の取引履歴が記載された取引明細書は職業の秘密にあたらない（最決平成19・12・11民集61巻9号3364頁〈百選（4版）A23），最決平成20・11・25民集62巻10号2507頁〈百選65〉）。

　(二)　自己利用文書（220条4号ニ）　　この専ら文書の所持者の利用に供するための文書（**自己利用文書**）に関して解釈上の準則を明らかにしたのが，最決平成11年11月12日（民集53巻8号1787頁〈百選66〉）である。この判決において最高裁は，自己利用文書の範囲を，旧法下の判例上，提出義務を免れると考えられていた「自己使用文書」よりも絞り込み，専ら所持者の内部の利用に供するための文書や外部に開示されることが予定されていない文書というだけでは足りないとしながらも，結局，銀行の貸出稟議書は本規定の「自己利用文書」に原則的に該当し，文書提出義務がないと判示した。この判例は，自己利用文書に該当するための3要件を明示する。①作成目的，記載内容，これを所持するに至るまでの経緯，その他の事情から判断して専ら内部の者の利用に供する目的で作成され，外部の者に開示することが予定されていない文書であること（内部文書性），②開示されると個人のプライバシーが侵害されたり個人ないし団体の自由な意思形成が阻害されたりするなど，開示によって所持者の側に看過しがたい不利益が生ずるおそれがあると認められる場合であること（開示による看過しがたい不利益），および③特段の事情がないことである。

　この判例の準則は，まず，要件③の特段の事情の解釈をめぐって議論が生じた。たとえば，文書提出命令の申立人と文書の所持者が文書の利用関係において同一視することができる立場に立つ場合が特段の事情になると述べながらも，信用金庫の会員代表訴訟の場合，「会員として閲覧，謄写することができない書類を信用金庫と同一の立場で利用する地位を付与するものではない」と判断して，特段の事情を否定した判例がある（最決平成12・12・14民集54巻9号2709頁）。逆に，破綻した信用組合の貸出稟議書について，文書作成者である信用組合がすでに破綻して清算中であること，文書所持者の整理回収機構は専ら債権回収業務に従事しているのであるから，この稟議書の提出が命じられても自由な意思形成が阻害されるおそれがないこと，から特段の事情を肯定して，文書提出義務を認める判例もある（最決平成13・12・7民集55巻7号1411頁）。

その後の判例の展開を見ると，場当たり的な判断に傾きがちな要件③の特段の事情の有無をめぐる争いから，要件①の内部文書性または要件②の看過しがたい不利益性の有無を見極めて，自己利用文書にあたるかどうかを規範的に判断する傾向にある。まず，要件①の内部文書性については，文書作成の法令上の根拠，監督官庁の事後的検査の必要，または第三者への開示の予定という外部との繋がり（外部性の要素）が重視される。すなわち，破綻した損害保険会社に関して保険管理人によって設置された調査委員会が作成した調査報告書は，特にそれが法令上の根拠を有する命令に基づく調査の結果を記載した文書であるとして，内部文書性が否定された（最決平成 16・11・26 民集 58 巻 8 号 2393 頁）。法令上の作成根拠のほかに，監督官庁の事後的検査の必要という外部性の要素に着目して，銀行が融資先に関して作成した自己査定資料の内部文書性が否定された（最決平成 19・11・30 民集 61 巻 8 号 3186 頁）。さらに，介護サービス事業者が作成した審査支払機関に対する介護サービス利用者の情報について，その内容が第三者への開示が予定されていたことから内部文書性の要件を欠くとされた（最決平成 19・8・23 判タ 1252 号 163 頁）。

看過しがたい不利益という要件②に関して見ても，銀行本部の担当部署から各営業店長等に宛てて発出された社内通達文書は，銀行の内部文書という点では平成 11 年最高裁決定の貸出稟議書に類似するが，しかし，文書所持者，すなわち銀行の内部の意思が形成される過程で作成される文書ではなく，その開示により自由な意思形成が阻害される性質のものではないと判断されて，看過しがたい不利益の要件が否定された（最決平成 18・2・17 民集 60 巻 2 号 496 頁）。

　㈠　刑事・少年事件関係文書（220 条 4 号ホ）　刑事事件にかかる訴訟に関する書類もしくは少年の保護事件の記録またはこれらの事件において押収されている文書（**刑事・少年関係文書**）は，提出義務を免れる。他方で，刑訴法 47 条は「訴訟に関する書類は，公判の開廷前には，これを公にしてはならない。但し，公益上の必要その他の事由があつて，相当と認められる場合は，この限りでない」と定めるので，そのただし書に基づき，どのような場合に刑事事件関係の文書が民事訴訟で提出義務を負うのかが問題になる。

判例は，220 条 3 号の法律関係文書に該当するならば，一定の条件のもとで裁判所が当該書類の提出を所持者に命じることができるとする（最決平成 16・

5・25民集58巻5号1135頁〈百選67〉）。それに従い，たとえば捜索差押許可状または捜索差押令状請求書（最決平成17・7・22民集59巻6号1837頁），告訴状および供述証書（最決平成19・12・12民集61巻9号3400頁）あるいは警察の司法解剖の写真データ（最決令和2・3・24民集74巻3号455頁）は，220条3号の法律関係文書に該当すると判断されて，文書提出義務が肯定されている。

(g) 文書提出命令の申立てについての審理と裁判

　文書提出命令の申立てがあると，裁判所は本案審理とは別の独立の決定手続の中でその当否を裁判する（223条）。文書提出命令の申立ての際に，提出を求める文書の正式な名称や具体的な記載内容を示すことが著しく困難であるならば，所持者がそれだと分かる程度に記載しておけばよい（222条1項）。

　文書提出命令が決定によって発令されるのは，220条の各号に基づき文書の所持者が文書提出義務を負っていると裁判所が判断したときである。いかなる場合が同条1号〜3号にあたるのか，また同条4号イ〜ホの除外事由が認められるのかをめぐって，現行の民訴法の施行直後から判例および学説上で激しく争われた。

　なお，裁判所が文書提出命令の申立てを審理するとき，提出を申し立てられている文書が220条4号イ〜ニの除外事由（ホは除かれている）に該当するかどうかを判断するために，所持者にその文書の提示をさせることができる（223条6項前段）。この文書の提示は，裁判所が除外事由を判断するためだけに行われるものであるから，文書所持者を除けば裁判所だけがそれを見ることを許される。何人もその提示された文書の開示を求めることができない（223条6項後段）。これを**イン・カメラ手続**と呼ぶ。イン・カメラ手続は，文書提出命令を申し立てた当事者の関与を完全に排除して行われる秘密審理手続であることから，証拠手続における当事者権（**当事者公開主義**）を危うくするとの批判がある。証拠調べにおける秘密保持の要請と当事者権の保障とのバランスのなかで，イン・カメラ手続が慎重に運用されることが望まれる。

　裁判所は，文書を所持する第三者の文書提出義務を肯定して，文書の提出を命じようとする場合には，その第三者を審尋しなければならない（223条2項）。裁判所は，文書提出命令の申立てを理由があると認めるときは，決定で，文書の所持者に対し，その提出を命じる（同条1項前段）。文書が，取り調べる必要

がない部分または提出義務のない部分を含んでいるとき，裁判所は，この部分を除いて提出を命じることができる（同項後段）。

　文書提出命令の申立てを認める決定も，逆に申立てを理由なしとして却下する決定も，即時抗告によって不服を申し立てることができる（223条7項）。抗告審が文書提出義務命令の当否について再審査する際には，抗告手続としての柔軟性を考慮しつつ，抗告人の相手方の手続上の権利を侵害しないよう留意しなければならない（少なくとも原決定を取り消す場合には，抗告の係属を相手方に知らせなければならない。最決平成23・4・13民集65巻3号1290頁〈百選（5版）A40〉）。

　文書提出命令の申立てが，文書提出義務の存否の審査以前で，当該文書の証拠調べの必要性を欠くこと（181条参照）を理由として却下されるときがある。その場合は，223条7項に基づく即時抗告をすることができない（最決平成12・3・10民集54巻3号1073頁〈百選A20〉。また，最決平成12・12・14民集54巻9号2743頁〈百選（3版）A28〉によれば，第三者に対する文書提出命令の場合，相手方当事者は抗告の利益を欠く）が，反対説も根強い。

(h)　文書提出命令に従わない場合の効果

①　当事者が文書提出命令に従わないとき

　裁判所は当該文書の記載に関する相手方の主張を真実と認めることができる（224条1項）。証明妨害（→第⑤節**5**(3)）の一態様として，当事者が相手方の使用を妨げる目的で提出の義務がある文書を滅失させて，その他これを使用することができないようにしたときも，同様である（同条2項）。ここで真実擬制がされる当該文書の記載に関する相手方の主張とは，文書の性質，内容，成立の真正についての主張のことである。当該文書による立証を企てた証明すべき事実（要証事実。221条1項4号）まで，真実擬制するような強力な効果は生じない。

　しかし，当該文書を所持しない挙証者にとって，当該文書の記載に関して具体的な主張をすることがそもそも困難なときがある。そのような場合に真実擬制ができるといっても挙証者には何の利益ももたらさない。挙証者は，要証事実を他の証拠によって証明することを強いられるが，それがまた困難なときがある。挙証者がそのような二重の困難に遭遇しているとき，挙証者の不利益を考慮して，また文書提出命令の実効性を確保するため，224条3項は，当該文書に何が記載されているのか，について相手方が主張していることそのとおり

を真実だと認めることができるとして，強力な制裁を定める。

②　第三者が文書提出命令に従わないとき

裁判所は，決定で，20万円以下の過料に処する（225条1項）。当事者の場合とは異なり，事実の真実擬制は第三者にとって制裁にはならないからである。この決定に対して，その第三者は即時抗告をすることができる（同条2項）。

┃ (8)　検証 ┃

(a)　検証の意義

検証とは，事実に関する判断の基礎を作るために，係争事実に関係のある物体を裁判所が自ら実体験することである。検証の客体たる物を検証の目的物といい，五感をもって感触しうる物は，すべて検証の目的物とすることができる。騒音や臭気の状況，建築現場，燃焼の残骸物が典型例である。検証の目的物は，それが物であるときは，挙証者が裁判所に提示して取り調べる。検証の目的物が場所であるときは，裁判官がその地に出向いて検証が行われる（185条1項）ウェブ会議の方法を利用することができる（185条3項〔新設〕）。

(b)　検証の手続

検証の目的物を所持する者は，検証物提示義務と検証受忍義務を負う。検証には，広く書証の手続が準用されている（232条1項）。第三者が正当な理由なく検証物提示命令に従わないときも，裁判所は決定で20万円以下の過料に処する（同条2項）。その決定に対しては，即時抗告をすることができる（同条3項）。裁判所はウェブ会議によって検証をすることもできる（232条の2〔新設〕）

検証の際に，裁判官に必要な専門知識が欠けている場合がある。そのような場合，検証をする裁判所または受命および受託裁判官は，必要と認めるとき鑑定を命ずることができる（233条）。この検証の際の鑑定は，当事者の申出を要せず，職権によってもできることに特徴がある。

┏━ CHECK ━━━━━━━━━━━━━━━━━━━━━━━

1　人証としての証人，当事者および鑑定人の取調べについて，それぞれの特性と取調べの手続上の異同を論じなさい。

2 判例は，銀行の貸出稟議書について所持者の文書提出義務を否定する一方で，
　銀行の社内通達文書について文書提出義務を肯定したのはなぜか検討しなさい。

⑤ 証拠の評価と証明責任

　本節では裁判所が証拠に基づいて事実認定をする場合，どのような
基準に基づいて事実があるとか，ないとかを判定することができるの
か，民事訴訟法のルールを明らかにしたい。そして，証拠調べの結果，
争いある事実があるともないとも，裁判所には結局判断できないとい
う状況（真偽不明）になったとき，裁判所はどのような判決をするの
か。それ以前に真偽不明が発生しないように，当事者の立証負担を軽
減する方法はないのか，について説明する。

1　証明の意義と対象

⑴　証明するとは

　裁判所は，訴訟物に関して当事者間で争いのある事実の存否について決着を
つけること，すなわち事実認定をするために，証拠調べによる**証明**の手続に向
き合う。証明に関して民事訴訟法が定める最も重要なルールは，自由心証主義
である（247 条。後述 **2** 参照）。⇒157頁自由心証主義に基づいて，裁判所は，原告の権
利を基礎づける事実（請求原因）のすべてを存在すると確信できるならば，原
告の請求を認容する。逆に，その事実のひとつでもその存在を確信することが
できないならば，原告の請求を棄却する。被告にとっては，仮に原告が主張す

る権利の発生が認められるとしても，その権利をあとから消滅させる別の事実（抗弁）の存在を裁判所に確信させることができれば，原告の請求を斥けることができる。これらの**確信**を，裁判所は民事訴訟法が定める証拠調べの手続（→第４節**2**）によって獲得する。

⑵　証明の対象

　民事訴訟において証明の対象になるのは，裁判官が自らの知識をそのまま利用できない事項である。まず，「原告と被告の間で，何月何日，売買契約が締結された」というような裁判所の外で起こった事実は，何よりも証明の対象になる（ただし，当事者が自白した事実および裁判所に顕著な事実は，証明を要しないで判決の基礎にすることができる。179条参照）。それに対して，法の探知と適用は，裁判官に固有の仕事（「裁判官が法を知る」の格言のとおり）であり，裁判所の内部の事項である。それゆえ，一般的に法規は証明の対象にならないが，裁判官にとって日常的とはいえないような特殊な法令，外国法および慣習法は例外的に証明の対象になる。また事実の存否についての裁判官の心証形成の際に利用される経験則についても，それが裁判官になじみのない特別の専門に関するものであれば，証明の対象になる。

⑶　不要証事実──自白された事実と顕著な事実

　弁論主義**2**により，自白された事実を裁判所はそのまま判決の基礎にしなければならない。つまり，裁判所は自白された「何月何日」売買契約が締結されたという事実の真偽を判断するための証拠調べをすることが禁じられ（審判排除効），同時に当事者にとっては証拠調べによる証明を必要としない事実となる（証明不要効。179条）。ここで自白の対象となる事実とは主要事実のみをいい，間接事実および補助事実は含まれないことはすでに述べた（→本章第2節**2**⑵）。

　179条はさらに，顕著な事実についても証明を不要とする。顕著な事実には，歴史上の出来事や人物のように一般の人々に知れ渡っている**公知の事実**と，裁判官がその職務を行うことにより知った**職務上顕著な事実**（例，破産手続開始決定や自ら下した裁判）とがある。これらの事実は，公正性と客観性が担保されて

いるために，証拠による証明が不要とされている。

2 自由心証主義 ———————————————————●

　民事訴訟において勝訴または敗訴を決定するのは，各当事者が主張する請求原因または抗弁が存在する，または存在しないということについて，各種の証拠方法を手がかりにして下される裁判所の判断，すなわち事実認定である。裁判所は，証拠方法の取調べの結果として明らかになったさまざまな情報（これを**証拠資料**という）を自らの五感と経験を総動員して評価し，当事者が訴訟物について主張している事実の存否について確信できるかどうかを判断する。

　では，裁判所はどのような思考回路を経て個々の事実の存否について判断をするのだろうか。この問題に対する民事訴訟法からの回答が**自由心証主義**である。裁判所は口頭弁論の全趣旨および証拠調べの結果を斟酌して，自由な心証によって事実についての主張を真実と認めるべきか否かを判断する（247条）。ここでなぜ自由と称されるかというと，3つの点で裁判所に自由があるからである。第一に，証人の信用性など各証拠の証拠力（証拠価値ともいう）の評価が裁判官の自由な判断に委ねられるからである。第二に，「契約の成立は契約書の存在のみによって証明される」というような裁判所の事実認定を拘束する証拠法則は民事訴訟法には存在しない。第三に，窃取された文書や無断録音された録音テープのように入手過程の公正さに疑問のある証拠（＝違法収集証拠）が証拠方法となりうるのかどうかという証拠能力の問題も，裁判所の自由な心証に委ねられる（窃取された文書について，神戸地判昭和 59・5・18 判時 1135 号 140 頁〈百選（5版）66〉，無断録音テープについては東京高判平成 28・5・19 LLI/DB L07120857〈百選 63〉が証拠能力を肯定した。最判昭和 32・2・8 民集 11 巻 2 号 258 頁〈百選 62〉は，反対尋問を経ていない当事者の供述の証拠能力を肯定する）。

　しかし自由心証主義は，事実認定において裁判官に無制限の自由を許すものではない。裁判官は，論理則，経験則および自然法則を考慮して合理的に事実認定をしなければならない。自由心証主義に名を借りた裁判官による恣意的な判断の危険性を排除するために，判決書において当事者の主張事実と認定した事実およびその理由を付すことが要求される（改正前 253 条 1 項 2 号 3 号・電子

判決書は改正後252条1項2号3号）。これらの記載から裁判所の事実認定の過程が適切に行われていたのか，後から上級審は再審査をすることができる。

3　証明度

　裁判所が自由心証主義に基づいて事実認定をする場合，裁判官はどのような心理状態になったとき，ある事実があるとかないとかを判断できることになるのだろうか。言い換えると，それはどの程度の確からしさ，つまり**証明度**に達したときに，ある事実の存否が完全に証明されたといえるのか。判例は，証明度について次のように述べる。すなわち，争いのある事実について，「立証は，一点の疑義も許されない自然科学的証明ではなく，経験則に照らして全証拠を総合検討し，……**高度の蓋然性**を証明することであり，その判定は，通常人が疑を差し挟まない程度に真実性の確信を持ちうるものであることを必要とし，かつ，それで足りる」という判例である（最判昭和50・10・24民集29巻9号1417頁〈百選54〉。この判例では因果関係の証明が問題になった）。

　判例が要求する高度の蓋然性という原則的な証明度を，具体的な事案における証拠の有無，立証の難易を考慮して引き下げることができるのかは，証拠法上の大きな課題である。248条は，損害賠償請求事件に限定されているが，損害の発生は裁判上認定されているにもかかわらず，その額を立証するのが極めて困難なとき，裁判所が口頭弁論の全趣旨および証拠調べの結果に基づき，相当な損害額を認定することができると定める。この規定は，裁判所による被害者救済の可能性を大きく開くものとして評価できる。従来算定が困難とされた公共事業の入札談合による損害額の立証（東京高判平成21・5・28判時2060号65頁〈百選（5版）58〉）において，248条は積極的に活用されており（特許権の侵害訴訟について，特許法105条の3），さらに，同条の適用が裁判所の義務であることも判例上明らかにされた（最判平成20・6・10判時2042号5頁）。

4 証明責任と証拠提出責任 ━━━━━━━━━●

(1) 客観的証明責任

　民事訴訟においては，訴えによって設定された訴訟物たる権利要求の当否を判定するために適用すべき実体法規の法律要件に該当する事実（主要事実）について，その存在を当事者が主張し，証拠調べの結果，その事実が存在すると判断されるならば，裁判所はこの実体法規を適用する。しかし，それらの事実が存在しないと判断されるならば，裁判所は実体法規を適用することができない（**法規不適用の原則**）。ところが，裁判所が証拠調べを実施したにもかかわらず，その事実の真偽のいずれにも心証を形成できない場合が生じることは，不可避である。このような事態を民事訴訟では**真偽不明**（**ノン・リケット**）と呼ぶ。

　真偽不明とは，裁判所にとって判断できない，いわばお手上げ状態にあることを意味するものである。しかし，裁判所が真偽不明を理由に判決を下すことを拒絶することは，法治国家における裁判制度の自己否定を意味し，許されない。民事訴訟法は，そのような場合に，真偽不明の事実は存在しないものとみなして，その事実を要件とする法律効果の発生を否定するという態度をとる。この法律効果の不発生によって被る不利益のことを民事訴訟では**客観的証明責任**と呼んでいる。訴訟物である権利または法律関係のいかなる法律要件事実について，原告または被告のいずれかが客観的証明責任を負うことになるのかは，証明責任の分配の問題である。

(2) 主観的証明責任

　客観的証明責任と区別すべきものに**主観的証明責任**の概念がある（証拠提出責任と呼ばれることも多い）。主観的証明責任は，口頭弁論において実際に証拠の提出をしなければ無証明の不利益を受けるという当事者の負担（立証しなければならない立場に立たされること）を意味する。客観的証明責任が，裁判の最終局面で機能する制度であるのに対して，主観的証明責任は，弁論主義によって規律される当事者間の主張・立証の過程で自覚され，また裁判所にとっては，釈明権（149条）を行使して立証を促す際にどちらの当事者に矛先を向けるの

か，の基準になる概念である。

主観的証明責任を負う当事者は，原則的に客観的証明責任を負う者と一致するが，証拠の偏在または当事者間の社会的地位の格差等を考慮するならば，例外的に，客観的証明責任を負わない当事者に主張・立証の義務を課すべきことが，訴訟における事案の解明のために必要な場合があるし，またそうすることが，当事者間の公平または信義則の観点から要求されるときがある。その場合に，主観的証明責任のみを他方当事者に移転することが可能かどうか，それに基づき立証を尽くさない当事者にどのような不利益を与えることができるのか，その理論構成は何か，について判例・学説において多様な見解が唱えられている（→**5**）。
⇒162頁

┃ (3)　証明責任の分配のルール ┃

証明責任をいずれの当事者が負担するのかという**証明責任の分配**の問題は，真偽不明という訴訟の審理の終局面のみならず，証明責任を負担する者が原則的に主張責任および証拠提出責任を負担することから，審理過程における具体的な当事者の訴訟活動または裁判所の訴訟指揮にも重大な影響を与える（「証明責任は民事訴訟のバックボーンである」という法諺がある）。

では具体的には，原告と被告のいずれが最終的にこの証明責任を負うのか。これは証明責任の分配といわれる問題である。民事訴訟では，この問題の解決の手がかりを民法等の実体法規のなかに求めることができる。まず，実体法が明文によって証明責任の分配を定めている場合がある。たとえば，民法 117 条 1 項に基づき無権代理人の責任を追及する訴訟の場合，他人の代理人として契約した者（＝被告）が自分に代理権があることの証明責任を負う（その他に，民法 453 条の検索の抗弁権の場合の有資力等）。

しかし大多数の実体法規は証明責任の所在について明示していない。そのような場合，各当事者（原告および被告）は自己に有利な法律効果発生の基礎となる法律要件事実について証明責任を負うという原則に従って，証明責任の分配は決せられると考えるのが通説である。売買代金の支払を請求する訴訟を例にしていうと，原告は，代金債権の発生を根拠づける要件に該当する事実（権利根拠事実。例，売買契約の締結等）について証明責任を負う。それに対して被告

は，いったん成立した法律効果（代金債権）を消滅させる要件に該当する事実（権利消滅事実。例，弁済，相殺，消滅時効，契約の取消し，解除等），法律効果を不発生にする要件に該当する事実（権利障害事実。例，虚偽表示，錯誤による無効，取消し等），または権利抗弁（権利阻止事実。例，同時履行の抗弁権等）について証明責任を負う。この通説は，証明責任の所在について明文がないとき，実体法の法律要件を，権利根拠事実，権利消滅事実，権利障害事実，または権利阻止事実のいずれかに分類して証明責任の分配を決するので，法律要件分類説と呼ばれる。

　法律要件分類説に対する批判として，法の条文の書き分け方を見ただけでは証明責任の所在を判断することが困難な場合があることが指摘されている。たとえば，錯誤（民95条）の証明責任は，法律行為の取消しを主張する者にあり，その有効を主張する者が錯誤のないことについて証明責任を負うことにはならないといわれるが，権利障害事実か権利根拠事実かの区別は判然としないと批判されてきた。法律要件分類説は，法文からは明らかにならない正義や公平の観念を考慮して補充される柔軟な考え方であると理解しなければならない（最判昭和41・1・27民集20巻1号136頁〈百選A18〉は，無断転貸の場合の賃借人の背信行為と認めるに足りない特段の事情について賃借人が証明責任を負うとする。最判昭和43・2・16民集22巻2号217頁〈百選60〉は，準消費貸借契約〔民588条〕に基づく返還請求の場合，旧債務の不存在は抗弁とて債務者が証明責任を負うとする）。

　平成29年に成立した民法改正の立法過程においては，当初，証明責任の分配を念頭に置いた条文の書き換えの必要が意識されていたが，結局，ほとんど実現されなかった。しかし，たとえば従来から法律要件分類説の限界として問題があることが指摘されていた債務不履行における帰責事由は，ただし書とされたことによって（民415条1項ただし書），債務者が帰責事由の不存在について証明責任を負うことが明瞭になったなどの成果は認められる。

5　立証負担の軽減策 ────────────────────────●

(1)　証明責任の転換

　証明責任を負う者は，同時に証拠提出責任を負う者として，訴訟の始めから終わりまで証明が必要な事実を証明することができなかった場合の敗訴の危険性をいつも意識せざるをえない。このような敗訴の危険性は，本来的には実体法の法律要件の立て方に由来する。事故の被害者が加害者に対して損害賠償請求をする場合，被害者（原告）が，加害者（被告）の違法行為，故意または過失，損害の発生と金額，加害行為と損害発生との因果関係といった損害賠償請求権を発生させるための要件のすべてを主張・立証しなければならない。このことが，被害者の救済の必要または社会的正義の観点から見て不合理であると評価されるならば，まずは実体法の法律要件に変更を加えることによって対処するべきである。

　一般の不法行為（民709条）に基づく損害賠償請求の場合，原告（被害者）は，被告（加害者）の過失について証明責任を負う。しかし，自動車が急増し，交通事故の人身事故が社会問題化した昭和30年，被害者保護の観点から自動車損害賠償保障法（自賠法）が民法（不法行為法）の特別法として制定された。同法3条ただし書は，過失責任の原則を維持しながら民法709条とは逆に，被告・債務者が過失（の不存在）について証明責任を負うと定めた。これは特別法による**証明責任の転換**の一例である。

　しかし，実体法（損害賠償法）の構造を根本的に変えることは容易ではなく，それを待っていたのでは被害者の救済に間に合わない。特別の立法がない場合であっても，公害または医療過誤を理由とする不法行為型の損害賠償請求訴訟（現代型訴訟とも呼ばれる）において，不法行為の一般原則に従って原告が過失について証明責任を負うとすることは，工場内部の機密や医学専門知識をもたない原告（被害者）にとってはじめから不合理な証明上の負担を強いられて，当事者の武器対等の原則から見ると不合理のように思われる。そのような場合に，個別事案に限って，特別の職務上の義務または高度な注意義務の違反を措定して，過失の証明責任を実質的に被告に転換することができないかは，残さ

れている課題である。

⑵　法律上の推定と一応の推定

　証明責任の転換は，要証事実としての主要事実について，本来的に証明責任を負うとされる当事者の立証負担を立法措置によってまたは事案の特殊性に鑑みて実体法の解釈によって軽減する制度である。その他に，社会生活上の定型的な事情を実体法上反映させる**推定**という手法を用いて，証明責任を負う当事者の立証上の負担が軽減される場合がある。

⒜　法律上の推定

　原則的な証明責任の分配の結果立証困難に陥る当事者を救済するための方策として，**法律上の推定**がある。実体法は，そのような立証困難をはじめから想定して，この法律上の推定を明文で定めている場合がある。たとえば，取得時効を主張する者は，10年または20年の間の占有の継続の事実を証明しなければならない（民162条1項2項）。しかしその期間中，その者が1秒たりとも占有をやめなかったことを積極的に証明することを求めることは，不可能を強いることになり，妥当でない。そこで民法186条2項は，前後の両時点における占有が証明されれば，その間占有が継続したものと推定する。法律上の推定には，法律上の事実推定と法律上の権利推定がある（法律上の事実推定の例は，占有の他に，賃貸借・雇用の更新〔民619条1項・629条1項〕，嫡出〔同772条1項〕など。それに対して，法律上の権利推定の例として，占有者の権利〔同188条〕，境界線上の設置物の共有〔同229条〕，共有持分〔同250条・762条2項〕がある）。

　問題になっている法律要件事実または権利について証明責任を負う当事者が，推定規定のなかの前提事実を証明すれば，それらの法律要件事実または権利は存在するものとして扱われる。相手方は，その反対事実，つまりそれらの法律要件事実または権利の不存在を証明（本証）しない限り，相手方に有利な法の適用を阻止することができない。その限りにおいて，それらの法律要件事実または権利の証明責任は推定規定によって実質的に転換されるという作用がある。

⒝　一応の推定

　法律上の推定を定める民法等の規定は，裁判所が自由心証主義に基づいて事実認定を行う際に用いる経験則のうち，高度の蓋然性を有する一定の経験則を

法文化したものといえる。しかし，そのように経験則が実体法上に明文化されていないとしても，たとえば損害賠償請求事件において原告が立証困難に陥る過失または因果関係の存在を推認させるような，より高度の蓋然性を有する経験則が現実に存在することが疑いないときは，その経験則を利用して事実認定が行われるならば，原告の立証上の負担は格段に軽減される。従来の判例においても，他人の山林で樹木を伐採したときは，その伐採行為が一応故意または過失によると推定され（大判大正7・2・25民録24輯282頁），麻酔注射を受けた部位に膿瘍を罹患し後遺症が残ったときは，注射器具，施術者の手指あるいは患者の注射部位の消毒が不完全であると認定しただけで，それらのいずれの消毒が不完全であったのかを確定していないとしても，被告の過失を認定事実としては不完全とはいえない，とする概括的・選択的認定も許容されている（最判昭和39・7・28民集18巻6号1241頁〈百選56〉）。これらは，講学上，（過失の）**一応の推定**と呼ばれて，判例によっても採用されている法理であるが（最判昭和43・12・24民集22巻13号3428頁〈百選57〉），事実認定におけるその作用は法律上の推定と同じである。

一応の推定がはたらく場合，推定のとおりの事実認定がされないように，相手方当事者はそのような推定が間違っているとか，少なくとも疑わしいことを示す別の事情（間接事実）を主張・立証するよう追い込まれる。このことを**間接反証**と呼ぶことがあるが，本来の要証事実（過失や因果関係）の証明責任を負う当事者の立証上の負担が軽減される仕組みを説明しているものとして理解することができる。

▎(3) 証明妨害 ▎

証明責任を負う当事者が，相手方の故意または過失によって，証明活動を妨害されたり，または困難にされたりして，その証明を挫折させられることを**証明妨害**という。たとえば文書（遺言，診療録等）や検証物（事故車，故障物等）を毀滅することである。民事訴訟法においては，すでに証明妨害の一態様を念頭に置いた明文規定がある。すなわち，故意によって，訴訟の当事者が文書提出命令に従わないとき，または相手方の使用を妨げる目的で提出義務ある文書を滅失させ，その使用を不可能にしたときには，その文書に関する相手方の主張

を真実と認めることができるし（224条1項2項），また極端な証拠偏在型の事件において一定の場合には，証明すべき事実自体を真実と認めることができる。また当事者尋問において，当事者が正当な理由なく出頭せず，または宣誓もしくは陳述を拒んだときは，裁判所は尋問事項に関する相手方の主張を真実と認めることができる（208条）。

　これらの規定を手がかりにして，証明責任の転換または証拠提出責任を認めるための，より一般的な法理（証明妨害の法理）を打ち立てて，当事者間の主張・立証を具体的に規制すること，およびその法的効果として証明責任の転換，真実擬制，または証明度軽減等のサンクションを想定することができるかどうかは今後の課題である（東京高判平成3・1・30判時1381号49頁〈百選58〉がこれらの法効果の可能性を判示する）。

(4)　事案解明義務の理論

　損害賠償請求や差止請求の訴訟事件において，被害者（原告）の側に，加害者（被告）の過失，注意義務違反，または因果関係といった重要な事実についてすべて（客観的）証明責任が配分されている。そのことの反射として被害者（原告）は，訴訟手続のはじめからそれら事実に関して具体的な主張・立証をしなければならない。その際に被害者（原告）の側には，そのための情報も証拠も欠けているのに対し，被告はそれらの情報や証拠に容易にアクセスできる場合がある。このように訴訟当事者間において極端な証拠（情報）の偏在が認められる場合，客観的証明責任の分配基準によれば主張責任も，また主観的証明責任も負っていない相手方当事者（ここでは被告に）に対しても，具体的な事実の主張と証拠を通じて事実関係の解明のために協力させようという考えが登場するのは自然のことである。このような相手方当事者の協力の姿勢を訴訟当事者の法的義務に格上げして，訴訟上の事案解明義務を観念し，その義務の不履行があれば，たとえば立証困難な事実について証明責任を負っている原告の主張を真実であると擬制して被告に不利益を負わせることができる，とする考え方（**事案解明義務の理論**）が学説上有力に主張されている。

　事案解明義務の理論は，訴訟上の信義則に由来する考え方であるが，事案解明義務が発生するための具体的要件や効果の点において諸説あり，一致を見て

いない。もっとも，住民が原子炉設置許可処分の取消しを求めた行政事件においては，事案解明義務の理論に近い考え方を示す最高裁判例がすでにある。すなわち，原子炉設置の安全性に関して行政庁がした判断に不合理な点があることについての主張・立証責任は本来原告が負うべきものであると解されるが，「当該原子炉施設の安全審査に関する資料をすべて被告行政庁の側が保持していることなどの点を考慮すると，被告行政庁の側において，まず，その……判断に不合理な点のないことを相当の根拠，資料に基づき主張，立証する必要があり，被告行政庁が右主張，立証を尽くさない場合には，……（その）判断に不合理な点があることが事実上推認される」（最判平成4・10・29民集46巻7号1174頁〈百選59〉）。

　この判例が，有力説としての事案解明義務の理論を採用したと即断することには慎重でなければならないが，具体的な事実主張の段階も含めて，原告側の立証負担の軽減を図るような試みがすでに実務に見られることは注目に値する。

CHECK

1　証明責任はどのように分配され，そのことは当事者の主張・立証の活動にどのような影響を及ぼしているか。
2　証明責任を負う当事者の主張・立証の負担軽減は，どのような場合に要請され，どのような方法で実現されるか。

第**3**章

訴訟の終了

第一審通常訴訟の終局区分（全地方裁判所）
＊司法統計年報に基づいて作成。上段の数字は件数，下段は割合。

年　次	総　数	判　決	うち欠席	和　解	放　棄	認　諾	取下げ	その他
2023 年 （令和 5 年）	137596	67986 (49.41%)	33549 (49.35%)	44909 (32.64%)	241 (0.18%)	419 (0.30%)	20680 (15.03%)	3361 (2.44%)
2022 年 （令和 4 年）	131794	60308 (45.76%)	26773 (44.39%)	43264 (32.83%)	203 (0.15%)	457 (0.35%)	23884 (18.12%)	3646 (2.77%)
2021 年 （令和 3 年）	139020	59988 (43.15%)	25906 (43.19%)	51241 (36.86%)	293 (0.21%)	404 (0.29%)	23178 (16.67%)	3917 (2.82%)

1 当事者による訴訟の終了

　　当事者による処分が可能な民事訴訟では，判決によるのは，地裁を第一審とする通常の場合，全体の 4 割程度で，訴えの取下げや和解のように当事者自身が終了させることが多い。

　　民事の訴訟は原告が訴えによって始めた手続であるから，当事者が自ら和解などによってそれを終了させることもできる。本節では，この処分権主義③のもと，当事者が訴訟を終わらせる，それぞれの場合の要件や効果，手続のあり方について考えよう。

1 訴えの取下げ

(1) 意 義

　訴訟提起を契機に裁判外で話し合いが進み当事者間の和解ができるなどして訴訟が要らなくなり，原告が訴えによる審理・判決の申立てを自分で撤回することがある。これが**訴えの取下げ**である。

　訴えの取下げがなされると，訴訟は終了し，そのときに，訴訟ははじめに遡って係属していなかったものとみなされる（262条1項）。同じ原告による行為でも，原告が自分の請求を理由がないと認めることを請求の放棄（→ **2**(1)）⇒170頁 というが，この場合は原告が負けを認めた（請求棄却判決と同じ）効力が残るのと対照的である。

(2) 要件と手続

　原告は，たとえ判決があった後の控訴審などの上級審でも，その判決の確定前ならいつでも訴えを取り下げることができる（261条1項）。しかし被告が本案について準備書面を提出するなど，いったん争う姿勢を見せた場合には，原告が一方的に訴訟をなかったことにはできず，取下げには被告の同意が要る（同条2項）。原告は訴えの取下書を提出するのが原則であり（同条3項），それが送達されてから2週間以内に被告が異議を述べないときは，取下げに同意したものとみなされる（改正前同条4項5項，改正後5項6項）。なお，令和4年IT化改正により，取下げが口頭弁論等の期日において口頭でなされたときは，裁判所書記官が電子調書にその旨を記録し（改正後同条4項），相手方に送達されることとなる（改正後同条5項）。

　なお，口頭弁論や弁論準備手続の期日に当事者双方が欠席し，1か月以内に新しい期日の申立てをしない場合，連続して2回欠席した場合は，**不熱心な訴訟追行**（→第**2**章第**2**節**3**(2)）⇒108頁 として訴えの取下げが擬制される（263条）。

(3) 効 果

　訴えの取下げがなされると訴訟は終了し，係属した訴訟手続がはじめからな

かったものとされる（**訴訟係属の遡及的消滅**。262条1項）。訴え提起の効果も遡って消滅し，時効中断効もなくなるとされていたが，平成29年民法改正により時効は訴訟の終了時から6か月を経過するまでは完成しないものと規定されている（民147条1項）。原告はその訴えを再び提起することもできるが，本案について終局判決がなされた後に訴えを取り下げた者は同じ訴えをすることができなくなる（**再訴の禁止**。262条2項。再訴して取下げが有効と審査されると訴訟終了宣言判決がなされる）。

いったん終局判決が出された場合，なぜ再訴が許されないかについては説が分かれる。裁判所が判決を下したことを重く見て，それを無にするような者は二度と同じ請求をさせない趣旨と見る立場もあるが，そのような制裁を加えるくらいならむしろ取下げ自体認めなければよい。ここでは，あえて判決を放棄し訴訟外での紛争調整を信じた被告の利益を尊重するために再訴が禁止されていると考えられる。

┃ (4) 取下げの争い直し ┃

かつて，訴えの取下げのような訴訟行為（→第**2**章第**2**節**3**(1)）は，裁判所⇒106頁の関与のもとでなされる行為であり，私法上の取引行為とは異なり，意思表示に瑕疵があることを理由とした無効主張は認められないと考えられた。しかしそれでは硬直すぎて現実の必要に対応できない。判例は，原告が被告の強迫により訴えを取り下げたが，後にこの取消し（期日指定の申立てをして取下げ前の訴訟の復活）を求めた事件で，刑事上罰すべき他人の行為によりなされた訴え取下げの効力を否定した（最判昭和46・6・25民集25巻4号640頁〈百選86〉）。これは，判決が確定した場合にも許される再審の訴えの規定（338条1項5号）を類推適用した（しかも再審の訴えをしなくとも従前の訴訟に戻って審理を続けることを認めた）のである。さらに学説においては，原告に錯誤があった場合などにも意思の瑕疵に関する民法規定を準用し，取下げの効力を否定する立場が有力である。

また，たとえば原告が被告に土地明渡しを請求している場合に，「被告は原告に金5000万円を支払い，原告は訴えを取り下げる」という内容の和解を裁判外で結び，原告は訴えを取り下げたとする。ここでもし被告が上記のとおり

支払わないとき，原告はどうしたらよいか。原告に事情変更の主張を許し，上記のように取下げ前の訴訟を復活させることも考えられよう。さらに，たとえ取下げが第一審判決後であった場合でも再訴禁止効（262条2項）は生じないと考えて，改めて明渡訴訟を提起することを原告に許してよい（最判昭和52・7・19民集31巻4号693頁〈百選A27〉）。事情変更後の訴訟は，取下げ前の訴訟と同一ではないから再訴禁止が適用されないとの理由づけもあるが，改めて訴訟を必要とした原因，その責任が被告にあるとすると，原告に訴訟を認めることが当事者間の公平にかなう。なお，改めて訴訟をする場合の方法については，和解の場合と共通するので，**3⑸**でまとめて検討する。^{⇒174頁}

2　請求の放棄・認諾　　　　　　　　　　　　　　　　　　　　　●

⑴　意　義

　原告が自分の請求を理由がないと認めるのが**請求の放棄**である。**請求の認諾**とは，被告が自分に対する原告の請求は理由があると認めて訴訟を終了させることである。請求の放棄・認諾が行われることは，実務上極めて少ない。

　同じように原告による行為であっても，自分が申し立てた訴えを自分で撤回する訴えの取下げは，訴訟ははじめに遡って係属していなかったものとみなされるが（262条1項→**1⑴**），請求の放棄は原告敗訴の効力が残る。請求の認諾の場合には被告敗訴の効力が残る（改正前267条，改正後同条1項）。^{⇒168頁}

⑵　手続と要件

　請求の放棄・認諾は期日に口頭でするが（266条1項），当事者が事前に裁判所に書面を提出しておけば，期日に欠席してもその旨陳述したと扱われる（同条2項）。

　訴訟終了の効果を残す請求の放棄・認諾の場合には，訴訟物について当事者が処分権を持つこと，当事者に訴訟能力があることが要件とされている。これは和解の場合とかなり重なるので，後に**3⑵**でまとめて検討する。^{⇒172頁}

(3) 効 力

　請求の放棄・認諾は，それが有効に行われると訴訟終了効が生じるとともに，裁判所書記官によりその旨調書（電子調書→第 **2** 章第 **2** 節 **1**(**1**)）に記載され，確定判決と同一の効力を有することになる（改正前 267 条，改正後同条 1 項）。つまり，請求の放棄調書は「原告の請求を棄却する」との判決，認諾調書は「原告の請求を認容する」との判決が出て確定したのと同様の効力を生じる。ここでいう効力とは，訴訟を終了させる効力と，認諾の内容が給付である場合には強制執行ができる効力（**執行力**。民執 22 条 7 号），形成である場合には法律関係を形成する効力（**形成力**）である。さらに，紛争の蒸し返しを禁じる効力（**既判力→本章第 3 節 2**）を認めるかどうか，改めて訴訟をする方法については争いがあり，これも和解の場合と重なるので，後に **3**(**4**)および(**5**)で一緒に検討しよう。

3　訴訟上の和解

(1) 意 義

　和解とは，両当事者が合意によって紛争を収めることである。このような日常行為が裁判外で行われる場合は，和解契約＝民法上の和解として効力をもつ（民 695 条・696 条）。これに対して，裁判所の関与のもとで行われるものを**裁判上の和解**といい，訴え提起後に訴訟の手続のなかで行われる**訴訟上の和解**と，すでに当事者間で訴え提起前にした和解を簡易裁判所に公証してもらう**訴え提起前の和解**（＝起訴前の和解，即決和解。275 条→第 **6** 章 **4**）がある。

　和解が判決より優れている点として，判決が当事者の申立てに対する画一的な法適用の結果であるのに対し，和解は必ずしも申し立てられた請求や法律にとらわれず，請求以外の法律関係を取り込んだり，当事者以外の第三者を関与させるなどして，個々の事件に応じた柔軟な解決を可能とする点が挙げられる。そのうえ，和解内容は両当事者が自ら作成するから，当事者の自治が促進され，判決よりも当事者関係を損なわない。和解は訴訟を終了させ，控訴などがされない点からも紛争を早期に終わらせ，任意の履行も期待できる。なお，和解と

いうと，一般には結果として成立した解決内容が想起されるが，その話し合いや交渉の手続そのもの，和解の手続過程こそが重要である。

▎(2) 要件 ▎

和解（および請求の放棄・認諾）の要件とされている主なものを以下に挙げる。

① 対象につき当事者が処分権を持っていること

処分権主義を前提としている以上，和解の対象は当事者が処分できるものである必要がある。**人事訴訟**では，身分関係が当事者以外の多数に影響するため公益性を有するとして，和解や請求の放棄・認諾は認められないのが原則である（人訴19条2項）。ただし裁判外で協議離婚・離縁は可能であるから，離婚・離縁訴訟では例外的に和解や放棄・認諾が許されていることに注意が必要である（同37条1項本文・44条）。請求認容判決の効力（判決の効力については→本章第3節）が第三者にも及ぶとされる**会社訴訟**（会社838条〜845条）では，^{⇒186頁}当事者が第三者の利益までも処分して法律関係を対世的に変動，確定することはできないので，和解や請求の認諾をして訴訟を終了させても，少なくとも対世効は生じない。逆に請求棄却判決の効力は当事者間にしか及ばないので，請求の放棄は許される。また，株式会社の役員等に対する株主からの責任追及の訴え（株主代表訴訟）については原告である一部の株主と被告役員等による和解が許されるかどうか議論があったところ，会社法は明文を設けて，この訴訟で当該株式会社が和解の当事者でない場合には和解の効力を認めないが，会社が和解を承認した場合にはこの限りでないとした（同850条1項）。

② 和解や請求の認諾の内容である権利義務が公序良俗に反しないこと

裁判所による強制執行を許すなどの効力が生じるので（改正前267条，改正後同条1項），公序良俗やその他法令の定めに反する内容の和解や認諾は認められない。同じように確定判決と同一の効力が認められるといっても，請求の放棄は，原告の請求がないことが定まるにすぎないから，この要件は問題とならない。

③ 和解や請求の放棄・認諾をする当事者に**訴訟能力**（→第1章第2節3）が^{⇒50頁}あること

訴訟を終了させ，紛争解決内容を定める重要な効果をもたらす行為であるた

め，当事者本人がそれを行う場合には訴訟能力が必要とされ，被保佐人，被補助人または後見人その他の法定代理人による場合には，本人・後見監督人等の特別授権（32条2項1号）が，訴訟代理人による場合には本人の特別委任が必要とされる（55条2項2号）。なお，確定判決と同一の効力が認められるとはいえ，一般的な訴訟要件をすべて備えている必要はないと考えられている。

┃ (3) 手 続

　裁判所は，訴訟がいかなる程度にあるかを問わず和解を試みることができる（改正前89条，改正後同条1項）。原則は期日に当事者が出席して行われるが，そのほかに，裁判所から提示された和解条項を当事者が受諾する**書面和解**の制度（264条），当事者の共同の申立てにより裁判所が事案に適切な和解条項を定める**裁定和解**の制度（265条）もある。なお簡易裁判所では，当事者間に事実関係について争いがない金銭支払請求事件で，裁判所が，まるで和解のように，分割払などを命ずる決定をすることができる。この**和解に代わる決定**（→第**6**章⇒266頁1）は，当事者から異議があれば失効するが，なければ裁判上の和解と同一の効力を有する（275条の2）。

　和解は口頭弁論と違い，厳格な手続ルールが存在せず，和解が成立すれば，それに至る手続は二の次にされやすい。和解は通常，法廷でなく和解室や準備室など傍聴人の入れない部屋で行われる。なお，令和4年IT化改正により，当事者の意見を聴いて，電話会議や**ウェブ会議**での和解も可能となった（89条2項〔新設〕）。また実務では，裁判所が当事者の一方を退席させ，他方からのみ話を聴き出すというスタイル（**交互面接方式**）で実施される場合が多い。このような方式は，法廷と異なるリラックスした雰囲気により当事者に話しやすくさせるというメリットがあり，裁判官としては当事者の本音を引き出しやすく，感情的対立も避けることができて便利な面もあろう。しかし，退席した当事者にしてみれば，自分の反論できない場で相手が何を話しているかわからないし，裁判所が当事者ごとに異なる心証を示して和解に至るよう操作しているのではないかなどといった不信感を抱くおそれがある。さらに民事の訴訟で重視すべき当事者の自治を損なう，当事者が裁判所に依存する不透明な手続となっているのではないか。そこで学説からは，やはり和解においても両当事者

が立ち会うスタイル（**対席方式・同席方式**）を採用すべきとの批判がある。

⑷ 効 力

　和解の成立や請求の放棄・認諾が調書に記載されたときは（令和4年IT化改正により導入される電子調書ではファイル記録時），その記載（記録）は確定判決と同一の効力を有する（改正前267条，改正後同条1項）。つまり和解により訴訟終了の効力が生じ，和解や請求認諾のうち給付条項部分については強制執行ができるし（**執行力**。民執22条7号），形成条項には形成力が生じる。

　争いがあるのは，請求の放棄・認諾（→本章第1節**2**⑶）で前述したとおり，^{⇒171頁}紛争の蒸し返しを禁ずる効力（**既判力**→本章第3節**2**）^{⇒188頁}を認めるかどうかである。もし認めると，当事者は後に，和解が錯誤によってなされたなどといった主張ができなくなり，**再審事由**（338条1項）が認められる場合にしか和解の効力を争えなくなるが，それでよいか，問題とされてきた。結論として，当事者は再審の方法でしか争い直せないとすれば硬直すぎる。和解や訴えの取下げ，請求の放棄・認諾によりいったんは訴訟が終了した後も，当事者は再審以外の方法で訴訟ができると考える必要がある。このことに異論はない。そこで和解などの覆しを認めるため，和解の根拠は当事者の意思である以上その瑕疵がある場合は効力がない，特に請求の放棄・認諾には裁判所の内容的審査を欠くといった理由づけをして，既判力を全面的に，あるいは場合により否定する学説が多い。ただし和解などの争い直しを認めるために既判力を否定する必要があるかどうかは，既判力自体の考え方にもよると思われる。そこでさしあたりは，和解などが行われた後に当事者がその内容や効力を争う場合について検討していこう。

⑸ 和解の争い直し

　訴訟が終了した場合でも，当事者が和解などにつき代理権欠缺による無効，錯誤，詐欺による取消しや事情の変更を主張して，訴訟で争い直そうとすることがある。たとえば「原告が支払を求めている1000万円のうち，被告は現金で400万円を支払う，残りは600万円相当の絵画で代物弁済する」との和解が成立したとする。この場合に被告が支払や引渡しをしようとしないとき，原告

は和解内容どおり強制執行をすることもできる。けれども，和解が成立した経緯とその後の事情を考慮して当事者間の公平を図るために必要ならば，再審事由に限られず，和解の無効や事情変更による和解の解除を主張することが認められてよい。

　そして，それらを主張するための方法，手続としては，①**期日指定申立て**（93条1項→第**2**章第**2**節**4**(3)(a)）^{⇒112頁}をして和解前の訴訟手続を復活させる方法と，②和解無効確認訴訟や原告による再度の支払請求，被告による請求異議といった新たに訴訟を提起する方法の，大きく分けて2つがある。これらにつき，和解の無効・取消しの場合には訴訟上の和解の効力がなくなり，訴訟終了効も消滅して訴訟が復活するから期日指定申立ての方法によるべきだが（最判昭和33・6・14民集12巻9号1492頁〈百選88〉），和解成立後の事情変更による解除の場合には，訴訟は復活せず，新訴を提起すべき（上記設例類似の事案につき最判昭和43・2・15民集22巻2号184頁〈百選89〉）と，無効や取消しの場合と解除の場合の主張方法を区別する考え方もある。

　しかし，上記の場合分けによる主張方法の区別をせず，当事者が手続方法を選択できると考えてよいのではないだろうか。期日指定の申立ては，それまでの訴訟の状態を利用することができるし，申立手続が簡便である。また上記の例で，被告による債務不履行の判断の前提として和解条項の解釈が必要な場合などには，和解に関与した裁判官のもとで手続を復活するのが適切であろう。一方，和解後の事情が主な争いとなる場合には，新訴を提起するほうが三審級を保障されるという利点がある。これらの長所・短所を踏まえて具体的な状況のなかで手続を選択するのは，当事者に任されてよい。上記の従来の判例も，当事者のなした主張方法をあえて否定せず，受容したと見ることもできる。

CHECK

1　訴えの取下げ，請求の放棄・認諾の要件と手続につき整理しなさい。^{⇒174頁}
2　当事者間に本節**3**(5)の内容の和解が成立したが，①被告が代物弁済をしない場合に原告としてはどのような手続をとればよいか。和解につき争い直すことはできるか，できるとしてどのような方法をとればよいか。②控訴審において上記の内容で，裁判外の和解がなされたため，原告が訴えを取り下げたが，被告が履行

しない場合は原告はどのような手続をとればよいか。

 2 終局判決による訴訟の終了

　本節では，判決により訴訟が終了する場合について検討していこう。判決のうち，訴訟をその審級につき終了させるものを終局判決という。一方で，判決には訴訟を終了させないものもあるし，終局判決にはいくつかの分類がある。ここでは判決の種類をまず押さえよう。

　処分権主義は，前節でも見たとおり，判決の場面にも当てはまる。処分権主義の②として，訴訟のテーマ（訴訟物）を決めるのは当事者であり，裁判所は当事者が申し立てていない事項について判決をすることはできない（申立事項＝判決事項）。そこで，このルールが問題となる事例を使い，**2** で具体的に考えてみよう。

　最後に，判決は公開法廷で言い渡されることによって効力を生じるから，その前提となる判決書の様式を確認したうえで，判決の言渡しの方法について **3** で見ておく。

1　判　決

(1)　裁　判

　民事訴訟において**裁判**という言葉は，判決だけでなく決定や命令という裁判所の訴訟行為を意味する，裁判機関（裁判所または裁判官）の示す判断行為または意思表示である。

判決は，原則として口頭弁論に基づいてなされる裁判所の判断である（**必要的口頭弁論の原則**。87条1項本文。例外78条・140条など→**第2章第2節1**^{⇒92頁}）。判決の内容は，その前提となる口頭弁論に関与した裁判官によって確定されなければならない（**直接主義**。249条→**第2章第2節1**(3)(d)^{⇒95頁}）。判決に対する不服申立方法は，基本的に控訴，上告である。

これに対し，**決定・命令**は，手続上の派生的付随的事項（例，17条・199条・223条）について機動的に決するために用いられる裁判である。決定は裁判所の裁判であるのに対して，命令は裁判官が裁判長や受命裁判官などの資格で行う裁判である。その前提として口頭弁論を行うかどうかは裁判官の裁量に委ねられるので大抵は審尋が行われ（87条1項ただし書・2項），不服申立方法も基本的に抗告である。

(2) 判決の種類

(a) 終局判決と中間判決

原告の提示した訴訟物について審理が行われ，訴訟が裁判をするのに熟した状態に達すると，裁判所は終局判決により判断を下す（243条1項）。**終局判決**とは，訴訟の全部または一部をその審級につき終了させる効力を持つものをいう。なお，当事者が口頭弁論期日に欠席するなどの**不熱心な訴訟追行**（→**第2章第2節3**(2)^{⇒108頁}）をした場合には，審理の現状を考慮して終局判決を下す方法が認められている（**審理の現状に基づく判決**。244条）。

以上に対し，**中間判決**とは，訴訟係属中に当事者間で争われた事項や訴訟上の先決事項について，終局判決に先立って判断を示す裁判である（245条）。中間判決がされると，その審級の裁判所も当事者もそれに拘束される。中間判決ができるのは，独立の攻撃防御方法について，中間の争いについて，請求原因についての3つの場合とされている。たとえば国際裁判管轄が争われている事件では，提訴された日本の裁判所に管轄があるという中間判決を先に出すことにより，本案の審理に進みやすくすることができる（逆に管轄がなければ，国内事件と違い，すぐに却下判決で終わる）。国際裁判管轄などの訴訟要件についての判断をする場合は，中間の争いの例である。請求原因についての争いの例としては，損害賠償請求訴訟で賠償額の争いの前に，賠償義務があると宣言する中

間判決（原因判決という）を出すことが挙げられる。中間判決に対しては独立して控訴や上告などをすることは認められず，終局判決に対する控訴や上告などを通じて終局判決と一緒に上級審の判断を受けることになる（283条本文）。

(b) 全部判決と一部判決

終局判決が事件を完結する範囲による区分である。**全部判決**とは，同一訴訟手続で審判される事件の全部を同時に完結する判決，**一部判決**とは，その事件の一部のみを完結する判決である（243条2項3項）。たとえば1つの損害賠償請求のうち被告が争っていない一部や，併合された複数の請求の一部について，裁判をするのに熟した場合に一部判決をすることができる。残部については後に残部判決をする。ただし，一部と残部の間に密接な関係がある場合（たとえば予備的併合の主位的請求棄却→第**4**章第 ¶ 節**1**(3)(b)） ⇒210頁 には一部判決をすることは許されない。それぞれが控訴や上告されると一部判決と残部判決との間に矛盾が生ずるおそれがあるからである。

(c) 訴訟判決と本案判決

終局判決のうち，本案（請求の中身）に入らないで下す判断が**訴訟判決**，本案に入ってその当否について示す判断が**本案判決**である。本案判決は，原告の請求を認める**請求認容判決**か，逆に認めない**請求棄却判決**に分かれる。

原告が訴えを提起して訴訟が係属すると，被告は訴訟に引き込まれ，裁判所は審理に入っていくが，なかには，そもそも本案に立ち入って（審理し）判決するまでもない訴えもある。試験の答案を採点する（＝本案の判断）以前に，その科目の履修登録をしていない，その大学の学生でないなど，受験や受講資格がないのと似ている。このような場合，裁判所が本案に入って判決する前提要件（**訴訟要件**）がないから，訴えを取り上げないという意味で門前払いの判決をする。この判決を**訴え却下判決**といい，上記の訴訟判決にあたる。

訴訟要件にはさまざまなものがあり，統一的な規定はない。そこで一般的には，次の3つの観点から訴訟要件の主なものを分類している。なお，以下の訴訟要件は，その存在が要件となる積極的訴訟要件と，不存在が要件となる消極的訴訟要件に分かれる。

① 裁判所に関するものとして，事件（当事者および請求）が日本の裁判権に服すること，訴え提起された裁判所が事件につき**管轄権**を持つこと（ただし，

事物および土地管轄が認められない場合，訴え却下ではなく管轄違いによる移送。16条→第1章第3節**4**）^{⇒66頁}。

　②　当事者に関するものとして，当事者が実在すること，当事者が**当事者能力**および**当事者適格**を備えていること（→第1章第2節**2**）^{⇒44頁}。

　③　請求に関するものとして，請求が特定されていること（→第1章第1節**1(4)(a)**^{⇒32頁}，**訴えの利益**があること（→第1章第1節**2**）^{⇒35頁}，同一事件がほかの裁判所に係属していないこと（**重複訴訟禁止**。142条→第1章第4節**3(1)**)^{⇒80頁}，訴え取下げ後の**再訴禁止**（262条2項）に触れないこと（→第3章第1節**1(3)**)^{⇒169頁}。

　提起された訴えに訴訟要件が備わっているかどうかは，公益の要請から，当事者に指摘されなくとも裁判所が調べるべき事項（**職権調査事項**）とされ，その判断に使う資料の収集も裁判所が行う原則（**職権探知主義**）を採るものとされてきた。しかし実際には訴えを却下してほしい被告が訴訟要件につき指摘するし，被告が指摘しなければ問題とならない事項（**抗弁事項**）もある。たとえば訴訟費用の担保が必要な場合に担保提供がされていないこと（75条4項），事件について仲裁合意が存在すること（仲裁14条→序章第1節**(2)**)^{⇒4頁}は，抗弁事項にあたる。また公益性の強くない要件に関しては職権探知でなく，当事者が資料収集の責任を持つ**弁論主義**（→第2節第2節**2(1)**)^{⇒98頁}を採るべきとする考え方が強くなっている。

　なお，一般に，訴訟要件は本案判決要件とされており，上記の管轄，当事者が適時に提出すべき抗弁事項を除いて，訴えの提起時に備わっていなくとも，本案判決の基礎となる資料が提出される最終時点である事実審の口頭弁論終結時までに充足すればよいとされている。しかしこれに対し，上記の抗弁事項はいわば本案審理要件である。つまり，担保提供命令の申立てをした被告は，原告が担保を立てるまでの間，本案の弁論に入らずに済み，裁判所がこれを無視して本案の審理を進めることはできない（妨訴抗弁）。妨訴抗弁と抗弁事項は異なる概念であるが，2つは重なる。

　では，裁判所が，訴訟要件の存否につき判断できないうちに，本案について請求棄却の心証を持った場合，訴訟要件調査が済む前に棄却判決をしてよいか。訴訟要件が本案判決要件であるとすれば，これはできないはずであるが，有力な反対説がある。訴訟要件の調査は本案の調査と並行して行われるので，訴訟

要件の調査が終わらないうちに請求に理由がないことが明らかになる場合はある。訴えの利益や当事者適格のように，被告を無益な訴訟から保護することを目的とする訴訟要件であれば，基本的に，裁判所は訴訟要件の認定以前に，直ちに請求棄却判決をしてよいだろう。ただし，重複訴訟の禁止など，棄却判決を先にしてしまうと，別訴との手続調整ができないまま既判力が衝突するおそれが生じるといった問題が生じる場合も考えられる。訴訟要件一般に論じるのでなく，各訴訟要件ごとに検討する必要がある。

2 申立事項＝判決事項 ●

(1) 申立てによる判決拘束

　民事の訴訟は当事者が自由に処分できる原則（**処分権主義**）が妥当するから，当事者が訴訟の開始（処分権主義①→第1章第1節1(1)）と終了（同③→本章第1節）を決めることができるのと同様に，その審理・裁判の対象と範囲を決めることもできる。処分権主義②からは，当事者が申し立てていない事項について，裁判所は判決することができないという決まり（**申立事項＝判決事項**。246条）が導かれる。たとえば，原告が1000万円の支払を求めているときにそれを超える額の支払を命じる判決をしたり，原告が土地の所有権確認を求めているのに建物まで権利関係を確認したり，明渡しまで命じてしまうことは許されない。このような判決を認めると，当事者の自治に不当に干渉することになり，当事者に予測しない結果（不意打ち）を与えてしまうからである。したがって，申立事項＝判決事項のルールは，請求が棄却された場合の不利益の上限を決める権能を原告に認めるとともに，請求が認容された場合の不利益の上限を被告に知らせるという機能を持つ（→第1章第1節1(4)）。

　なお，例外的に，当事者による申立てに裁判所が拘束されないとされている場合として，いわゆる**形式的形成訴訟**（→第1章第1節1(2)コラム）がある。そのうち境界確定訴訟は，判例・通説によれば隣接する土地の公法上の境界を定める目的を持つことから，原告が請求の趣旨において特定の境界線を掲げる必要がなく，当事者が特定の境界線を示しても裁判所はこれに拘束されないとさ

れる。しかしこれに対しては，この訴訟はあくまで私人間の所有権争いである
から処分権主義の適用を認めるべきとの反対説がある。少なくとも，当事者に
公法上の境界についての処分権がないからといって，当事者が争っている範囲
の外に境界線を引くことは，当事者に不意打ちを与え，不当と考えられる。

▍(2) 申立範囲の判断指標 ▍

　では，どのような判決なら当事者による申立ての範囲内と認められ，裁判所
が判決できるのか。その範囲・限度は一般的に，原告の申立てと質的に異なら
ないか，量的に多くないかという観点から，訴訟物，判決の仕方，量的範囲の
3つの面で検討される。

　まず，原告の申し立てた訴訟物でない権利関係についての判決は許されない。
たとえば貸金返還請求の訴えで，原告の申し立てたのとは別の貸金債権がある
と裁判所が認定し，別口債権の支払判決をすることは許されない。当事者には
主張・立証の機会がなかったからである。また，原告が医療ミスを主張する損
害賠償請求で，新訴訟物理論（→第 1 章第 1 節 1 (3)(b)）によれば，不法行為に基
づく請求の申立てに対し債務不履行に基づいて請求を認容することが許される
が，旧訴訟物理論では原告が訴えを変更しない限り民訴法 246 条違反とされる
ことになる。なお，交通事故の被害者が加害者を被告として損害賠償請求訴訟
を提起している場合，治療費，逸失利益，慰謝料といった費目ごとに別の訴訟
物であると考えて 246 条を適用することはしない。審理の結果，裁判所が慰謝
料につき申立てより多い額を認定したとしても，損害賠償請求の訴訟物は全体
で 1 個と考え，総額が申立ての量的範囲を超えない限り，246 条に反しないと
されている（最判昭和 48・4・5 民集 27 巻 3 号 419 頁〈百選 69〉）。

　次に，判決の仕方として，原告が給付の訴えをしているときは裁判所はそれ
に拘束され，確認判決をするといった申立てと異なる判決の仕方をとるのは許
されない。第 3 に，申立ての量的範囲を超えて 1000 万円支払えとの訴えに
1500 万円の認容判決をすることも許されない。これに対し，800 万円の支払を
命じるのは，次に見る**一部認容判決**として認められる。

(3) 一部認容判決

　裁判所が，当事者の申立ての範囲内であればその一部を認容する判決ができるのは，原告は一部でも認容判決を欲していると考えられ，被告にも不意打ちにはならないからである。なお，ここで説明する一部認容判決を，全部判決に対する一部判決（→本節 1 (2)(b)）や一請求（→第 1 章第 1 節 1 (4)(c)）に対する判決と混同しないように注意してほしい。

　どのような場合が申立ての範囲内として一部認容判決となるかについては，判断が難しい場合もあるところ，以下のような問題につき一部認容判決を認めた判例がある。

　原告が，自分の所有する建物を占有する被告に対し明渡しを求める際に，正当事由（借地借家 28 条）を認められるために立退料を提示して「立退料 300 万円と引換えに建物を明け渡せ」という訴えを提起したとする。裁判所が 500 万円の立退料が必要と認定したときに原告の負担を増やす 500 万円の**立退料と引換えの明渡判決**をすることは，原告が申立てと格段相違のない一定範囲内で裁判所の決定する金員を支払う意思があることから一部認容判決として許される（最判昭和 46・11・25 民集 25 巻 8 号 1343 頁〈百選 70〉）。逆に，立退料を 100 万円としたり，無条件の明渡しを命ずる判決は民訴法 246 条に反する。

　原告が特定の債務について「150 万円を超えては存在しない」との**債務不存在確認の訴え**をしたところ，審理において残債務が原告の申立額を超えていると判明した場合，裁判所は単に請求を棄却するのでは足りない。判例によれば，この場合の申立ての範囲（訴訟物）は貸金債権額から原告が残存を自認する額を控除した残額金の債務額の不存在確認であるから，債務は「200 万円を超えては存在しないことを確認する」といった残債務額を明確にする判決をすべきとされる（最判昭和 40・9・17 民集 19 巻 6 号 1533 頁〈百選 71〉）。

　原告が，自分が債権を持つとする債務者が死亡したので，その相続人に対して支払請求訴訟をしたとき，被告の**限定承認**（民 922 条）の抗弁を認めて「相続財産の限度で支払え」と判決することは，責任財産の範囲を限定する意味で，一部認容判決とされる（最判昭和 49・4・26 民集 28 巻 3 号 503 頁〈百選 80〉）。

　このほか，原告の金銭支払を求める給付の訴えにつき，裁判所が，支払期限

はまだ到来していないと認定する場合，同じ給付の枠内で現在給付の訴えに対し将来給付判決（→第１章第１節**2(2)**）^{⇒36頁}をすることができるかについては説が分かれているところ，期限未到来で棄却判決をするよりも，訴えの利益が認められる限り一部認容として将来給付判決を認めるのが多数説である。また，損害賠償請求で一時金による支払が求められているのに対し**定期金による支払**を命じる判決（→本章第３節**3(2)**コラム）^{⇒193頁}ができるか（その逆も）といった議論がある。否定判例（最判昭和 62・2・6 判時 1232 号 100 頁〈百選 A22〉）があるが，裁判例（東京高判平成 15・7・29 判時 1838 号 69 頁〈百選（5 版）A25〉は肯定・学説も両説に分かれている。

　なお，ここまでは原告の申立範囲ばかりに注目してきたが，それだけでなく，被告はそれを主張しているかなど，その後の審理過程で両当事者が十分に主張・立証したかにも目を向けて，246 条に反しないかどうかを判断する必要がある。これは処分権主義とともに**弁論主義**にも関わる視点になるが，当事者に不意打ちを与えない判決をするにはここまで配慮すべきであろう。

3　判決の言渡し ●

(1)　判決の様式

　判決に際しては，原則として判決書が作成されるところ，令和 4 年 IT 化改正により，書面による判決書から電子判決書となる（改正前 253 条，改正後 252条。以下，電子判決書を含めて単に「判決書」とする）。判決書の必要的記載事項のうち重要な部分を簡単に見てみよう（改正前 253 条，改正後 252 条）。まず，**主文**とは，訴えに対する応答の結論であり，訴状における**請求の趣旨**に対応する。訴えに訴訟要件が欠けているなどの理由で不適法な場合は「本件訴えを却下する」，原告の請求に理由がない場合には「原告の請求を棄却する」という主文となる。請求に理由がある場合には，内容に対応して，「被告は原告に対して金〇円を支払え」などといった文言となる。次に，事実と理由の部分は訴状の請求原因に対応する。事実の記載は，請求（訴訟物）を明らかにし，かつ主文が正当であることを示すのに必要な限度でする。**理由**は，事実について裁判所

が形成した心証および法適用に基づいて主文の結論を導いた過程を示す。この部分は敗訴当事者が納得するか，それとも控訴（や上告など）するかに影響する重要な部分である。口頭弁論の終結の日は，後述の，判決が確定したときの効力，既判力の基準時（→本章第３節**3**(1)）^{⇒190頁}として重要な記載となる。

☝ 終局判決に付随する裁判

　このほか，判決の主文には，付随する裁判も記載される。**訴訟費用**（→第１章第４節**1**(3)コラム）^{⇒75頁}を誰が負担するのか，その負担割合を定める裁判は，原則として，終局裁判で職権でなされる（67条１項）。具体的な費用額の確定は，当事者の申立てにより裁判所の書記官の処分として行われる（71条１項）。

　財産権上の請求に関する判決の場合，必要に応じ，判決の主文で仮執行の宣言が付される（259条４項）。**仮執行宣言**とは，まだ控訴や上告などの余地があって確定していない給付の終局判決で強制執行ができる効力（**執行力**）を与える裁判である。給付判決は確定してはじめて執行力を持つのが原則であるが，敗訴者がとりあえず控訴して執行を避ける事態を防ぐため，未確定の判決でも執行力を付与できることにして，両当事者の調整を図っている。

⑵　判決の言渡し

　判決は，言渡しによってその効力を生ずる（250条）。判決の言渡しは，口頭弁論終結の日から２か月以内に実施される口頭弁論期日で（251条１項），判決書の原本（電子判決書）に基づいてなされるのが原則である（改正前252条，改正後253条１項）。ただし，被告が口頭弁論において原告の主張を争わず何も防御方法を提出しない場合などに請求を認容するときは，裁判官は判決書を作らずに裁判所書記官が作成する調書を判決書の代わりとし，これによって判決を言い渡すことができる（**調書判決**。254条）（電子調書→第２章第２節**1**(1)^{⇒93頁}。以下，単に「調書」とする）。少額訴訟の場合も，口頭弁論終結後すぐに判決するため，調書判決が用いられる（374条）。

　判決書またはこれに代わる調書は当事者に**送達**される（255条→第１章第４節**2**)^{⇒76頁}。送達は当事者に判決内容を確実に知らせて，控訴などをするかどうかを判断する機会を保障する。判決に対する**控訴・上告期間**は，当事者が判決書また

令和4年9月□日判決言渡　同日判決原本領収　裁判所書記官　○○
令和3年（ワ）第15151号　騒音防止等請求事件
口頭弁論終結日　令和4年7月△日

判　　決

東京都足立区○○1丁目2番102号
原告　　X
上記訴訟代理人弁護士　A
東京都足立区○○1丁目2番202号
被告　　Y
上記訴訟代理人弁護士　B

主　　文

1　被告は，原告に対し，被告所有の別紙物件目録1記載の建物から発生する騒音を，同原告が所有する同目録2記載の建物内に，午後9時から翌日午前7時までの時間帯は40dB（A）を超えて，午前7時から同日午後9時迄の時間帯は53dB（A）を超えて，それぞれ到達させてはならない。
2　被告は，原告に対し，70万円及びこれに対する令和3年10月○日から支払済みまで年3パーセントの割合による金員を支払え。
3　被告は，原告に対し，令和3年10月○日から令和4年7月△日まで，1か月2万円の割合による金員を支払え。
4　本件訴えのうち，令和4年7月△日以降，請求の趣旨第1項記載の騒音停止に至るまで，1か月2万円の割合による金員の支払を求める部分は，これを却下する。
5　原告のその余の請求（ただし，主文第4項の部分を除く）を棄却する。
6　訴訟費用は，これを4分し，その3を被告の負担とし，その余を原告の負担とする。
7　この判決は，主文第2項及び第3項に限り，仮に執行することができる。

事　実　及　び　理　由

第1　請求の趣旨
1　被告は，原告に対し，被告所有の別紙物件目録1記載の建物から発生する騒音を，原告が所有する同目録2記載の建物内に，40dB（A）を超えて到達させてはならない。
2　被告は，原告に対し，72万1000円及びこれに対する訴状送達の日から支払済みまで年3パーセントの割合による金員を支払え。
3　被告は，原告に対し，訴状送達の日から請求の趣旨第1項記載の騒音停止に至るまで，1か月2万円の割合による金員を支払え。
4　訴訟費用は被告の負担とする。

第2　事案の概要　（以下，略）

東京地方裁判所民事第○部　　裁　判　官　　□□　　印

東京地判平成24・3・15判時2155号71頁を基に作成。
第一審判決：抽象的不作為につき請求認容，将来給付につき訴え却下。

はそれに代わる調書の送達を受けた日から起算される（285条・313条）。

　判決が言渡しによって成立すると，判決をした裁判所自身もこれに拘束され，判決を自由に取り消したりできなくなる。これを自己拘束力ないし自縛性という。ただし例外として，裁判所は，判決に計算違いや書き損じなどの表現の明白な誤りがあれば，決定によりいつでも訂正できる（257条）。また，判決の言渡し後，裁判所が自ら法令違反に気づいたときは，言渡し後1週間以内に限ってこれを変更する判決ができる（256条1項）。控訴等によって生じる上級審および当事者の負担軽減を図ったものといえるが，あまり利用されていない。

CHECK

1　訴訟要件とは何か，いくつか具体例を挙げて，訴訟要件の審査の特性を整理しなさい。
2　申立事項に関する民訴法246条の原則とはどのようなもので，なぜ認められているか。この原則が問題となった判例をひとつ挙げて，判例の立場を整理したうえで，246条違反となる場合とならない場合（一部認容）を具体的に論じなさい。

3　判決の効力

　本節では，民事訴訟法学において重要問題とされてきた判決の効力について学ぼう。このうち重要なのは，判決の言渡しによって生じる効力よりも，その後，判決が控訴や上告などで取り消されたり変更されたりする余地がなくなった場合の効力である。このような変動しない状態になった判決を確定判決と呼ぶ。そこでまず判決の確定につき

整理し，確定判決の効力の３種類を確認する。

　確定判決の効力のうち，最も重要なのは，既判力と呼ばれる，紛争の蒸し返しを禁じる効力である。そこで本節では特に既判力に焦点を絞って，それはどのような効力なのか，その作用の仕方や場面について基本を押さえる。さらに，既判力が及ぶ範囲につき，どの時点のことなのか，どのような事項（客体）に生じるのか，誰（主体）に及ぶのかという３側面に分け，各範囲につき順に学んでいこう。

1　判決の確定

　判決がいったん言い渡されると，判決をした裁判所自身，自由に撤回したり変更したりできなくなる（自己拘束力。256条・257条→本章第 ② 節 **3**(2)）。判決を取り消すには当事者が控訴や上告など（まとめて**上訴**と呼ぶ）をする必要がある。上訴をすることができなくなったとき，判決が確定したという（**確定判決**）。

　上訴が許される判決に対して上訴期間内に上訴が提起されれば，判決の確定は遮断される（116条2項）。当事者が上訴しなかったときは，上訴期間が満了したときに判決は確定する。上訴の許されない判決，たとえば上告審の判決は，その言渡しとともに確定する。

　この確定判決の内容に認められる本来的な法的効力として，既判力，執行力，形成力がある。復習も兼ねて訴えの種類（→第1章第 ① 節 **1**(2)）に対応させて，ここでまとめておこう。まず，給付の訴えが認容されて（給付判決という）確定した場合，強制執行ができる資格（**執行力**）が付与される。強制執行を開始する資格を示す文書を債務名義と呼び（民執22条），確定した給付判決をはじめ，給付の内容を持つ和解や認諾の調書（267条→本章第 ① 節 **2**(3)，**3**(4)）もこれにあたる。なお，判決の確定前であっても，仮執行宣言（259条4項→本章第 ② 節 **3**(1)コラム）の付いた給付判決は債務名義になる。

　次に，形成の訴えが認容されて（形成判決）確定した場合にだけ，判決が宣言したとおり新しい法律関係を作り出す効力（**形成力**）が生じる。離婚判決による離婚，株主総会決議取消判決による取消しなどがこれにあたる。

　このほか，訴えの種類にかかわらず認容判決であろうと棄却判決であろうと，

訴え却下判決も含めてこれらすべてが確定した場合には，訴訟当事者と裁判所はその確定判決で示された判断に拘束され，後の訴訟で同じ問題を蒸し返すことを禁じられる。この基本的かつ重要な効力を**既判力**と呼ぶ。

2 既判力とは何か──紛争の蒸し返し禁止効 ─────●

▌(1) 既判力の意義・根拠 ▌

既判力とは，判決が確定した場合に生じる，訴訟当事者および裁判所に対する拘束力，通用性のことである。より簡単にいえば，字のとおり，既に判決されたことによる効力であり，当事者間で行われた訴訟で決まったことは，基本的に同じ当事者間で再び蒸し返すことを許さない効力である。既判力はそれが生じた訴訟（前訴と呼ぶ）ののち，それと関係の深い訴訟（後訴と呼ぶ）が提起されてはじめて，前訴の訴訟物として審理・判断された問題についてはすでに争い済みであるという意味で作用する。たとえば原告からの被告に対する土地の賃借権の確認請求を棄却する判決が確定した場合，この賃借権は存在しないという判断と矛盾・抵触する主張を蒸し返して，原告が被告に同じ賃借権を確認する訴訟を提起することは基本的にできないし，しても前訴の判断に拘束されて棄却判決が出る。

既判力によって当事者および後訴裁判所はなぜ拘束されるのか。この根拠論には，大きく分けて，裁判制度に重点を置く立場と当事者に重点を置く立場がある。前者は，仮に既判力が認められないとすれば同一事項についての訴訟が際限なく繰り返され，訴訟制度の役割が果たせないとして，紛争解決という制度目的を重視する。これに対し，後者によれば，当事者は訴訟の手続で対等に弁論し訴訟追行する権能と機会を保障された以上，その結果は勝訴であれ敗訴であれ自己責任として受け入れなければならないというのが既判力の本質とされる。あえて対比的に表現すれば，既判力を，裁判所の判断に重点を置く制度的効力と見るか，当事者への手続保障を前提とした自己責任，手続的効力と見るかの違いといえる。

かつて既判力は制度的効力と見られてきたが，その後，既判力を正当化する

ため自己に不利益な判決の既判力を受ける当事者の立場が考慮されるようになり，手続保障と自己責任の観点のみで既判力を論じる学説も有力に主張されてきた。一般的には，制度的効力と当事者の手続保障の二本立てで既判力の根拠を説明する立場が多数と見られ，この領域の議論，個別問題の解釈において手続保障の観点は欠かせないものとなっている。

なお一般に，前訴の既判力が後訴に及んでいるかどうかは**職権調査事項**（→本章第②節**1**(2)(c)）とされ，当事者が援用しなくても裁判所が職権で指摘して判決の基礎にできるとされている。
⇒179頁

┃ (2) 既判力の作用の仕方 ┃

このような既判力の作用は，前訴の訴訟物の存否判断と矛盾・抵触する当事者の主張は後訴で排斥されるという側面（**消極的作用**）と，その結果，前訴の判断を前提として後訴の裁判所も審理し判決することになるという側面（**積極的作用**）に分けられる。積極的作用は，個々の攻撃防御方法（主張・立証）レベルで，もはやその事項は取り上げないという消極的作用から導かれるといってよい。当事者の立場からいえば，前訴の訴訟物に対する判断に矛盾・抵触する主張をすることは許されない。これを**遮断効**と呼ぶ。

既判力は後述のように，原則として，判決主文の判断，すなわち訴訟物に対して生じる（114条）。これまで一般に前訴確定判決の既判力が後訴に作用すると認められてきたのは，前訴と後訴の訴訟物が，次の3つの関係にある場合である。

①　後訴の訴訟物が前訴の訴訟物と同一の場合

たとえば，XがYに対する土地の賃借権や所有権の確認訴訟で敗け，請求棄却判決が確定した後に，再度XがYに対して同じ訴えを提起した場合，前訴で出したあるいは出すべきだった主張はすべて既判力により遮断され，後訴では出せない。その後，YからXが改めて借りた，買い受けたなどの新事実をXが主張しない限り（**既判力の基準時**については→本節**3**(1)），後訴の裁判所は前訴確定判決の既判力ある判断に従って，再びXの請求を棄却する判決をしなければならない。
⇒190頁

②　前訴の訴訟物が後訴の訴訟物の先決問題である場合

たとえば，XがYに対し土地所有権確認訴訟を提起し，認容の確定判決を

得てそれが確定した後で，X が Y に所有権に基づき土地の明渡しを請求する訴えを提起したような場合がこれにあたる。訴訟物は前訴では X の土地所有権，後訴では所有権に基づく返還請求権としての土地明渡請求権で同一ではないが，X の土地所有権（前訴の訴訟物）が後訴の訴訟物に関する判断を導く前提，先決問題となっている。そこで前訴判決の既判力により，当事者は前訴の訴訟物を争い直す攻撃防御方法（主張や証拠など）の提出は遮断され，後訴の裁判所は，前訴認容判決で X に土地所有権があるとされたことを前提に，後訴の請求に固有の争点について審理し判決をすることになる。

③　後訴の訴訟物が前訴の訴訟物と矛盾する場合

X の Y に対する土地所有権確認訴訟で認容判決が確定した後に，今度は Y が X を相手に，同じ土地が Y の所有であることの確認を請求した場合がこれにあたる。訴訟物は前訴では X の所有権，後訴では Y の所有権であって同一ではなく，先決問題でもないが，少なくとも XY 間では，いったん X の所有と決まった土地が Y の所有ではありえないとして，Y は前訴で出した，または出すべきだった攻撃防御方法を後訴で既判力により遮断される。

3　既判力の時的限界

(1)　既判力の基準時

既判力は蒸し返しを禁じ再審理を許さない強力な効力であるので，その範囲・限界を明確にしておく必要がある。既判力が生じる範囲は伝統的に，どの時点（時的限界）の，どのような事項（**客観的範囲**。114条）に生じるかと，誰に及ぶか（**主観的範囲**。115条）という３つの側面に分けて論じられてきた。民事訴訟法で「客観的」というのは訴訟物などの客体，「主観的」とは当事者といった訴訟主体を意味する。まずは時的限界から見よう。

既判力には基準時がある。たとえば，「被告 Y は原告 X に金 1000 万円を支払え」との判決が出て確定したとしても，その後に Y が弁済すると，X はその判決に基づいて支払えとはもはやいえなくなるはずである。既判力を持つ判決は，ある時点で当事者間の紛争を調整する基準となるが，私法上の権利関係

はいったんその存否が確定されても，その後の事情によって変更する可能性があるので，どの時点を基準にして当事者間の関係が決められたものか，明確にしておかなければならない。この時点を**既判力の基準時**（**標準時**）といい，事実審の口頭弁論終結時とされている。なぜならば，判決の前提として当事者は事実審の最終口頭弁論期日まで攻撃防御方法（主張・証拠）を提出できるので，当事者が手続を保障され，既判力に拘束される理由があるのも，その時点までに限られるからである（既判力の根拠→本節**2**(1)）。したがって，当事者は，基準時である事実審の口頭弁論終結後に生じた事由なら，それを持ち出して判決内容を争うことができる（民執35条2項）。具体的には，上の例で認容判決が出て確定すると，Yがその基準時前に既に弁済していたとして，Xに対して債務不存在確認訴訟や，強制執行をやめさせる**請求異議訴訟**（民執35条）を提起して，当該債務の存在を争うことは許されない。一般的には，当事者が前訴でその事由を主張したか，主張しなかったことに過失があったかを問わず，後訴は請求棄却となる。これに対し，Yが基準時後の弁済を主張する場合は，前訴の既判力に遮断されることなく，その事実が認められれば後訴裁判所は「執行を許さない」とする請求異議の認容判決をすることができる。

　ただし，既判力の基準時はそれほど絶対的なものではない。上の例で，たとえばY自身ではなくYと縁のある第三者がXにYの債務を弁済し，それをYは基準時前には知ることができなかったような場合，Yは前訴で主張することが期待できなかったという理由で，基準時前の弁済であっても既判力で遮断されないと考える立場が有力である。ほかに，基準時にはおよそ予測できなかった**後遺症**により基準時後に損害が拡大した場合にも，同様の理由づけで，後訴でさらに損害賠償を請求しても既判力には反しないとする学説もある。

(2)　基準時後の形成権行使

　問題は，基準時より前に発生していた**形成権**（取消権，解除権，相殺権など）が基準時後に行使された場合である。たとえば，土地の売買があったとして買主Yが売主Xに対して提起した土地所有権確認および所有権移転登記手続請求訴訟で，請求認容判決が確定したのち，Xがその登記の抹消登記手続を求める訴訟を提起して，売買契約につき詐欺による取消し（民96条）を主張した

とする。この場合，**取消権**の発生は基準時前，さらにいえば前訴以前であろう。形成権というのは，形成権者の意思表示を待ってその効力が生じるが，だからといって，Xは後訴を提起して前訴で主張しないでおいた取消権を基準時後に行使してよいか。前訴で行使できたのにしなかった取消権は，既判力によって遮断され，後訴でもはや主張できないとするのが判例（最判昭和55・10・23民集34巻5号747頁〈百選72〉）・通説である。

　一方，**建物買取請求権**（借地借家13条）については逆に，建物収去土地明渡訴訟で請求認容判決が確定した後でも，被告はそれを主張して請求異議訴訟を提起できる，とするのが判例（最判平成7・12・15民集49巻10号3051頁〈百選73〉）・通説である。このような結論の違いを判例・通説は，形成権の種類ごとに，実体法的性質を根拠に導いている。すなわち，取消権や解除権については，より重大な瑕疵である無効の主張が遮断されることとのバランスに加え，前訴の請求権と密着した関係にあり，上の例で取消しは売買契約に付着した問題であるから既判力による遮断を認める。これに対し，建物買取請求権や相殺権について遮断を否定するのは，前訴の請求権とは独立の権利であると理由づけられる。建物買取請求権なら借地人保護といった特別の社会経済的目的が強調される。しかし，より重要なのは，建物買取請求権や相殺権は，自分も損をする防御方法であって，前訴では主張しにくいという理由であろう。建物収去土地明渡しにおいて被告が建物買取請求権を主張すれば，明け渡してもいいと考えていると示すことになって，あくまで明け渡さないとする徹底抗戦にはなじまない。相殺も，相手の債権を認めたうえで自分の債権をなくすこととなり，取消権とは違い，原告に対し債務を負っていないとする被告にとって前訴で主張すべきと期待するのは酷であろう。そうすると既判力が及ぶかどうかの問題は本来，前訴で当事者がどのような争い方をしていたか，前訴で当該形成権を提出しておくべきであったか，後訴で争うことが公平といえるかを個別事件ごとに検討する必要があるのであって，形成権の種類による単なる抽象的な類型化では足りないと考えられる。

> **✊ 確定判決の変更の訴え**
>
> 　権利関係の存在が既判力によって確定されても，その後の事情変更によって既判力内容の修正が必要になる場合がある。損害賠償としては一時金賠償を命じるのが通常であるが，毎月いくら支払えというような形で**定期金賠償**を命じる判決がなされた場合（一時金申立てに対する定期金判決につき→本章第 2 節 ⇒183頁 **2**(**3**)），基準時後に損害額の算定基礎となった事情に著しい変更が生じたときは，給付額の増額または減額を請求するため，**確定判決の変更を求める訴え**（117条）が用意されている。典型的には，事故による身体障害に基づく将来の逸失利益・介護費用・入院費などを，基準時における将来の予測に基づいて算定した判決が，既判力をもって確定していても，基準時後に後遺症の程度，物価水準などが大きく変動し，もとの定期金額を維持するのが不相当となった場合には，今後の定期金に関わる部分に限って，既判力の拘束を解除し，新たに相当な定期金の額を定めることができる。この訴えは，口頭弁論終結前に生じた損害について定期金賠償が命じられた場合に関するものであり，不法占拠（参考として最判昭和 61・7・17民集 40 巻 5 号 941 頁〈百選 78〉）や騒音被害のような継続的不法行為の場合における将来発生すべき損害（**将来給付の訴え**。135条→第 1 章第 1 節 **2**(**2**)(b)） ⇒37頁 について定期金賠償を命じた判決を対象とするものではないが，有力説はその場合にも類推適用を認めようとする。

4　既判力の客観的範囲

(1)　既判力＝訴訟物

　判決で示される判断のうち，あらゆる部分に既判力が生じるわけではない。既判力が生じるのは，原則として判決主文に包含されるものに限られる（114条 1 項）。**判決主文**は，**訴訟物**（→第 1 章第 1 節 **1**(**3**)）に対応する。「被告は原告 ⇒29頁 に金 350 万円を支払え」「原告の請求を棄却する」といったように判決主文は簡潔であるから，主文に包含するもの＝どんな訴訟物であったかを請求の趣旨と原因によって判定する必要がある（訴訟判決の場合には，却下理由とされた訴訟要件にのみ既判力が生じる）。なお訴訟物理論における旧説と新説で訴訟物の範

囲が違ってくる事案では，旧説では既判力が及ばない範囲でも，新説では及ぶ場合が生じる。これに関しては**訴訟物理論**の箇所に譲る。

　たとえば，XがYに対し土地明渡請求訴訟を提起した場合，確定して既判力が生じる**客観的範囲**は，訴訟物である土地の明渡請求権の存否だけである。土地の所有権がXにあるかどうかが争いの核心であったとしても，それは**判決理由中の判断**にすぎないから，既判力は生じないのが原則であることに注意してほしい。所有権を理由にした明渡請求で所有権に関する判断に既判力は生じない。売買契約に基づく代金請求でも売買契約の有効性判断に既判力は生じない。これは一見おかしいが，過去の立法や学説の展開に基づく立法政策上の判断である。すなわち，訴訟物の判断についてしか既判力が生じないと定めておけば，当事者はそこに攻撃防御を集中させることができる。訴訟物以外の事項については判決理由中の判断だから後に訴えを起こして争うことができるとしておくことにより，理由とされそうな点をすべて徹底的に争い，審理しておく必要がなくなる。当事者にとっては自由な主張・立証が保障され，裁判所は攻撃防御方法の審理順序についても制約なく，結論を導くのに容易なものを柔軟に選択できる。一般的には，裁判所がその一時に取り上げた攻撃防御方法の判断に拘束力が生じてしまうのは，既判力を及ぼすほどの手続保障がなく，妥当でない。当事者が上の例で所有権についても既判力が必要なら，最初から所有権確認請求も併合しておくか（136条），途中から**中間確認の訴え**（145条）により所有権確認を追加することができる。

(2)　判決理由中の判断の拘束力

(a)　相殺の抗弁

　判決理由中でなされる相殺の判断については明文で既判力が認められている。すなわち，被告が相殺の抗弁を提出してそれが審理され，相殺に供した債権の存否について判断されたときは，相殺をもって対抗した額について既判力が生じる（114条2項）。たとえばXのYに対する1000万円の売買代金請求に対してYがXに対して持つ貸金債権800万円による相殺を主張し，相殺が認められて200万円の限度で請求認容判決が出た場合，反対債権の不存在について既判力が生じる。反対債権の存否は理由中の判断であるが，これに既判力を認め

ないと，Y が相殺に使った 800 万円を再び X に請求するおそれもあるから，Y の債権もすでに行使済みで存在しないという点に拘束力を及ぼす必要がある。Y の債権の存在が否定されて相殺の抗弁が容れられなかった場合も同様である。

相殺の抗弁（→第 1 章第 ④ 節 **3** **(2)(a)**）^{⇒82頁}は，弁済や時効などのほかの防御方法と違い，被告自身の債権を失う不利益があるため，予備的に主張され，最後に審理されるという特質をもつ。すなわち被告が相殺の抗弁を提出したときには，裁判所はまず原告の債権があるかを審理し，その存在を確定してはじめて，反対債権による相殺の抗弁の審理に入ってよい。原告の債権がなければ請求棄却となるから反対債権を使う必要がなく，原告の債権が認められれば，ほかの防御方法を次に判断しなければならず，弁済などが認められない時にはじめて相殺についての審理ができる。このような審理順序が保障されることによってはじめて，相殺の抗弁につき被告は手続保障が与えられたといえ，したがって既判力が認められるのである。

(b) 争点効と信義則

上記以外にも判決理由中の判断につき，解釈により拘束力を認めようとする学説が主張された。そのうち，**争点効**は「前訴で当事者が主要な争点として真剣に争い，裁判所がこれを実質的に審理判断した場合には，前訴と係争利益が同等である後訴において，一方当事者の援用により，前訴と矛盾する主張立証を他方当事者に許さず，裁判所にもこれと矛盾する判断を禁止する効力」として提唱された。この理論は，前提問題については当事者が争うかどうかの自由と審理の便宜を保障しながら，当事者間の公平の要求に基づく**信義則**を判決の効力にまで高めたものとされるが，判例は争点効を明確に否定した（最判昭和44・6・24 判時 569 号 48 頁〈百選 79〉）。ただし，この事案は，前訴確定後の後訴ではなく 2 つの訴訟が並行していた事案であったことに注意する必要がある。学説はその後，制度的効力を強調する方向と，信義則を強調する方向に展開した。争点効理論は，当事者が争点として争ったことに拘束力の根拠を見出し，既判力の客観的範囲を前訴の具体的な経過に合わせて調整する可能性を開いたといえよう。

一方で，信義則を用いて，訴訟物の枠を超え，争点効の主張するように前訴

ですでに争った部分ではなく，前訴で争っていない部分にも拘束力を及ぼす考え方も生じている。これを最初に示した判例は，後訴が実質的に前訴の蒸し返しであること，前訴で後訴請求をすることに支障はなかったこと，訴訟で問題となっている土地の買戻処分から約20年も経過しており被告を不当に不安定な状態に置くことを挙げ，信義則により後訴を却下した（最判昭和51・9・30民集30巻8号799頁〈百選74〉）。しかし既判力という正規の道具ではなく，信義則という一般条項で例外的に対応するだけで済まされるのか。訴訟物＝既判力という命題を維持しながら，例外的に信義則で対応するという便法は，判例だけでなく学説においても有力になっているが，本来は既判力による遮断という原則自体の問題として議論を深めるべきであろう。

　なお，**限定承認**（→本章第②節 **2**(**3**)）^{⇒182頁}についても次の問題がある。被告の限定承認（民922条）の抗弁を認めて「相続財産の限度で支払え」とする判決が確定したとする。その後，原告が基準時前の法定単純承認事由（相続財産隠匿。同921条3号）を主張して無限定の給付を求める後訴を提起した場合，基準時前の事由を主張してよいかという問題に，主文に記載される「相続財産の限度で」という責任財産の範囲限定が訴訟物＝既判力にあたるかという客観的範囲の問題が交錯する。判例は，前訴の訴訟物は給付請求権の存在および範囲であるとしつつ，限定承認には既判力に準ずる効力が生じるとして，後訴での法定単純承認の主張を遮断した（最判昭和49・4・26民集28巻3号503頁〈百選80〉）。既判力＝訴訟物という枠組みの揺らぎを示すものといえる。しかし，限定承認を無効とする事由は相続人（被告）側の事情であり，基準時前の事由だとしても前訴で原告に提出を期待するのは酷であるから，判例に対する学説の批判が強い。

┃ (3) まとめの具体例── 一部請求後の残部請求 ┃

　一部請求論に関する判例は，前述のとおり（→第1章第①節 **1**(**4**)(**c**)）^{⇒34頁}，前訴が明示の**一部請求**であれば残部請求の後訴を許すが（最判昭和37・8・10民集16巻8号1720頁〈百選（4版）81①〉），前訴で一部と明示していても棄却判決であった場合には残部請求の後訴を許さない（最判平成10・6・12民集52巻4号1147頁〈百選75〉），とまとめられている。その根拠は，債権の数量的な一部を請求す

る前訴で，訴訟物となるのは明示された一部であり，一部請求についての確定
判決の既判力は残部に及ばないから，残部請求の後訴は許されるが，他方で，
前訴において債権全体について両当事者が主張・立証し，裁判所も審理を尽く
した結果，請求が棄却されたのに，原告が再び残部請求の訴えを提起して前訴
で認められなかった請求および主張を蒸し返すのは，被告の合理的期待に反し，
被告に二重の応訴負担を強いるもので信義則違反とされる。このように判例は，
残部請求の後訴の整序を既判力と**信義則**の2つに分けて説明する。

　しかし，この判例理論は必ずしも明確でも，適切でもない。まず，前訴が一
部請求であること（明示）は訴訟物の内容となるものではなく，前訴判決の理
由中にしか現れない。それを根拠に残部請求の後訴を認めるのは，前訴確定判
決の理由中の判断に，判例が認めないはずの拘束力を認めることになっている。
また明示・黙示の区別もそれほど明確でない。黙示の例とされているのは，被
告2名に金銭債務の履行を請求した前訴で連帯債務と主張しなかったため分割
債務としての勝訴判決を得た原告が，その判決確定後，前訴は連帯債務の一部
請求であったと主張して残部請求をした後訴が許されなかった事案である（最
判昭和32・6・7民集11巻6号948頁〈百選76〉）。前訴では一部請求であることさ
え意識されていなかったろうし，分割債務とする前訴裁判所の判断に後訴に対
する拘束力が生じるかなど理論的問題も指摘されている。一方，前訴確定判決
の基準時後の**後遺症**による後発損害の賠償請求に関しては，明示しようにもで
きなかった場合であるにもかかわらず，判例は一部請求理論を用い，前訴と訴
訟物が異なるとして後訴を認めた（最判昭和42・7・18民集21巻6号1559頁〈百
選77〉）。このように訴訟物は後からの説明に使われているにすぎない。一部と
明示したからといって原告は何度も訴求できるわけではなく，結局，問題は，
前訴で残部まで審理し尽くしたといえるのか，残部請求の後訴を認めるのが当
事者の公平にかなうかである。

　また判例が前訴棄却判決確定後の残部請求を遮断するのは，債権全体につい
ての前訴判決の理由中の判断に拘束力を認めるものであり，判例はこの拘束力
を信義則によって根拠づけている。原告が債権の一部のみを訴訟物と限定して
いても，審判対象が残部にまで広がることはある。原告の一部請求に対し，被
告が**相殺の抗弁**を提出し，これが認められる場合にも，判例は，債権の総額を

確定し，そこから自働債権の額を控除する**外側説**を採っていた（最判平成6・11・22民集48巻7号1355頁〈百選108〉）。これを引用して，前掲平成10年最判は，前訴訴訟物は債権の一部でも前訴で債権全体を審理済みと説明したのである。ただし，ここでも，単に前訴で棄却判決が出ている（確定済み）から前訴で債権全体が審理され決着済みだとするのでは，一部請求否定説と限りなく近くなる。原告が訴訟物を一部に限定し，被告が残部につき債務不存在確認訴訟をしなかったのだから，従来の判例理論＝明示説からすれば残部請求を許す方が信義則にかなうとの反論はありうる。したがって前訴棄却判決が確定したという結果よりも，それに至る前訴過程で原告により限定された訴訟物を超えて残部まで審理する必要が生じ，両当事者が十分に争い，これを受けて裁判所が審理したこと，すなわち前訴での具体的な手続保障が前提でなければ，残部請求の後訴を遮断してはならないはずである。

　なお学説では，原告が一部請求訴訟係属中に，さらに別訴を提起して残部請求の訴えを提起することは，**重複訴訟の禁止**（142条→第1章第4節3(1)）[⇒79頁]に触れるから許されないとする説が多い。これに対し，一部請求確定後の残部請求を認める根拠を，単純に訴訟物が別個であるからとする判例によれば，重複訴訟にはあたらないことになる。残部を相殺の抗弁として行使した場合についてではあるが，これを重複訴訟にあたらないとした判例がある（最判平成10・6・30民集52巻4号1225頁〈百選36〉）。しかし，当事者は同一であり，原告は訴えの変更（143条）により容易に請求を債権の全部に拡張できる。個別事件の具体的状況から，別訴にすることが被告に対して公平といえるかが問われる。

5 既判力の主観的範囲

(1) 相対効の原則

　既判力の主観的範囲とは，既判力が及ぶ主体は誰かに関する，後訴において判決の効力を受ける人の範囲の問題である。原則として，既判力は対立する当事者にのみ及ぶ（115条1項1号）。民事訴訟は，当事者間の私的な法律関係をめぐる紛争を相対的に調整するものであり，判決は当事者の訴訟における行動

の結果である。訴訟において処分権主義や弁論主義のもと手続を保障されたのは当事者であるから，勝敗にかかわらず責任を負うのも当事者でなければならない（既判力の根拠→本節**2(1)**）。この**相対効の原則**によれば，たとえばＸとＹとの間でＡ土地の所有権がＸにあることを確認する判決が確定したとしても，第三者Ｚが出てきてＡ土地の所有権がＺにあるとしてＸ（やＹ）に対し確認請求訴訟を提起することは妨げられない。

│ (2)　既判力の拡張 │

(a)　特定の第三者への拡張

当事者間の相対効だけでは不十分な場合があり，当事者と同視すべき地位にある者に既判力を拡張することが明文で認められている。ただし，当事者として手続関与機会がなかった者への判決効拡張は，拡張される者への手続保障に配慮する必要がある。

①　訴訟担当の場合の利益帰属主体（115条1項2号）

他人のために当事者となった者が受けた判決の効力は，その他人にも及ぶ。ここでいう当事者とは**第三者の訴訟担当**（→第1章第2節**2(2)(b)**）における担当者であり，他人とは被担当者，訴訟物についての利益帰属主体である。法定訴訟担当のうち，破産管財人は，破産者の財産の管理処分権を付与され，裁判所の監督を受けて職務を行っているため（破78条・80条），その管財人のした訴訟結果は有利にも不利にも破産者本人に及ぶ。遺言執行者は，判例・多数説によれば法定訴訟担当と解されており（→第1章第2節**2(2)(b)①**），原則としては相続財産について遺言執行者が行った訴訟の判決の効力は相続人に対して及ぶとされている。任意的訴訟担当にあたる**選定当事者**（30条）については，その受けた判決の効力は選定者に対して及ぶ。

既判力が拡張される根拠は，任意的訴訟担当の場合は訴訟担当が利益帰属主体である本人の授権によること，担当者に充実した訴訟追行が期待できることに求められる。法定訴訟担当の場合は，法律上，担当者が本人に代わって訴訟を追行する権限が与えられていること，本人のため適切な訴訟追行ができることに求められる。けれども，債権者代位訴訟では債権者と債務者の間で利害が対立し訴訟を担当する債権者が債務者本人のためにする保障がないことから，

既判力が拡張される根拠や要件をめぐって従来から議論があった。学説においては，債権者が債務者に対して訴訟告知（53条→第4章第2節6(2)）をして債務者に訴訟参加の機会を与えたことを要件として訴訟担当を認め，既判力を拡張しようとする立場が多数である。平成29年民法改正では，債権者代位訴訟を提起した債権者の債務者に対する訴訟告知が規定された（民423条の6）。

② 口頭弁論終結後の承継人（115条1項3号）

当事者や訴訟担当における被担当者の**口頭弁論終結後の承継人**にも，既判力が拡張される。承継には相続，会社の合併といった前主の法的地位を包括的に承継する一般承継と訴訟物やそこから派生する特定の権利義務を承継する特定承継に分かれるところ，わかりやすいのは前者である。たとえば，Xからの建物収去土地明渡請求訴訟で敗訴したYが基準時後に死亡した場合，Yの相続人Zがここにいう承継人として，Yと同様に判決の効力を受ける（訴訟係属後，基準時前にYが死亡した場合は**訴訟承継**→第4章第2節7）。そうでないと，XはYに対する認容判決を得ていても前訴の当事者でなかったZに改めて訴えを提起しなければならない。相続ではなく，上記で敗訴したYが，建物を第三者Zに譲り渡した特定承継の場合も，Zを承継人として判決の効力を及ぼすことにしている。前訴当事者から何を承継した者を承継人というのかについては議論があるが，ここでは訴訟承継に関する判例にならって，訴訟物たる権利関係に関わる地位，すなわち「**紛争の主体たる地位**」を既判力の基準時後に承継した者と定義しておく。

前訴での手続保障を欠く基準時後の承継人に対して既判力が及ぶ意味は，前訴で最も利害関係があったのは前主であり，そこで手続保障を受けた前主から紛争主体たる地位を引き継いだ承継人は，前訴で形成された判決主文の判断を当事者と同様に争えないということである。ただし，承継人が前主とは別に，相手方に対する実体法上の関係から有する**固有の防御方法**を主張することは，既判力によって妨げられない。したがって，たとえばXからYに対する虚偽表示に基づく移転登記抹消請求訴訟で認容判決が確定したが，Xが登記を抹消しないでいるうちに，基準時後にYから目的不動産を買い受けて移転登記を得た者Dは，XがDに対して提起した移転登記抹消請求訴訟で，YのXに対する抹消登記請求に応じる義務を否定することはできない。しかし，それと

は別に，Ｄは民法94条2項の善意の第三者にあたるといった固有の防御方法を提出することはできる。このような固有の防御方法を持つ者は承継人にあたらないとする見解（**実質説**）もあったが，形式的には承継人にあたるとしつつ，固有の防御方法の提出は認める見解（**形式説**）が通説である。

いずれの説も固有の防御方法の提出を認める結論で違いはない。けれども，実質説では，Ｄが前訴判決の既判力ある判断を自由に争えることになり，後訴でいかなる攻撃防御方法が遮断されるのかという問題が明確にならない。形式説のほうが既判力の作用をよく表している。なお，判例（最判昭和48・6・21民集27巻6号712頁〈百選82〉）は実質説に立つかに見えるが，既判力ではなく，執行力について述べたものと考えられるので，後に **6(1)** で改めて説明する。⇒202頁

③　請求の目的物の所持者（115条1項4号）

当事者，訴訟担当における被担当者，基準時後の承継人のために請求の目的物を所持する者にも既判力が及ぶ。「請求の目的物」とは，訴訟物が特定物の引渡請求権である場合の引渡しの対象を指し，「所持者」とは，その特定物の所持に固有の利益を持たず，（基準時前後を問わず）もっぱら当事者のために所持している者をいう。たとえば管理人，同居人がこれにあたり，賃借人や質権者のように自己の利益のために目的物を占有する者は含まれない。これら所持者に既判力が拡張されるのは，保護すべき固有の利益がなく，独自の訴訟追行を保障する必要がないからである。なお，このような者に対しては，当事者に対する判決で執行ができる，すなわち執行力も及ぼされることが重要である（民執23条3項）。

(b)　一般第三者への拡張＝対世効

通常訴訟では当事者間で相対的に紛争を調整すればよいが，**人事訴訟や会社訴訟**では個別相対的な調整では足りない場合がある。夫婦の間では離婚したが，ほかの人との関係では法律上の夫婦である，ある株主との関係では取締役だが他との関係では別などというのでは混乱するので，判決の既判力を広く第三者にも及ぼすことが認められている。形成訴訟につき，このような**対世効**（世の中全体に対する効力）を認める規定が見られる（人訴24条1項，会社838条）。

ただし，一般第三者に判決効を拡張する前提として，第三者の手続保障が欠かせない。そこで具体的には，処分権主義・弁論主義を制限して**職権探知主義**

（→第**2**章第②節**2**(1)(a)） ⇒98頁 を採用する（人訴19条・20条）ほか，当該関係について最も密接な利害関係を持つ者に当事者適格を限定することにより充実した訴訟追行ができるようにする（同12条・41条～43条），既判力を受ける者に訴訟係属を知らせて訴訟参加の機会を与える（同28条，人訴規16条）といった配慮がなされている。このほか，詐害的な判決がなされた場合に第三者に再審を認めることも考えられる（行訴34条→第**5**章第②節**4**） ⇒263頁 。なお，人事訴訟と異なり，会社訴訟で対世効が認められるのは請求認容判決だけである（片面的対世効。会社838条）。これは第三者の利益保護のため，第三者に不利な判決の既判力拡張を否定する趣旨である。

6　そのほかの判決効 ————————————●

│ (1)　執行力——その範囲 │

すでに見たとおり，判決や和解・認諾調書（→本章第①節**2**(3)，**3**(4)） ⇒171頁 ⇒174頁 などに掲げられた給付義務を強制執行手続により実現できる資格ないし効力を**執行力**という（→本節**1**） ⇒187頁 。執行力を公証する文書は広く**債務名義**（民執22条）と呼ばれ，判決確定前でも**仮執行宣言**（259条）の付いた給付判決は債務名義となる。

確定判決の執行力の範囲は，原則として既判力の範囲に準ずる。ただし，既判力は後訴が起こった時に機能するにすぎないのに対し，執行力は直ちに実力行使をもたらすので，その**主観的範囲**に違いがあってよいと考えられるようになっている。これを**口頭弁論終結後の承継人**について確認してみよう。

基準時後の承継人に対しては既判力だけでなく，執行力が拡張される（115条1項3号，民執23条1項3号）。たとえばXが，Yに対して土地明渡請求認容判決を得て確定させたのち，基準時後のYからの承継人ZはYのXに対する明渡義務を争えないとしても（既判力），Yを名宛人としている判決を使ってXから明渡しの強制執行を受けることになるのかが問題となる（執行力）。民事執行法上は，Xが，ZがYの地位を引き継いでいることを示す文書（例，戸籍謄本）を裁判所書記官に提出して，Yに対する判決に**承継執行文**（民執27条2項）を付けてもらい（同26条参照），Zに対して明渡しの執行ができるという仕

組みがある。

けれども，**固有の防御方法**を持つ Z に対しても承継執行文で強制執行できるか，学説は分かれる。まず，固有の防御方法を持つ Z は，執行力の及ぶ承継人ではないと見て，X が Z に対して改めて明渡訴訟をするか，執行法上の**承継執行文付与の訴え**（民執 33 条）を提起しなければならないとするのが**権利確認説**である。判例（最判昭和 48・6・21 民集 27 巻 6 号 712 頁〈百選 82〉）は，**5(2)(a)**
⇒201頁
②で前述したとおり登記請求の事案について，この立場を採った。これに対して Z を承継人と位置づけたうえ，固有の防御方法を主張したいなら，Z のほうから訴えを提起して主張すべきだとするのが，**起訴責任転換説**である。Z が固有の防御方法を持つかどうか，X が訴訟を提起して Z による主張の機会を与えるよりも，それを主張したい Z に訴訟を起こす負担を負わせるのが公平であるという考え方に基づき，起訴責任を，前訴判決を取得済みの X から，新たに登場した Z に転換する。この場合，Z がどのような訴訟を提起すればよいかについては，**請求異議の訴え**（民執 35 条）や**執行文付与に対する異議の訴え**（同 34 条）が考えられる。

☝ 外国判決の承認・執行

外国裁判所の判決も，判決の内容および訴訟手続が日本における公序良俗に違反しないなど，一定の要件を満たすと，日本において承認されれば，効力を有する（118 条）。

外国判決が執行力を認められる，すなわち債務名義になるためには，さらに執行判決が必要である（民執 22 条 6 号）。**執行判決**とは，執行判決を求める訴えにおいて，上記の承認要件が認められると，裁判所が判決主文で外国判決による強制執行を許す旨を宣言する判決である（同 24 条）。たとえば，不法行為の加害者に対して，被害者に実際に生じた損害の賠償に加えて，制裁的に金銭を支払わせる懲罰的賠償を命じるカリフォルニア州判決が，日本で執行を求められたところ，公序違反（118 条 3 号）とされた例がある（最判平成 9・7・11 民集 51 巻 6 号 2573 頁〈百選（3 版）A54〉，最判令和 3・5・25 民集 75 巻 6 号 2935 頁）。

(2) 形成力

　形成訴訟で認容判決が確定すれば形成力が生じる（→本節 **1**）。**形成力**とは，^{⇒187頁}形成判決によって宣言されたとおり，権利・法律関係を形成（発生・変更・消滅）させる効力である。たとえば，それまで離婚に関して協議も調停も成立しなかったのち（民 766 条，家事 257 条），「原告と被告とを離婚する」という判決が確定したとたん，法律上の夫婦であった両者に離婚が成立する。株主総会決議の取消判決も同様である。すでに存在している権利・法律関係を判決で変える形成の訴えに関しては，特別に法律で規定されている場合が多い（例，民770 条→第 1 章第 1 節 1 (2)）。形成力は当事者間に限らず，原則として第三者に^{⇒28頁}も及ぶ。その前提として，形成の訴えがどのような場合に提起できるか，その当事者適格はあらかじめ法定されている。なお，認容判決の効力が第三者に及ぶのは，形成力によるのか，既判力の対世効によるのかについては争いがある。

☝ 反射効

　判決の付随的効力の一種として学説により論じられているものに**反射効**がある。これは，当事者に実体法上依存する関係にある第三者について，当事者の受けた判決の効力が作用する。たとえば，当事者の判決が第三者に有利にのみ及ぶ例として，債権者から主債務者に対する訴訟で債務が存在しないとして主債務者が勝訴した判決が確定すれば，債権者が保証人に対して保証債務の履行を求めた訴訟において，保証債務の附従性（民 448 条）を根拠に，保証人が前訴判決を援用し，主債務の不存在を主張して勝訴できるとされる。このほか，いくつかの類型につき反射効を認める学説があるが，判例（最判昭和 51・10・21 民集 30 巻 9 号 903 頁〈百選 85〉）はこれを否定している。ただしこの事案では，保証人がすでに債権者に対して敗訴判決を確定させ，既判力が生じていたことに注意が必要である。

---

1 XからYに対する所有権に基づく建物収去土地明渡請求訴訟で，Xに土地所有権はないとして請求棄却判決が確定した後，XはYに対して上記訴訟で主張したのと同じ所有権取得原因を主張して土地所有権の確認訴訟を提起することができるか。

2 XからYに対する建物収去土地明渡請求訴訟で，請求認容判決が確定した後，Yは請求異議訴訟を提起して建物買取請求権を行使することができるか。また，前訴判決後Yから建物を購入または賃借したZに対し，Xは上記の認容判決により明渡執行をすることができるか。

第4章

複 雑 訴 訟

1 複数請求訴訟

XはYに対し，建物の賃貸借期間が終了したことを理由にして，Yに対し建物の明渡しと明渡しが完了するまでの間の賃料相当額の支払を求める訴えを提起した。Yは賃貸借契約が継続していると考えるので請求の棄却を求める答弁をしたが，それ以上に，そのことを裁判上ハッキリさせたいので賃借権の存続について積極的に裁判所に判断してもらいたいと考えている。そうこうしているうちに，本件建物が火事によって焼失してしまった。Xは焼失の原因はYの過失であると主張して，損害賠償を請求する必要に迫られる。

この事例で，はじめにXがYに対し提起した訴えには建物の明渡しと賃料相当額の支払を求める2つの訴訟物が含まれていた（請求の併合）。反対に，Yとしても，この訴えをきっかけにして，賃借権の確認を求めることはできる（中間確認の訴え，反訴）。訴訟係属後，建物が焼失すれば，Xは当初の請求をもはや維持することができず，請求内容を変更する必要に迫られる（訴えの変更）。本節では，これらのような複数請求訴訟の可能性と限界を説明する。

1 訴えの客観的併合（請求の併合）

(1) 趣旨

ありふれた民事の事件，たとえば特定の賃貸物件の明渡しをめぐるトラブル，または1回限りのお金の貸付けをめぐる紛争を民法の目から見ると，複数の法的請求権に分解して整理することができる。貸金返還請求には，約定利息または遅延損害金の請求が付随する。また，賃料の滞納を理由に建物の賃貸借契約を解除したにもかかわらず，賃借人が居座っているならば，滞納賃料の支払請求のほかに明渡請求もする必要がある。このように1つの紛争から発生する複数の請求を1つにまとめて裁判所に提訴できるならば，当事者にとって便利である（ただし当事者は併合提訴を強制されるわけではない）。このことに応えて，法は，原告が，訴えを提起する最初の段階から数個の請求についての審判を申し立てる訴訟形態として，**訴えの客観的併合**を定める（136条）。ここでいう請求の複数とは訴訟物を基準にして数えられる。したがって訴訟物について旧訴訟物理論（実体法説）を採るのか，それとも新訴訟物理論（訴訟法説）を採るのか，で請求の併合になるのか，ならないのか，結論が異なってくる（訴訟物論について→第1章第1節1(3)）。
⇒29頁

(2) 要件

訴えの客観的併合の要件として，訴訟手続の種類の同一性が求められるのは，併合審理される各請求について実施される審理方式（書面審理か，口頭弁論か。公開か，非公開か），または審理原則（弁論主義か，職権探知主義か）がバラバラであることによって，裁判所が審理および裁判をするうえで困難にならないようにするためである。通常の民事訴訟に対して，手形訴訟（350条以下）または少額訴訟手続（368条以下）は異種の訴訟手続になる。もっとも，その意味では広義の民事訴訟であっても，公益を考慮して職権探知主義が行われる人事訴訟もまた異種の訴訟手続であるが（→序章第2節(3)(b)参照），人事訴訟法は一定の範囲で民事訴訟事項との併合を許している（人訴17条1項2項）。
⇒23頁

訴えの客観的併合の場合，さらに受訴裁判所は各請求について土地管轄を有

することが必要であるが，併合請求の裁判籍（7条）の規定（→第1章第3節⇒62頁 3(2)）を柔軟に利用できる。事物管轄は，各請求の訴額を合算して決定される（9条）。

これらの訴えの客観的併合の要件は，訴訟上の適法要件（訴訟要件）であり，裁判所の職権調査に服する。これらの要件を欠くとしても，請求ごとの個別訴訟が観念されるので，裁判所は弁論を分離し，必要があれば移送の裁判をする（16条1項）。

(3) 併合の種類と審判

(a) 単純併合

賃貸建物の明渡しと滞納賃料を請求する場合のように，実体法上は独立して発生した複数の訴訟上の請求を，1つの訴えとして併合する場合を**単純併合**という。売買契約の買主が目的物の引渡しに併合して，その目的物が滅失していた場合に備えて（将来の）損害賠償を請求する（代償請求）訴えは，両請求が実体法上両立する関係にあるので，この単純併合である（次の(b)予備的併合と混同しないこと）。

単純併合の場合，事実的に関連する複数の請求は1つの訴えにおいてまとめて審判されるので，原告のみならず，被告にとっても応訴回数の負担が軽減されるというメリットがある。もっとも訴訟手続の経過後，各請求について審理の歩調が合わず，併合審理のメリットが得られないようであるならば，裁判所は弁論の分離・制限をしたり（152条），一部判決をしたりして，併合状態を解消することもできる（職権進行主義→第2章第2節4(1)）。⇒109頁

(b) 予備的併合

売買契約の売主は買主に対し代金の支払を求めているが，買主は契約の無効を主張して支払を拒んでいる。売主が裁判所に訴えを提起する眼目は売買代金の支払を命じる判決を獲得することであるが，他方で買主が契約無効を主張することも予想して，仮に裁判所によって売買契約が無効と判断されるならば，引渡済みの目的物について直ちに返還を命じる判決を得たい。このような原告の企図に応えて，訴状の請求の趣旨に記載されている複数の請求について，あらかじめ順序をつけて，先順位の請求（主位的請求という）が認容されることを

解除条件として，後順位の請求（予備的請求という）について審判を求める（主位的請求が認容されるなら予備的請求の審判要求は撤回する）という請求の併合形態が**予備的併合**として許容されている。複数の請求は実体法上両立しない関係にある。

予備的併合の関係にある２つの請求は，別の訴えとしてバラバラに請求することも可能であるが，両者は，同一の売買契約を基礎にしており，当事者にとって併合審理による主張・立証上のメリットがある。裁判所は，条件づけられた各請求の審理について，原告が定めた審理順位に従うことが強制されるので，弁論の分離や一部判決をすることはできない（一種の処分権主義）。

(c) 選択的併合

訴状の請求の趣旨に複数の請求が含まれているが，そのうちのいずれか１つが認容されることを解除条件として，他の請求の審判を求めるという請求の併合形態を**選択的併合**という。不法行為と債務不履行に基づく損害賠償請求の関係のように，１つの損害賠償金の給付を求める際に複数の法律構成が可能とされる請求権競合の場合について，不法行為に基づく請求（A請求）と債務不履行に基づく請求（B請求）を併合して請求している訴えの場合，いずれの請求を認定して原告の請求を認容するかは，裁判所の自由な判断に任されている。裁判所は先にA請求を認容すれば，もはやB請求について審理・判断をする必要はない。

新訴訟物理論をとる場合，そもそもこのような併合形態を観念する必要はない。旧訴訟物理論をとる場合，競合する別請求について再訴の可能性が残ることの不合理は，この併合形態を観念することによって避けることができると考えられた（訴訟物の数え方→第1章第1節1(3)(b)⇒30頁）。学説上は，新訴訟物理論からの批判のほか，審判対象をA請求かB請求かどちらでもよいという選択的併合の請求の立て方に対して，申立てとしての特定性を欠き，当事者が審判対象を特定するという処分権主義に反するという疑問が出された。

請求権競合の場合以外でも，遺産確認請求と遺産の共有持分権確認請求との関係について，実質的な目的ないし利益が同一であることから選択的併合として扱われることがある（最判平成元・9・19判時1328号38頁）。

⑷ 併合請求の場合の判決と上訴

(a) 単純併合

単純併合の場合，裁判所はすべての請求についてそれぞれ判断を示す。そのうちの一部の請求についてのみ不服があるとして控訴が提起されるとしても，判決の確定遮断（116条2項）および移審という控訴提起の効果は併合審判を受けたすべての請求に関して生じる。これを上訴不可分の原則と呼んでいる。もっとも，控訴裁判所の審判対象が，不服を申し立てられた請求に限られる（296条1項・304条）。

(b) 予備的併合

予備的併合の場合で，主位的請求が認容されるならば，解除条件が成就するので予備的請求について判断は下されない。しかし，単純併合と同様の上訴不可分の原則から，控訴が提起されると予備的請求部分も移審する。控訴裁判所は，原判決が妥当であると判断するときは，控訴を棄却する。それに対して，原判決とは逆に主位的請求に理由がないと判断するときには，控訴裁判所は予備的請求についても直ちに審判をすることができる。両請求の間には，法律上または事実上密接な関連性があるので，予備的請求の審理のために第一審の差戻しをしなくても，被告の審級の利益は害されないと解されるからである。

第一審裁判所が主位的請求を棄却し，予備的請求を認容した判決に対しては原告と被告の双方が控訴の利益を有する。双方が控訴すれば，控訴審は主位的請求と予備的請求の双方について審判をする。それに対して，原告のみが控訴をした場合，控訴審が主位的請求に理由があると考えるならば，「原判決取消し，主位的請求認容」の判決をする。被告のみが控訴を提起した場合，上訴不可分の原則により主位的請求も移審してはいるが，控訴審の審判の対象になるのは予備的請求のみである（最判昭和58・3・22判時1074号55頁〈百選106〉）。控訴審は，原審とは逆に主位的請求に理由があると考えたとしても，原告が控訴していないので，原判決を取り消して，主位的請求を認容する判決をすることは不利益変更禁止の原則（304条）に照らし，許されない。そうすると控訴審は，予備的請求について，請求棄却判決をすることになり，原告は，全面敗訴という結果を甘受しなければならない。これを避けるためには原告は，附帯

控訴をするべきである。

(c) 選択的併合

選択的併合の場合も同様に上訴不可分の原則から，A 請求を認容する第一審の判決に対し控訴が提起されたとき，控訴裁判所は逆に A 請求に理由がないと判断するならば，直ちに B 請求の審理をし，その理由があると判断するならば原判決を取り消して B 請求を認容する，または B 請求にも理由がないと判断するならば原判決を取り消して両請求を棄却する判決をする。第一審がA 請求も B 請求も棄却する判決を下して原告が控訴したとき，控訴裁判所は，A 請求または B 請求のいずれかに理由があると判断するならば，原判決を取り消してその請求を認容する判決をする。

2 訴えの変更

(1) 趣旨と種類

同一訴訟手続において，訴訟関係の同一性を害することなく訴訟上の請求，すなわち訴訟物を変更することを訴えの変更という（143 条）。訴えの変更という制度が必要となるのは，変更前の請求に関して提出されてきた主張・立証を変更後の請求に関しても継続的に利用できることを認めて，訴訟経済を実現すること，および原告による新訴提起の煩わしさを避けるためである。

訴えの変更には，従来の訴訟物に新たな訴訟物を追加する(a)**訴えの追加的変更**と，従来の請求の趣旨と新しい請求の趣旨を取り換える(b)**訴えの交換的変更**の 2 種類がある。訴訟係属中に請求金額を増額することは訴えの変更の一態様として扱われ，訴えの変更のための手続を踏まなければならない。減額の場合は，訴えの一部取下げとなる（→第 **3** 章第 **1** 節 **1**(1)）。⇒168頁

(a) 訴えの追加的変更

たとえば，賃貸建物の明渡請求訴訟を提起している原告が，訴訟の途中で未払賃料の支払請求を訴訟物として追加することを訴えの追加的変更という。この訴えの変更の結果，審理対象は単純併合（→本節 **1**(4)(a)）の状態になる。原告が代金の支払を求める訴訟の最中に，審理の結果裁判所が売買契約を無効で⇒210頁

あると判断する場合に備えて，予備的に売買目的物の返還請求を追加する場合も訴えの追加的変更の例であるが，この場合，各請求は予備的併合の関係になる（→本節 **1** (**4**)(**b**)）。⇒210頁

(b) 訴えの交換的変更

たとえば，特定物の引渡請求訴訟を提起している原告が，訴訟係属中にその特定物が滅失したことを知ったとき，原告はこのままでは請求棄却判決は必至だと考えて，訴訟上の請求をその目的物の対価に相当する損害賠償金の支払（代償金請求）に切り替えることができる。これを訴えの交換的変更という。訴えの交換的変更は，原告が従前の特定物の引渡請求（旧請求）について審理・裁判を求めないという意思を表明していることに他ならない。旧請求を訴訟上どう取り扱うかは一つの問題である。旧請求について訴えの取下げ（→第 **3** 章第 ⅰ 節 **1**）⇒168頁 を申し立てているのと同じだと考えれば，訴えの交換的変更を許容するために被告の同意が必要になる（261 条 2 項。最判昭和 32・2・28 民集 11 巻 2 号 374 頁〈百選 31〉）。被告が同意をしないが，原告が新請求の追加審理を望むならば旧請求と新請求の双方は併合されたまま審理・裁判される，つまり訴えの追加的変更があったものとして取り扱われる。原告は，併合審理を望まないならば，旧請求を放棄（266 条→第 **3** 章第 ⅰ 節 **2** (**1**)）⇒170頁 することで対処できる。

(2) 訴えの変更の要件

訴えの変更は，第一に，請求の基礎に変更がないことである（143 条 1 項）。この要件は，裁判所の利益，原告の利益，および被告の不利益を調整するための概念である。大正の民訴法改正によって導入されたこの請求の基礎（の同一性）とはどのようなものかについて，その内容および外延をはじめから定義することは困難である。訴えの変更を許容した裁判例を見る限り，この要件は，全体として比較的緩やかに認めていると評価されている。通説によれば，新請求と旧請求の判断に必要な主要事実が根幹において共通する場合（生活利益の共通の場合）であって，裁判資料の継続利用が可能な場合に，請求の基礎に変更がなく，訴えの変更が許される。

なお，請求の基礎の同一という要件が，主として被告の利益保護のために設けられたものであると考えられるならば，被告が明示または黙示に変更に同意

する場合には，この要件の考慮はそもそも不要である（通説・判例。最判昭和39・7・10民集18巻6号1093頁）。この判例および通説によれば，被告が提出した防御方法に触発されて原告が訴えを変更する場合は，被告の困難は想定されないのでこの要件は無用である（原告が自己の土地の自己の建物から退去するよう被告に請求する訴えにおいて，被告が当該建物について自己の所有権を主張したので，原告が建物収去土地明渡しの請求を予備的に追加した事案について，前掲最判昭和39・7・10）。

　訴えの変更の第二の要件は，著しく訴訟手続を遅滞させないこと（143条1項ただし書）である。訴えの変更は，訴訟係属後，事実審の口頭弁論終結時までできるのが原則である（同項本文）。しかし，訴えの変更によって，新たな事実が主張・立証され，被告のそれに対する新たな認否・反論が必要になるなどして，訴訟手続が著しく遅滞させられるときは，訴えの変更は認められない。

　請求の基礎に変更のないことという第一の要件が，被告の同意によって不要とされることから，訴えの変更には当事者の処分自由の範囲を認めることができても，この訴訟手続を遅滞させないという第二の，手続法上の要件によって，無限定の訴えの変更とそれに伴う審判範囲の拡張には歯止めがかけられている。

　さらに前述のように，訴えの追加的変更は請求の併合を引き起こすのであるから，訴えの併合の一般的要件（136条）を満たしていることが求められる。特に追加請求について別の裁判所が法定専属管轄を有しないという裁判管轄，および訴訟の同種の要件がここで考慮されなければならない。

▎(3)　訴えの変更の手続・審理 ▎

　訴えの変更のためには，次の2つの手続を踏まなければならない。第一に，訴えの変更のうち，訴状に記載された請求の趣旨の変更を伴う「請求の変更」（→第1章第4節1(1)）の場合は，訴状に準じて，書面により（143条2項），かつその申立書は被告に送達されなければならない（同条3項）。

　第二に，訴えの変更の要件の存否について，裁判所は当事者からの申立てまたは職権で審査しなければならない（職権調査事項→第3章第2節1(2)(c)③）。裁判所はそれらの要件が欠けて，訴えの変更を不当であると判断するならば，訴えの変更を許さない旨の決定をしなければならない（143条4項）。この決定は，

弁論の制限（152条1項）に類似する訴訟指揮に関わる裁判なので，個別の不服申立ての対象にならない（328条1項参照）。実務では訴えの変更の要件を欠き不許可とする場合終局判決においてその判断が示されることが多く，その判断の当否は，控訴されれば控訴審に委ねられる。

　訴えの変更が請求の変更を伴う場合，新請求についての時効の完成猶予，法律上の期間の遵守の効力は，訴えの変更申立書が裁判所に提出された時点で生じる（147条）。

3　反　訴

(1)　趣　旨

　反訴とは，訴訟の係属中に，被告が原告に対して，同じ訴訟手続のなかで訴えを提起して原告が提起している訴え（本訴という）との併合審判を求めることをいう（146条）。反訴を提起した被告を，反訴原告といい，その相手方である原告を反訴被告という。

　なぜ反訴という制度があるのかについては，2面的に説明できる。1つは，訴えを提起した原告は訴えの併合や変更によって審判対象の変更・拡張が認められているので，そのこととのバランスをとるために，被告にも審判対象を拡大する権限を認める，という訴訟当事者の平等ないし対等性から引き出される考慮である。もう1つが，反訴が認められるならば，もともと別訴として提起されうる請求について本訴との併合審理が可能になり，訴訟経済および裁判の統一に役立つという考慮である。

(2)　要　件

　反訴の要件は，①本訴との関連が特徴的であるが（146条1項本文），その他に，②反訴請求が他の裁判所の法定専属管轄に属しないこと（同項1号。ただし，同条2項），③著しく訴訟手続を遅滞させないこと（同条1項2号）である。さらに反訴は，本訴の事実審係属中で，口頭弁論終結前に提起しなければならない。適法に提起された反訴は，それ自体独自に存立しうる固有の訴えなので

（訴えの規定が準用される。146条4項），本訴の取下げ，却下によってその存続自体は影響されない。

第一の要件である本訴との関連とは，反訴請求が本訴の目的である請求またはこれに対する防御方法に関連することである（146条1項本文）。この要件は，反訴によって複数の関連する請求が同時に審理・裁判されることによって訴訟経済の裁判の統一という公益が実現されるために要求される。

これらのうち本訴請求に関連するものとは，請求の基礎が反訴と本訴との間で同一であることである。たとえば，交通事故に基づく損害賠償請求の本訴に対して，同一事故に基づく損害賠償請求の反訴が提起される場合，物の引渡しの本訴に対して，代金の支払（返還）を求める反訴が提起される場合，が典型とされる。防御方法に関連するものとは，代金支払請求の本訴に対して，相殺の抗弁を提出し，対当額を上回る部分の支払を求める反訴を提起すること，物の引渡しを求める本訴に対して，留置権の抗弁を提出し，かつ，被担保債権の弁済請求の反訴を提起すること，が典型である。占有の訴えについて防御方法として本権（所有権）の主張をなすことは禁じられているが（民202条2項），関連性はあるので，本権に基づく反訴は許される（最判昭和40・3・4民集19巻2号197頁〈百選32〉）。

これらの本訴の請求または防御方法との関連性という要件が，訴えの変更における請求の基礎の同一性の要件（→本節 **2**(2)）^{⇒212頁}と同様に反訴の相手方＝原告の利益にあることを強調するならば，原告の同意または異議なき応訴があれば，その要件の意義は小さくなるか，無用である。

最後に，反訴も請求の併合の一変形といえるので，請求併合の要件（136条）が必要である（→本節 **1**(2)）^{⇒207頁}。

(3) 訴訟上の取扱い

反訴は，審理・審判対象の追加変更に関わることなので，訴えの提起に準じて書面によることが要求される（146条4項）。反訴の結果，本訴と反訴は併合審理される。訴訟経済を実現するという反訴の制度趣旨から見て当然の要請である。弁論の分離ができるかどうかについて，通説は裁判所の裁量により可能とする。それに対して，有力説は，本訴と主要な争点を共通する反訴について，

審理の重複と裁判の不統一を回避するというメリットを強調して，分離・一部判決は許されないと主張する（→第**1**章第**4**節**3**(**1**)(**b**)）。

控訴審における反訴については，第一審とは異なり，相手方（本訴原告）の同意を要件とするが（300条1項），異議なき本案への弁論によっても同意と同等に扱われる（同条2項）。

4 中間確認の訴え

(1) 趣 旨

訴訟の進行中に争いになった権利または法律関係の成立・不成立が，裁判に影響を及ぼす場合，その法律関係の確認を求めて提起される訴えを，中間確認の訴えと呼ぶ（145条）。この中間確認の訴えもまた，訴訟係属中に審理・審判対象を追加する制度のひとつである。

たとえば，所有権に基づく引渡しの本訴に対して，目的物の所有権の確認の訴えを提起すること，家賃支払請求の本訴に加えて，賃貸借契約の存在の確認の中間確認の訴えを提起することである。中間確認の訴えは，原告が起こせば，訴えの追加的変更であり，被告が起こせば，反訴の特別類型（中間確認の反訴）になる。

中間確認の訴えという制度が民訴法に明文で定められていることは，判決理由中の判断に既判力が生じないこと（114条1項→第**3**章第**3**節**4**）を理由づけ

⇒193頁
るための実定法上の根拠として援用される。このことに注目するならば，中間確認の訴えは，確定判決について既判力が生じる範囲ないし事項を明確化すること，特に争点となった前提問題に関する判断についても既判力を発生させるための制度であるということができる。

(2) 要 件

中間確認の訴えの要件は，①本訴の事実審係属中であること，②本訴請求の当否の判断につき特定物の引渡しと所有権のように先決関係にある権利または法律関係の存否に関するものであること，および③反訴が，法定の専属管轄

（6条1項の場合を除く）に属さないことである（145条1項）。

　これらのうち②の先決関係性の要件に関連して，中間確認の訴えの場合には，そのような意味で先決関係にある法律関係が問題になっていることだけで，すでに確認の利益（対象適格性・即時確定の利益）が認められ，格別の確認の利益の審査を要しないことに注意しなければならない。

（3）　訴訟上の取扱い

　中間確認の対象が，本訴請求の前提問題なのであるから，両請求の同時審理という取扱いは当然である。それ以上に，本訴請求と中間確認請求とは単純併合であるが，裁判の矛盾回避のために弁論の分離・一部判決を許さないという見解が有力である。それ以外の点では，訴えの追加的変更または反訴の場合と同様に取り扱われる。

CHECK

1　単純併合，予備的併合および選択的併合の具体例を挙げ，それぞれの審理，判決および上訴においてどのような違いがあるか論じなさい。
2　明示の一部請求訴訟（→第1章第1節1(4)(c)）⇒34頁の係属中，原告は，残部についても同時に審判を求めたいと考えるとき，どのような手続をとらなければならないか。逆に被告のほうで，どのような手続をとるならば，残部の不存在についての審判を同時に求めることができるか。

② 多数当事者訴訟

　民事訴訟の基本型は，1人の原告が1人の被告に対して1つの請求をするというものであるが，実際の紛争はそこで問題となっている権利関係に利害関係を持つ者が多数いるなど，複雑で多面的な場合も少なくない。このような紛争の実態を訴訟手続に反映させることで，当該紛争を統一的・実質的に処理することが可能となる。他方で，当事者の数が増えれば，それだけ手続の複雑化や訴訟遅延を招くことにもなり，適切な審理の妨げとなることもある。したがって，メリットとデメリットの調整が重要となる。多数当事者訴訟には，まず，訴え提起の時点から当事者が複数いる共同訴訟があり，これは合一確定が要請されているかどうかで，通常共同訴訟と必要的共同訴訟に分かれる。次に，係属中の訴訟に第三者が当事者として（独立当事者参加），あるいは当事者を援助するために（補助参加）参加してくる場合とがある。さらには，訴訟の係属中に実体関係が変動し，それにあわせて訴訟の当事者の交替が必要となることもある（訴訟承継）。訴訟承継には，法律上当然に新たな紛争主体が当事者となる当然承継と，当事者の行為により訴訟承継が生じる参加承継・引受承継がある。以下では，それぞれの場合の要件や手続のあり方を見ていこう。

1　共同訴訟の意義

　共同訴訟とは，1つの訴訟手続の中で，数人の原告または数人の被告が関与する訴訟形態である。原告側か被告側か，同一の側に立つ複数の当事者を共同訴訟人という。1つの訴訟手続の中で，同一当事者間に複数の請求が立つ訴えの客観的併合（→本章第1節**1**）^{⇒207頁}と対比して，訴訟主体＝当事者を併合すると

いう意味で，**訴えの主観的併合**とも呼ばれる。

　紛争の多数の利害関係人を当事者として同一の訴訟手続に関与させることで，共通の争点について審理の重複を避けることができるし，判断が矛盾することなく統一的な紛争処理も期待できる。このような利点から，現行法においては共同訴訟がかなり緩やかに認められている。

2　共同訴訟の類型 ●

　共同訴訟は，合一確定が要請されているか否かで，通常共同訴訟と必要的共同訴訟に分けられる。共同訴訟では単独訴訟に比べて審判の規律が複雑になるが，それぞれの類型ごとに適用される規律も異なってくる。合一確定が要請されない通常共同訴訟の場合には，審理は併合され，同一期日が指定されるなど審理の足並みは揃えられるが，各共同訴訟人は独立に扱われ，他の共同訴訟人に制約されることなく各自が自由に訴訟追行することができる。合一確定が要請される必要的共同訴訟の場合には，審理の併合だけでは足りず，訴訟資料の統一，さらに手続の進行も統一される。これらによって，当事者の訴訟追行の自由はかなり制約されることになる。以下では共同訴訟のそれぞれの類型について，その成立基準や要件を見てみよう。

3　通常共同訴訟 ●

(1) 意　義

　通常共同訴訟とは，それぞれが別々に訴えることができる各人についての請求が，たまたま1つの手続に併合されて，共通に審理される訴訟形態である。共通に審理されるということは，それぞれの請求について同一期日が指定されることを意味する。したがって，同一の事実や原因についての判断が統一されることが事実上期待される。期待が事実上のものにすぎないのは，その併合形態を維持する必要性がないことから，裁判所は必要であれば，途中で各訴訟を切り離す（**弁論の分離**。152条1項）こともできるからである。

⑵ 併合の要件

通常共同訴訟は，共同原告の共同被告に対する複数の請求を1つの訴訟手続で審判するものであるから，そこには訴えの客観的併合も存在する（→本章第1節**1**）。したがって，客観的併合の要件（136条）が満たされる必要がある。さらに，複数当事者の個別の請求を1つの手続に束ねることの合理性・妥当性が要求される。これは，自己に無関係な他人間の訴訟に巻き込まれる相手方（主に被告）の不利益を防止するためであり，請求が相互に一定の共通性・関連性を有することが要件となり，以下の3つのいずれかの場合に認められる。

⒜ 訴訟物が共通であること（38条前段）

訴訟の目的である権利または義務が，数人について共通であるときは，共同訴訟が成立する。これは，審判の対象とされる権利関係が内容上同一である場合であり，たとえば，ある物の所有権を主張する者が複数の被告に対して所有権確認を求める場合や，債権者が連帯債務者に対して支払請求をする場合などがこれにあたる。

⒝ 事実上および法律上の原因が同一であること（38条前段）

訴訟の目的である権利または義務が，同一の事実上または法律上の原因に基づくときも，共同訴訟は成立する。これは，審判の対象とされる権利関係の要件事実の重要な部分が共通な場合であり，たとえば，同一事故の数人の被害者が加害者に対して損害賠償請求をする場合や，債権者が主債務者と保証人を共同被告として訴えを提起する場合などがこれにあたる。

⒞ 事実上および法律上の原因が同種であること（38条後段）

訴訟の目的である権利または義務が，同種であって，事実上および法律上同種の原因に基づくときにも，共同訴訟は成立する。上記2つの場合に比べると，各請求の関連性はかなり薄くなる。たとえば，アパートの大家が各賃借人に対して同時に賃料支払請求をする場合や，借主が複数の貸金業者に対して過払金の返還請求をする場合などがこれにあたる。ただし，発生原因が事実上同種でなければならないから，不法行為に基づく損害賠償請求の場合，原因となる不法行為の類型が違えば共同訴訟は成立しない。

(3) 共同訴訟と併合請求の管轄

わが国では，併合審理によって当事者の訴訟追行上の便宜および訴訟経済に資するとともに，訴訟資料を共通にする限りで判断の統一も期待できるというメリットが重視され，共同訴訟は比較的広範に認められている。既に述べたように，38条で定められた共同訴訟成立の要件にはかなりの濃淡があり，特に同条後段では，訴訟の目的または発生原因について具体的な関連性がなくても共同訴訟が認められる。この濃淡に伴い，併合請求の管轄も異なった取扱いがなされる。併合請求の場合，複数の請求のうち1つの請求について管轄があれば，他の請求について管轄がなくても，あわせて当該裁判所に訴えを提起することができる（7条→第1章第3節3(2)(c)^{⇒61頁}）。これは，すべての請求を1つの裁判所にまとめて提起できるという原告の便宜，裁判所の利益と，被告の応訴の不利益とを比較衡量したうえで認められているものである。ただし，38条後段にあたる共同訴訟の場合には，各請求間に具体的関連性がないため，上述の原告の便宜や裁判所の利益に比して，被告の応訴上の不利益が極めて大きいことから，管轄を擬制することはできない（7条ただし書）。この場合，管轄のない請求については弁論を分離し，管轄ある裁判所に移送（16条1項→第1章第3節4(1)^{⇒66頁}）のうえ，審理・判決することになる。

(4) 通常共同訴訟の審理

(a) 共同訴訟人独立の原則

通常共同訴訟では，共同訴訟人の1人の訴訟行為，共同訴訟人の1人に対する相手方の訴訟行為および共同訴訟人の1人について生じた事項は，他の共同訴訟人に影響を及ぼさない（39条）。これを**共同訴訟人独立の原則**という。通常共同訴訟は，本来個別の訴訟手続によって相対的な紛争の解決が可能な複数の請求を，便宜上1つの訴訟手続にまとめて審判するものであるから，共同訴訟人各自は他の共同訴訟人に影響を受けることなく，個々の訴訟追行権を行使する自由が尊重されるのである。

共同訴訟人は，各自独立で自白をすることもできるし，請求の放棄，認諾，和解，訴えの取下げにより訴訟を終了させることもできる。共同訴訟人の1人

に中断または中止の事由が生じても，他の共同訴訟人には影響を及ぼさない。これらの場合に，裁判所が他の共同訴訟人の弁論を分離し，一部の共同訴訟人についてのみ判決をすることもできる。共同訴訟人の1人またはこれに対する上訴の提起についても，確定遮断および移審という上訴の効果は，他の共同訴訟人には及ばない。

(b) 共同訴訟人間の証拠共通

このように，共同訴訟人は各自自由にかつ独立して訴訟行為をすることができるとはいえ，共同訴訟である限りは，審理は併合され，同一期日が指定される。弁論および証拠調べも原則として共同訴訟人全員に共通して行われる。各共同訴訟人が同一の訴訟代理人を選任し，さらに相互に攻撃防御方法を利用しあうこともできることから，裁判所の心証は統一化される。共同訴訟人の1人が申し出た証拠の取調べの結果裁判所が得た心証は，自由心証主義を背景として，特に援用がなくても，他の共同訴訟人の請求の審判に関して事実認定の資料とされうる。これが**共同訴訟人間の証拠共通**であり，判例でも認められている（最判昭和45・1・23判時589号50頁）。これによって判決の矛盾が回避され，審判の統一が図られることが事実上期待できる。

共同訴訟人間の証拠共通が認められるのに対して，**主張共通**まで認めることについては争いがある。近時は，共同訴訟人独立の原則を独自に解釈し，共同訴訟人の1人のした主張は，これと抵触する行為を積極的に行わない場合には，その主張が他の共同訴訟人に利益なものである限り，その者にも効力を生じるとして，主張共通を認める見解もある。この見解は，共同訴訟人独立の原則は，積極的訴訟追行がない場合には妥当しないという考えを前提としている。しかしこの原則は，独立の訴訟追行権の行使のみならず不行使をも含めた自己責任原則の現れであると考えるべきであり，やはり他の共同訴訟人による援用という積極的な訴訟活動がない限りは，主張共通まで認めるのは，弁論主義との関係でも妥当ではない（最判昭和43・9・12民集22巻9号1896頁〈百選90〉も参照）。

4 必要的共同訴訟 ―――――――――――――――――――――●

必要的共同訴訟とは，「訴訟の目的が共同訴訟人の全員について合一にのみ

確定すべき場合」（40条1項）に成立するもので，共同訴訟人全員について統一的に紛争処理を図ることが法律上要請される訴訟形態である。**合一確定**の要請のために，共同して訴訟を追行することが必要的とされる。

必要的共同訴訟は，**訴訟共同**の強制の要請がはたらく，すなわち，全員が共同して訴えまたは訴えられなければ当事者適格が認められず，訴えが不適法とされる**固有必要的共同訴訟**と，各自が単独で当事者適格は有するが，数人の者が共同して訴えまたは訴えられた場合には合一確定が要請される**類似必要的共同訴訟**とに分けられる。訴訟共同が強制されるのはいかなる場合か，また合一確定が要請されるための基準は何かについては，追って検討するとして，ここではまず，必要的共同訴訟の審理方式を見てみよう。

(1) 必要的共同訴訟の審理

必要的共同訴訟では，合一確定の要請から，訴訟資料や訴訟進行を統一し，共同訴訟人間に連合関係を形成するために，以下のように規律されている。

第一に，共同訴訟人の1人がした訴訟行為は，他の共同訴訟人全員の利益になる場合にのみ，全員のためにその効力を生じる（40条1項）。たとえば，共同訴訟人の1人が相手方の主張を争えば，全員が争ったことになる。これに対して，自白や請求の放棄・認諾など，他の共同訴訟人にとって不利になる訴訟行為の場合には，他の共同訴訟人との関係ではもちろんのこと，当該訴訟行為をした共同訴訟人自身についても効力を生じない（取下げにつき→**(3)**コラム参照）。^{⇒227頁}

第二に，相手方が共同訴訟人の1人に対してした訴訟行為は，全員に対してその効力を生じる（40条2項）。これは，共同訴訟人が全員そろっていなくても，相手方が訴訟行為をすることに支障がないようにするためであることから，その有利・不利は問わない。

第三に，共同訴訟人の1人について訴訟手続の中断または中止の原因があるときは，その中断または中止は，全員についてその効力を生じる（40条3項）。必要的共同訴訟では訴訟進行の統一の必要性があることから，全員について訴訟の進行が停止されるのである。

(2) 固有必要的共同訴訟の成立——訴訟共同強制の判断基準

既に述べたように，固有必要的共同訴訟とは，全員が共同して訴えまたは訴えられなければ当事者適格が認められず，訴えが不適法とされる訴訟形態である。当事者適格は訴訟要件であるから，その充足は口頭弁論終結時を基準時として判断される。したがって，固有必要的共同訴訟で本来当事者となるべき者が欠けていた場合でも，共同訴訟参加（52条），訴えの主観的追加的併合（→本節**5**(4)コラム_{⇒230頁}）を利用するか，別訴を提起して裁判所に弁論の併合を申し立てる方法などを利用し，口頭弁論終結時までに当事者をそろえれば，訴え却下を免れることができる（第一審で共同被告として参加した場合について，大判昭和9・7・31民集13巻1438頁）。

どのような紛争が固有必要的共同訴訟に該当するかについては，40条では「訴訟の目的が共同訴訟人の全員について合一にのみ確定すべき場合」としか明記されていないため，その判断基準が問題となる。以下で述べるように，個別の訴訟物たる権利の性質という実体法的観点だけでなく，紛争解決の実効性や当事者間ないし利害関係人間の利害調整という訴訟法的観点からの衡量も加味して判断し，さらには固有必要的共同訴訟の規律を弾力化しようと試みるなど，その基準をめぐってさまざまな議論が展開されている。

(a) 実体法的観点

判例・通説は，訴訟物たる権利関係の実体法上の性質を基準とし，他人間の法律関係の形成や変動をもたらす訴訟（人訴12条2項前段，会社854条・855条），数人による共同の職務執行が必要とされる場合（たとえば破76条），訴訟物たる権利ないし法律関係についての実体法上の管理処分権が数名の者に合有ないしは総有的に帰属している場合などを，固有必要的共同訴訟とする。ただし，総有である入会権の場合でも，各入会権者は，自らの使用収益権の確認および使用収益権に基づく妨害排除請求訴訟を提起できるとしている（最判昭和57・7・1民集36巻6号891頁）。また，共有の場合には，訴訟物が共有権ないしは共有関係に係る場合には，固有必要的共同訴訟とされる（遺産確認の訴えについて，最判平成元・3・28民集43巻3号167頁〈百選95〉）が，訴訟物が持分権の確認や保存行為としての持分権の行使の場合（第三者に対する所有権移転登記抹消登記請

求）には，各人が持分を有し，自由に管理処分権を行使することができるから，通常共同訴訟とされる（最判平成15・7・11民集57巻7号787頁〈百選93〉）。

(b) 訴訟法的観点

判例・通説は，以上のように，出発点としては実体法上の管理処分権の性質を基準にして訴訟共同の必要性を判断しているが，その中には，紛争解決の実効性や判決の矛盾回避，提訴の難易あるいは個別訴訟による場合の不都合などの訴訟法的な考慮も加味しているものもみられる。たとえば，土地所有者が，地上建物の共同所有者の1人に対して提起した建物収去土地明渡請求訴訟において，当該義務が不可分債務であるという実体法上の権利の性質を根拠とするとともに，これを通常の共同訴訟であると解したとしても，直ちに被告の権利保護に欠けるものではないとする（最判昭和43・3・15民集22巻3号607頁〈百選94〉）。また，共有者間の内部紛争で，ある財産が相続財産に属するかどうかを判断する遺産確認の訴えでは，これを固有必要的共同訴訟とする根拠として，当該財産が遺産分割の対象である財産であることを既判力をもって確定することが，共同相続人間の紛争の解決に資することを挙げている（最判昭和61・3・13民集40巻2号389頁〈百選22〉→第1章第1節2(3)(a)）。⇒39頁

(c) 固有必要的共同訴訟の規律の弾力化

固有必要的共同訴訟の場合は，全員が当事者にならないと訴えは不適法却下されてしまうという訴訟共同の強制から，たとえば原告の側で提訴を拒絶する者がいる場合は，他の者の裁判を受ける権利が侵害されることになる。固有必要的共同訴訟の成立要件を考える際には，この提訴上の困難をどう克服するかを中心に，合一確定を追求しながら，固有必要的共同訴訟の前提とされてきた訴訟共同という手続規律を弾力的に捉えることで，提訴上の困難を緩和ないしは解消しようとする動きがみられる。たとえば，入会集団の一部の構成員は，提訴に同調しない構成員を被告に加えることで，訴訟共同の要件を満たし，第三者に対して入会権確認の訴えを提起することができる（最判平成20・7・17民集62巻7号1994頁〈百選92〉）。これによって，従来議論されてきた提訴上の困難の問題は解消されたが，それと引換えにいくつもの問題点が残された。たとえば，原告は少数派でもよいのか，確認の訴えだけでなく，権利の帰属主体と主張する者のみが原告適格を有することを原則とする給付の訴えにも妥当する

のか（被告にされた原告適格者の訴訟上の地位はどうなるのか），入会権の存在が既判力をもって確定されるのは，原告・被告間でしかなく共同被告間では拘束力がないことから（既判力の主観的範囲→第**3**章第**3**節**5**），後に被告にされた原告適格者とそれ以外の被告の間で争いが生ずることになるのではないかなど，今後の判例の展開も待ちつつ，さらに検討すべきであろう。

▌ ⑶　類似必要的共同訴訟 ▌

既に述べたように，類似必要的共同訴訟とは，各自が単独で当事者適格を有するが，数人の者が共同して訴えまたは訴えられた場合には合一確定が要請される訴訟形態である。

判例（最大判平成9・4・2民集51巻4号1673頁）・通説によれば，類似必要的共同訴訟は，共同訴訟人の1人が受けた判決の効力が，他の共同訴訟人に拡張される場合に成立するとされている。この場合に訴訟手続を一本化し，統一的な判断をしなければならないのは，複数の者が訴訟をした場合に内容の異なる判決がなされると，既判力の抵触が生じるからである。本来既判力については，相対効の原則が妥当し，別々の訴訟で実体法上矛盾する判決が出ても何ら問題はないはずである。しかし，条文で対世効（判決効の第三者への拡張→第**3**章第**3**節**5**⑵⒝）が認められている場合は例外である。この場合，勝敗を別々に定めると，その1人についての直接の既判力と他の者に対する判決から拡張される既判力とが矛盾・衝突して収拾がつかなくなってしまうからである。既判力が全面的に拡張される場合のみならず，勝訴判決の場合のみ片面的に拡張される場合も含まれるとする見解もあるが，これに対しては批判もある。

類似必要的共同訴訟の例としては，株主総会決議取消し・無効の訴え（会社831条1項・830条2項），会社設立無効の訴え（同828条1項1号）などの会社の組織に関する訴え（会社838条により請求認容判決の既判力が片面的に拡張される），数人の株主による責任追及訴訟（同847条。最判平成12・7・7民集54巻6号1767頁〈百選96〉），数人による人事訴訟（民742条，人訴12条2項・24条1項），複数の住民が提起した住民訴訟（自治242条の2。前掲最大判平成9・4・2）等がある。

> **✊ 必要的共同訴訟における取下げと上訴**
>
> 　必要的共同訴訟の審理については，40条に規定があり，訴訟資料の統一（同条1項）および手続進行の統一（同条3項）が図られている。固有必要的共同訴訟でも，類似必要的共同訴訟でも，基本的な規律は変わらない。両者間で規律が異なるのは，訴えの取下げと上訴の場合である。
>
> 　固有必要的共同訴訟においては，訴訟共同が強制されることから，1人が訴えを取り下げると，当事者適格の欠缺により訴えが不適法になってしまう。訴えの取下げは，全共同訴訟人にとって不利な行為として，全員で行わなければその効力を生じない（最判昭和46・10・7民集25巻7号885頁〈百選A29〉）。これに対して類似必要的共同訴訟においては，訴訟共同の強制がないことから，各共同訴訟人は自由に訴えを取り下げることができる。
>
> 　上訴についても，固有必要的共同訴訟においては，1人の共同訴訟人だけが上訴した場合でも，全員が上訴人となり，上訴審は共同訴訟人全員を名宛人とした審判をしなければならない。これに対して類似必要的共同訴訟については，住民訴訟（前掲最大判平成9・4・2）と株主による責任追及訴訟（前掲最判平成12・7・7）の事案において，1人の共同訴訟人だけが上訴した場合，自ら上訴しなかった者は上訴人にならないとされている。ただ，ここでいう「上訴人にならない」とはいかなる意味かについては解釈が分かれるところであるし，さらに近時，同じく類似必要的共同訴訟の一例とされる，数人の提起する養子縁組無効訴訟（最決平成23・2・17判時2120号6頁）において，共同原告の1人の上訴で他の共同訴訟人も上訴人になることを前提とする判例も現れており，議論は尽きない。

5　同時審判申出共同訴訟

(1) 意義

　既に述べたように，通常共同訴訟においては共同訴訟人独立の原則がはたらき，裁判所の裁量による弁論の分離も許される。しかし，この原則を貫いて審判がバラバラにされてしまうと非常に不都合が生じる場合がある。そのような

不都合を回避するために設けられたのが，**同時審判申出共同訴訟**である。具体例を用いて説明してみよう。たとえば，代理人を通じて契約をした当事者は，債務不履行等があった場合，本人に対して契約の履行または損害賠償請求をするか，代理人に対して無権代理人の責任を追及するか，どちらか一方の請求のみが法律上成立することが予定されている（民117条1項）。この場合，原告が本人のみを被告とした訴訟において，代理権の授与が否定され請求が棄却されたにもかかわらず，無権代理人を被告とした訴訟においては，今度は代理権の授与が認められ，再び請求が棄却されるということがありうる。もちろん原告は，両者を共同被告として訴えることはできるが，1つの手続で矛盾する主張をせざるをえず，訴訟は混乱するし，通常共同訴訟である以上，弁論が分離される可能性はあり，結局両方の訴訟で負ける危険は残る。

　同時審判申出共同訴訟とは，このように，実体法上両立しない法律関係がある場合に，原告が両者を共同被告として訴訟を提起し，かつ，原告からの申出がある場合には，当該共同訴訟の弁論および裁判を分離しないで行うという併合形態である（41条）。

(2) 要件

　第一に，同時審判が保障されるのは，既に共同訴訟として成立している場合に限られる（41条1項）。別々に審理されている事件の併合を強制するものではない。第二に，共同被告の一方に対する訴訟の目的である権利と他方に対する訴訟の目的である権利とが，法律上併存しえない関係に立つことが必要である（同項）。これは，一方の請求における請求原因事実が，他方の請求における抗弁事実になる等，主張レベルで請求が両立しない関係にある場合である。請求が事実上併存しえない（たとえば，契約の相手方がAとBのいずれかである）場合は，この要件を満たさない。実体法上の択一的関係が必要である。第三に，事実審の口頭弁論終結時までに原告が申出をする必要がある（同条2項）。

(3) 審判手続

　上記の要件を満たした場合，裁判所は当該共同訴訟の弁論および裁判を分離することはできない（41条1項）。ただし，これはあくまでも通常共同訴訟で

あるから，その他の点では共同訴訟人独立の原則が適用される。第一審で同時審判の申出があり，敗訴判決を受けた者が別々に控訴し，それぞれの控訴事件が同一の控訴裁判所に各別に係属するときは，控訴裁判所は弁論および裁判を併合しなければならない（同条3項）。同時審判申出共同訴訟は，通常共同訴訟であることから，審判の統一は事実上期待されるにすぎないが，控訴審に至るまで弁論の併合が法律上強制されることで審判の同時性が確保されるため，裁判所の訴訟指揮権に制限のない通常共同訴訟よりは審判の統一は確保されているといえる。

⑷　訴えの主観的予備的併合との関係

　同時審判申出共同訴訟が平成8年の改正で導入される以前は，**訴えの主観的予備的併合**という提訴方法が提案されていた。これは，原告がいずれか一方の請求を優先的に申し立て，それが認容されることを解除条件として他方の請求を併合して申し立てるというものである。冒頭の例でいえば，代理人と契約したことを理由に，第一次的に本人に対して契約の履行を請求し（主位的請求），併せて無権代理の疑いがあるとして，第二次的に無権代理人の責任を追及（予備的請求）するために，両者を併合提起するというものである。この場合，裁判所が主位的請求を認容した場合は，予備的請求について審判する必要はなくなるが，主位的請求を棄却する場合には，予備的請求について審判しなければならない。学説では，このような併合形態は紛争の実体的関係を訴訟手続に反映させる手段として適切であり，紛争の統一的解決に資するとして，これを肯定する見解が有力であった。しかし判例は，予備的請求の被告の応訴上の不安定・不利益，原告の便宜に偏することを理由に，これを不適法とした（最判昭和43・3・8民集22巻3号551頁〈百選A28〉）。同時審判申出共同訴訟は，それでもなお主観的予備的併合を提起することを期待する原告の手続的利益を実現するという観点から設けられたものであるが，その規律は主観的予備的併合による処理と完全に一致するものではない。確かに，弁論と判決の分離が禁止され，併合審判が維持されることにより，統一的な弁論と判決は確保されているし，証拠共通の原則により統一的な判決も期待できる。予備的請求の被告の応訴上の不安定も解消される。しかし他方で，原告は請求に順位を付けることはでき

ないし，特に上訴の関係では統一的解決は不十分である。すなわち，41条3項による弁論および裁判の併合強制は，各共同被告にかかる控訴事件が同一の控訴裁判所に係属している場合に限られる。また，共同訴訟人独立の原則が適用されることから，敗訴判決を受けた共同被告の1人だけしか控訴しない場合は，控訴審に移審するのはその者の請求のみということになり，原告の両負けの危険が再び浮上する。これを回避するためには，原告は念のため控訴をするしかない。このことから，同時審判申出共同訴訟のほかに，なお主観的予備的併合を認める必要性があるとする見解もみられる。

✊ 訴えの主観的追加的併合

　共同訴訟が訴え提起の後に発生する場合としては，裁判所による**弁論の併合**（152条1項）による場合と，当事者の訴訟行為による場合があり，後者を**訴えの主観的追加的併合**という。類型としては，第三者がその意思に基づき積極的に訴訟に参加する参加型と，当事者が第三者に対する訴えを従来の訴訟に追加的に併合提起する引込み型がある。選定当事者の追加的選定（30条3項・144条），参加承継（49条），共同訴訟参加（52条）は参加型に，訴訟引受（50条）は引込み型にあたる。訴えの主観的追加的併合により，係属中の訴訟手続の成果を利用して審判の重複を避け，統一的な紛争の解決を図るというメリットがあるが，明文で認められた場合以外にこれが認められるか，いかなる場合に認められるかについては議論がある。具体的には，交通事故の被害者が損害保険会社を被告として訴えている損害賠償請求訴訟について，加害者が被告側の共同訴訟人として，被害者に対して一定額以上の損害賠償債務不存在確認請求をする場合（参加型），不法行為に基づく損害賠償請求訴訟について，原告が被告の使用者を相手方とする損害賠償請求訴訟を併合する場合（引込み型）などである。判例は，学説では一般的に認められていた，主観的追加的併合の基本形である原告による被告の追加の場合ですら，否定している（最判昭和62・7・17民集41巻5号1402頁〈百選91〉）。訴訟を複雑化する弊害があること，軽率な訴え提起を増やすおそれがあること，訴訟の遅延をまねきやすいこと，別訴提起と裁判所による弁論の併合（152条1項）によって同じ状態が作り出せることなどが理由である。これに対しては，認めることにメリットのある事件類型もあるし，弊害がある場合には弁論を分離すればよいことから，一定の要件のもとで許容すべきであるとする説も有力である（広い意味での引込み

型については→本節 **7 (3)**コラム）。 ⇒246頁

6　訴訟参加 ─────────────────────────────●

(1)　補助参加

(a)　補助参加の意義・機能

　紛争が複雑化・多様化するにつれ，紛争に何らかの関係を有している者も増えてくる。このような紛争関係者のすべてが訴訟の当事者になるとは限らないが，特に当事者間の訴訟の成り行きに関心や利害関係を有する者もいる。このような当事者以外の第三者が訴訟に参加してくるのが**補助参加**である。補助参加とは，他人間の訴訟に，自らの請求をかかげることなく，当事者の一方を補助し，これを勝訴に導くことにより自己の利益を守るために参加する形態である（42条）。たとえば，債権者の保証人に対する保証債務履行請求訴訟に，主債務者が保証人を補助するために参加する場合である。この訴訟で保証人が敗訴して保証債務を履行すると，主債務者は保証人から求償請求（民459条）を受けることになるので，これを回避するために保証人を補助してこれを勝訴に導こうとするのである。このように補助参加の制度には，当事者適格を持たない第三者を訴訟に登場させることで，将来起こりうる紛争を未然に防ぐことが可能となり，多数当事者間の紛争を一挙に処理できるというメリットがある。さらに，当事者としてではないが，補助参加人として訴訟に関与させることで，参加人に一定の手続保障を与えることも可能となる。

　補助参加の申出は，審級のいかんを問わず上告審でもできる。また，第三者は補助参加の申出とともに上訴や再審の訴えを提起できる（43条・45条1項）。

(b)　補助参加の要件＝補助参加の利益

　補助参加には，多数当事者間の紛争を一挙に処理するというメリットがある反面，第三者の関与による訴訟関係の複雑化というデメリットもあり，既存の訴訟当事者に不測の不利益を与えることにもなりかねない。したがって，補助

参加が認められるためには，参加申出人に参加するだけの利益・必要性がなければならない。これが，**補助参加の利益**，すなわち第三者が訴訟の結果について法律上の利害関係を有すること（42条）である。

法律上の利害関係を有するとは，当該訴訟の判決が参加人の私法上または公法上の法的地位または法的利益に影響を及ぼすおそれがある場合をいう（東京高決平成20・4・30判時2005号16頁〈百選97〉）。単に友人を助けたいという感情的な利害関係や，債務者の財産の散逸を防ぐという経済的な利害関係があるだけでは，補助参加の利益は認められない。また，訴訟の結果とは，判決主文中の判断，すなわち訴訟物たる権利関係の存否についての判断だけでなく，判決主文を導くのに不可欠な判決理由中の判断も含まれるとするのが，近時の有力説である。以上をまとめると，訴訟物たる権利関係についての判断が，実体法上参加申出人と一方当事者との間の権利関係の論理的前提である場合には，補助参加の利益が認められる。冒頭で挙げた例のように，訴訟物である保証債務に関する判断が，保証人の主債務者に対する求償権の存否の論理的前提となっている場合がこれにあたる。

裁判例は，訴訟の結果を訴訟物についての判断に限定するものと，近時の有力説に従い，判決理由中で判断される事実や法律関係の存否について法律上の利害関係を有する者にも補助参加の利益を認めるものに分かれている。補助参加の利益は，補助参加制度の趣旨に加えて，審理の遅延や複雑化という参加を認めた場合のデメリットと，参加によって資料が豊富になり審理の充実につながるというメリットを衡量して，訴訟の結果が補助参加人の法的地位に及ぼす影響が間接的である場合や事実上の場合でも，比較的緩やかに認められる場合もあると解される（たとえば最決平成13・1・30民集55巻1号30頁）。

なお，補助参加の利益は職権調査事項ではなく，当事者が異議を述べた場合にのみ審査される（44条）。

(c) 補助参加人の地位

補助参加人は，自らの権利を主張して請求を立てることはせず，もっぱら被参加人に付随してその訴訟を追行する。他方で，自らの利益保全を最終目的として，既存の訴訟当事者の意思に反してでも参加することができ，自己の名と費用の投下において訴訟に関与し，自らのために訴訟追行をする。この補助参

加人に特有な二面性が，その地位の独立性と従属性に表れている。

① 独立性

補助参加人は，原則として，参加した訴訟において，当事者と並んで自己固有の訴訟追行権を持ち，被参加人ができる一切訴訟行為ができる（45条1項本文）。したがって，期日の呼出しや訴訟書類の送達も当事者とは別に行われる。

② 従属性

補助参加人は当事者ではなく，判決の名宛人でもない。補助参加人が死亡しても手続は中断しない。あくまで被参加人の補助であることから，その地位は一定の制約を受けることになる。これは，従来の訴訟に第三者が参加してくることで訴訟が遅延したり混乱したりして，既存の当事者の利益が害されないようにするための配慮でもある。第一に，補助参加人は，参加時点での訴訟状態に服さなければならない（45条1項ただし書）。参加時点で被参加人ができない行為を補助参加人がすることはできない。第二に，補助参加人は，訴えの取下げや請求の放棄・認諾，訴訟上の和解など，訴訟自体を処分することはできない。第三に，補助参加人は，被参加人の訴訟行為と抵触する行為をすることはできないし，してもその効力を生じない（同条2項）。したがって，被参加人が自白した事実を補助参加人は争うことはできないし，補助参加人が一定の主張や証拠申請をしても，被参加人はそれを取り消したり，反対の主張をして，その効力を失わせることができる。

(d) **補助参加の効力**

補助参加に係る訴訟の裁判は，補助参加人に対してもその効力を有する（46条）。これは**参加的効力**といわれ，当事者間で生じる**既判力**（→第**3**章第**3**節**2**^{⇒188頁}）とは異なる，補助参加訴訟に特殊の効力とされている（最判昭和45・10・22民集24巻11号1583頁〈百選98〉）。参加的効力は，補助参加に係る訴訟の裁判（被参加人の敗訴判決）が確定した後で，参加人と被参加人との間で第二の訴訟が起こった場合に作用するものであり，補助参加人は，前訴で確定された事項と矛盾する主張をすることができなくなる。補助参加人が被参加人と協同して訴訟を追行した結果としての敗訴の責任を，両者に公平に分担させるものである。たとえば，債権者と保証人間の保証債務履行請求訴訟で，主債務者が保証人側に参加し，主債務の不存在を主張して争ったが，保証人が敗訴した場合，保証

人からの求償権行使の後訴において，主債務者は主債務の不存在をもはや争うことはできない。

ただし，補助参加人が参加的効力に拘束されるのは，前訴で十分に主張・立証を尽くす機会が与えられていた場合に限られる。既に述べたように，補助参加人の地位は従属的であり，被参加人の訴訟行為が優先されることから，必ずしも思いどおりの訴訟追行ができるとは限らない。したがって，補助参加人がその地位の従属性から訴訟行為を制約され，十分に争う機会が保障されていたとはいえない場合には，参加的効力は生じない（46条各号参照）。このように参加的効力には，それが生じるために一定の要件が課されているなど，既判力とは異なるいくつかの特徴がある。第一に，参加的効力は，被参加人が敗訴した場合に限り，かつ補助参加人と被参加人との間でだけ生じる。第二に，既判力は判決主文の判断にしか生じないが，参加的効力は，判決主文の判断を導くのに不可欠な判決理由中の判断にも生じる。これに対して近時は，補助参加人と，被参加人の相手方（保証債務履行請求の例でいえば，原告の債権者）との間にも拘束力を認めることが合理的な場合があるのではないかという問題提起から，46条の効力を既判力と同様に，当事者の手続権の実質的保障に根拠をもつものととらえる考え方もある。これによれば，46条の効力は，補助参加人が被参加人と並んで主張・立証を尽くして相手方と争う地位を与えられ，または現に争った以上は，公平上相手方との関係にも及ぶとされる。

(2) 訴訟告知

(a) 意 義

補助参加や当事者参加などの訴訟参加は，参加人自らが積極的に関与することもあるが，既に係属している訴訟の当事者から，これら参加可能な第三者に訴訟の存在（訴訟係属の事実）を法定の方式により知らせて，参加を促すことも少なくない。これが**訴訟告知**の制度である（53条）。この訴訟告知には2つの機能がある。第一に，告知を受けた者（被告知者）は，訴訟に参加して自己の利益を守る機会を与えられる。第二に，告知者は，被告知者を訴訟に参加させることで，その援助を期待できるとともに，被告知者が訴訟に参加しなかった場合にも，敗訴した場合には被告知者との間で参加的効力を発生させることが

できる（53条4項・46条）。ただ，被告知者は，告知を受けたからといって必ず訴訟に参加しなければならないわけではないから，第二の機能が主要な機能であるといえる。それゆえ訴訟告知は，告知者のための制度とされる。

(b) 要 件

訴訟告知は，当事者以外の第三者で，当事者または補助参加人として参加をなしうる法的な利害関係を有する者に対してすることができる。条文上はそのような規定になっているが，実際には，告知をする当事者が所定の訴訟告知書を提出すれば（53条3項），裁判所はこの要件を事前に審査せずに，そのまま送達しているようである。その限りでは，利害関係を有する者に広く参加の機会を付与するという，訴訟告知の第一の機能が重視されているといえよう。

実際にこの要件が問題となるのは，告知された訴訟の裁判が確定した後，告知者と被告知者との間で起こる第二の訴訟において，次に説明する，訴訟告知の効果としての参加的効力が生じるかどうかを審査する場面である。したがって，53条1項の要件は，訴訟告知をするための要件というよりはむしろ，訴訟告知の効力発生要件ととらえることができる。

(c) 訴訟告知の効果

被告知者は，訴訟告知により当然に当事者間の訴訟に参加したことになるわけではない。参加するかどうか，いずれの当事者の側に参加するかは，被告知者の判断に委ねられている。ただし，たとえ参加しなくても，告知者が敗訴したときは，補助参加の利益を有する被告知者は，訴訟告知により参加が可能となった時に参加したのと同じ扱いを受ける。すなわち，当事者間の判決の参加的効力を及ぼされることになる（53条4項）。

しかし既に述べたように，訴訟告知自体はかなり広く利用されており，告知を受けただけで当然に参加の要件を充足し，その結果訴訟告知の効果としての参加的効力が及ぶわけではない。そもそも1枚の訴訟告知書に，後訴での参加的効力という強い効果を一般的に認めてよいのかについては疑問も呈されている。現在の判例・通説は，訴訟告知によって参加的効力が生ずるのは，被告知者が補助参加の利益を有することを前提として（最判平成14・1・22判時1776号67頁〈百選99〉），告知者と被告知者との間に，告知者敗訴を直接の原因として求償または賠償関係が成立する実体関係がある場合に限られるとする。この場

合には，被告知者が実体関係を熟知しており，告知者に協力することが期待されてしかるべきだからである。この場合，訴訟告知の効果の要件としての参加の利益は，補助参加の要件としての参加の利益よりも狭く解すべきである。

　また，被告知者が告知者の側ではなく，その相手方に参加することもあるが，この場合にも，告知者との後訴で参加的効力を生ずるかが問題となる。このような場合には，告知者と被告知者との間に利害対立があり，そもそも告知者の訴訟追行に協力することが期待できる状況ではない。したがってこの場合には，被告知者に参加的効力を生じさせる正当化根拠はないので，告知の効力は生じないと解すべきである。

▌(3)　独立当事者参加 ▌

(a)　意　義

　補助参加とは異なり，第三者が係属中の他人間の訴訟に参加し，当事者となる場合を当事者参加という。当事者参加には，第三者が独立の当事者として参加する形態（47条）と，係属中の訴訟の原告または被告と並んでその共同訴訟人となる形態（52条）がある。ここでは前者を見てみよう。

　民事訴訟は二当事者対立構造をとるところ，3人以上の当事者が互いに対立牽制して争いながら紛争の統一的な調整を図るのが，**独立当事者参加**である。たとえば所有権に基づく建物明渡訴訟において，第三者が原告に対しては所有権確認を，被告に対しては賃料の請求をして参加する場合，3者がそれぞれ対立する当事者として関与する三面的な訴訟と解される。こうして独立当事者参加では，3者間あるいはそれ以上の多角的関係に矛盾のない統一的な解決がもたらされる。ただし，それは必ずしも本質的な合一確定の要請に根ざすものではない。上記の例でも，当初の建物明渡訴訟の判決効は第三者に及ぶわけではなく，第三者の訴訟とそれぞれ別訴とされることも禁止されていない。統一的解決の要請は個別紛争の性質に応じて決めれば足りる。

(b)　要　件

　独立当事者参加には，第三者が他人間訴訟で自己に不利益な判決がなされるのを阻止する詐害防止参加（47条1項前段）と，自己の請求を持ち込んで積極的に訴訟対象の全部または一部が自己に帰属することを主張する権利主張参加

（同項後段）がある。

　詐害防止参加とはどのような場合かについては，補助参加の要件との関係もあって，諸説が対立しているが，ここでは要するに馴れ合い訴訟の防止が目的であるとしておく。ただし馴れ合いだと主張すれば誰でも参加できるわけではないから，害されると主張する第三者の地位・利益という実体面のほか，当事者の詐害的な訴訟追行という手続面が問われる。

　たとえば X が，Y は X 所有の土地につき無断で移転登記をしたと主張して抹消登記手続請求の訴えを提起したとき，Z は，Y に対する貸金債権の担保のため Y からこの土地に抵当権設定登記を受けていたので，詐害防止参加の申出が認められた例がある。Z には XY 間の訴訟の判決効は及ばないが，Y が土地の所有名義人でなくなると，後に X から抵当権設定登記の抹消を求められたりするので，Y が欠席するなど不熱心な訴訟追行をしている場合は XY 間の訴訟に介入する必要がある。

　権利主張参加は，(a)で前述した所有権に基づく建物明渡訴訟に第三者が原告 ⇒236頁 に対する所有権確認を求める場合が典型例であり，一般に係属中の訴訟の目的である物件または権利関係が参加人のものであること，あるいは参加人が優先する権利を有することを主張する場合を指す。それは，参加人の請求が本訴の原告の請求と論理的に両立しえない関係にあることを意味するとされている。この請求の両立性に関して次の2例を挙げておく。

　①不動産が二重譲渡された紛争類型において，譲受人の一方が独立当事者参加できるかどうかについては議論がある。X の Y に対する所有権移転登記請求訴訟に，Z は Y に対する所有権移転登記請求と X に対する所有権確認を掲げて独立当事者参加できるとするのが判例・学説の趨勢であったが，近時，最高裁が消極説を採ったこと（最判平成6・9・27 判時 1513 号 111 頁〈百選 100〉。ただし，参加人がすでに仮登記を備えていた事例）を契機に，消極説も有力となっている。X が主張する移転登記請求権と Z の主張する移転登記請求権は，実体法上双方が認められてもかまわないから両請求が両立しえないという要件を満たさない。また X が先に登記を得て Z が不利益を得るとしても，それは実体法が認める登記の自由競争にすぎないというのである。けれども，Y の単一不動産に対して2人の買主が競合して登記手続請求をする紛争は，社会的実体

としてはひとつの紛争であり，最終的にはいずれもが所有者として所有権移転登記を受けることはできない。そのような紛争を XZ による訴訟外の登記の争いにするのでなく，訴訟のなかに取り込んで 3 者に調整の機会を与えるために権利主張参加を認めるべきではないか。

②債権者代位訴訟において，債務者 Z が原告 X は実は Z に対する債権者ではないから原告適格がないと主張する場合，判例は，X に対し代位された債権の不存在確認請求，被告 Y に対し債権について自己への給付請求を立てた独立当事者参加を認める（最判昭和 48・4・24 民集 27 巻 3 号 596 頁〈百選 103〉）。ただし，原告も参加人も同じ被代位債権に基づいて同一内容の判決を求めており，請求が両立しえないわけではない。両立しないのは両者の当事者適格であると考えられてきた。しかし，平成 29 年民法改正により債務者は債権者が被代位債権を行使した場合でも自ら処分ができるとされたことから（民 423 条の5），当事者適格も両者にあるため権利主張参加の要件を満たさなくなった。それでも現在のところ Z が X の債権を争う場合はこの参加により，争わない場合には共同訴訟参加（52 条→本節 **6**(3)(e)コラム^{⇒241頁}）すべきと考えられている。

⇒241頁

(c) 参加手続

独立当事者参加の申出方式は，補助参加の申出に準じるが（47 条 4 項），実質的には訴え提起であるから書面による必要がある（同条 2 項）。その書面は当事者双方に送達しなければならず（同条 3 項），それにより参加人の請求につき訴訟係属が生じる。

参加人は，係属する訴訟の当事者それぞれに対して自分の請求を立てて参加申出をするのが原則とされてきた。しかし，当事者の一方と参加申出人との間に争いがない場合，わざわざ請求を向ける必要がない場合もある。このような場合，当事者の一方のみを相手どり，これに対する請求だけを掲げる参加（**片面的参加**）が許されるか，旧法下では議論があり，許容する説が有力であったところ，現行法はこれを認めた（47 条 1 項）。

独立当事者参加の要件は，訴訟要件と同じく口頭弁論に基づいて調査する。要件を満たさない場合でも，一般の併合要件を満たせば**主観的追加的併合**として（→本節 **5**(4)コラム^{⇒230頁}）併合審判に付し，この意味の併合要件もない場合には別訴として処理することが妥当と考えられる。

(d) 審 判

独立当事者参加訴訟の手続にも，原告と参加人の請求を統一的に審理・判断するため，必要的共同訴訟の規定（40条1項〜3項→本節**4(1)**）が準用されている（47条4項）。しかし，この準用の意味は3者間の共同関係ではなく対立・牽制関係である。これに基づいて1人を除外して他の2者だけで勝手に訴訟追行がなされないようにする趣旨であり，争う姿勢を見せている限りで矛盾のない判決がもたらされれば足りる。確認すると，①2者間でした訴訟行為も他の当事者の利益になる場合のみ効力を生じるとされる（40条1項の準用）。たとえば被告が原告に対して請求の認諾や自白をしても，参加人が争う限り効力を生じない。ただし，金銭の支払を求める訴訟の被告が，原告と参加人との両者に対して無条件の認諾をすることは認められてよい。和解についても，公表されている裁判例（仙台高判昭和55・5・30判タ419号112頁〈百選102〉）は反対しているが，他の1人に不利益が及ばない限り，2者間でできると考えてよい。②1人が1人に対してした訴訟行為は，原則として他の1人に対してもなしたことになる（同条2項の準用）。③1人について中断・中止の事由があれば，全員との関係で手続が停止する（同条3項の準用）。

敗訴した2者のうち1人だけが上訴した場合，自ら上訴していない敗訴者が上訴審でどのような地位に就くか，その者の敗訴判決部分も上訴審の審判対象となるかは，議論が分かれる問題である。問題の一面を具体化しよう。所有権の帰属を争う権利主張参加で，原告の被告に対する請求を認容し，参加人の請求を棄却した一審判決に対し，被告のみが控訴した場合，控訴審は原告の請求を棄却し参加人の請求を認容する判決ができるか。従来の議論を大きくとらえれば，上訴しなかった参加人は民訴法40条1項を準用して上訴人の地位に就くとする見解は参加人の請求を認容する判決ができるとし，同条2項を準用して被上訴人の地位に就くとする見解はこれを否定してきた。一方，最高裁は，自ら上訴しない者は被上訴人になるとしつつ，合一確定に必要な限度で自ら上訴しない者の判決部分をも変更できるとした（最判昭和48・7・20民集27巻7号863頁〈百選101〉）。判例が上訴審における当事者の地位と審判対象とを直結させない点は評価できるが，上訴審の審判対象は上訴人が不服を申し立てた範囲に限られるとの原則との関係をどのように説明するかなど，理論的に詰めるべ

き点が残されている。また被上訴人たる地位を与える点についても，実質上自ら上訴しない者の判決を変更する必要のない場合まで，その者を被上訴人と扱う必要があるかという疑問もある。

(e) 二当事者訴訟への還元

参加後も原告は訴えを取り下げることができる。**訴えの取下げ**（261条）には被告の同意のみならず，参加人の同意も要るとされているが，参加人の原告に対する請求が残るとすれば，参加人の同意が必要か疑問もある。取下げ後は，参加人の原被告に対する共同訴訟に還元される。参加人は，訴えの取下げに準じて参加申出の取下げができる。取下げ後は原告の当初の訴えが残る。

参加によって，従来の原告または被告がもはや当事者として訴訟にとどまる必要を感じなくなる場合，相手方の承諾を得て訴訟から**脱退**できる（**訴訟脱退**。48条）。脱退後の手続でなされた判決は，脱退した当事者に対しても効力を有する。係争物の譲受人が参加してきたので譲渡人たる原告が自己の請求を維持する必要がなくなった場合や，金銭支払請求などで被告としては原告と参加人といずれが権利者と判断されてもかまわないという場合などが考えられる。

脱退の性質，脱退者に及ぶ判決の効力については説が分かれている。有力説は，脱退を，自己の立場を全面的に参加人と相手方の勝敗結果に任せ，判決を条件として，予告的に請求の放棄または請求の認諾（266条・267条）をするものととらえる。これを，上記の金銭支払請求で被告が脱退した場合で具体的に説明すると，脱退後の訴訟で原告が勝訴しその判決が確定すれば，被告脱退による原告請求の認諾の効力として「被告は原告に金○○円を支払え」との判決が確定したのと同じ効力（既判力・執行力）が生じる，ということになる。この説は，脱退者に及ぶ効力を脱退の処分的性質から導ける点，脱退者に対する執行力を導きやすい点で優れている。しかし，脱退の性質を条件付きの放棄・認諾ととらえるのが脱退の本質に合致しているか，この見解によれば原告の請求を認容する場合に参加人の被告に対する請求について棄却の効果を生じないなど，何らの効力も及ばないブランクが生じるがそれでよいのか，といった問題もある。そこで上記の有力説とは別の見解もさまざま生まれている。このうち，脱退によって脱退者に対する請求部分は審判対象でなくなるという前提そのものに疑問を投じ，被告脱退は当事者権・防御権の放棄にすぎないと見る立場が

わかりやすい。すなわち，脱退被告は当事者として防御する権限を放棄するが，その者に対する請求自体は審判対象として残っていると見て，原告と参加人との争いに応じ，必要な限りでその部分にも訴訟の効力を及ぼすことにすれば，上記の例でも参加人の脱退被告に対する請求に棄却の効果を認められよう。

☝ 共同訴訟参加と共同訴訟的補助参加

共同訴訟参加（52条）とは，第三者が原告または被告の共同訴訟人として参加することで，参加の結果，合一確定を要する共同訴訟（40条）となる場合である。明文で**主観的追加的併合**（→本節**5**(4)コラム）を認めている場合のひとつといえる。株式会社における責任追及訴訟の原告側に出訴適格があるほかの株主が参加する場合（会社849条）など，本訴訟の判決が参加人と相手方との間にも及び（同838条），類似必要的共同訴訟となる場合にこの参加が認められる。平成29年民法改正後の民法423条の5によれば，債権者代位訴訟に原告の債権を争わない債務者が参加する場合にも，これまでも可能であった共同訴訟的補助参加のほか，この参加が可能となった。⇒230頁

共同訴訟的補助参加は，通常の補助参加人よりも強力な地位を参加人に与えるために認められる補助参加の一態様である。共同訴訟参加と違い，参加人に当事者適格がなくてもよい。解釈上たとえば行訴法22条の参加がこれにあたるとされてきた。人訴法15条は，身分関係の当事者が死亡しているため検察官が被告とされている訴訟で，訴訟の結果により相続権を害される利害関係人が参加する場合についてこの参加方法をはじめて法定した。なお，共同訴訟参加ができる場合でも，（共同訴訟的）補助参加を申し立てることはできる。

7　訴訟承継

(1)　訴訟承継の意義

　訴訟の係属中に当事者が死亡したり係争物が譲渡・賃貸されたりして実体法上の権利・法律関係が変動し，その結果，**紛争の主体たる地位**が当事者の一方から第三者に移転する場合がある。**訴訟承継**とは，このような場合に，この第

三者が新たに当事者となって従来の訴訟を引き継いで追行することをいう。基準時後に紛争主体の地位が第三者に引き継がれた場合は，**口頭弁論終結後の承継人**の問題である（115条1項3号→第**3**章第③節**5**(2)(a)②）。これに対し，基準時前に権利関係の変動がある場合，当初の当事者間の判決効を第三者に及ぼすのではなく，係属している訴訟手続を第三者に引き継がせることにしている。訴訟承継の効果としては，承継人すなわち新当事者は旧当事者が追行した訴訟結果をそのまま受け継ぎ，時効の完成猶予（平成29年民法改正前は時効中断）・期間遵守の効力は維持され（49条・51条），従前の弁論や証拠調べの結果は新当事者を拘束すると説くのが通説である。

訴訟承継には，相続や会社の合併など，当事者の地位が包括的に第三者に承継された場合に（包括承継ないし一般承継），法律上当然に新たな紛争主体となった第三者が当事者となる**当然承継**と，係争物の譲渡や債務引受けなど，当事者の特定の権利関係が第三者に承継される場合に（特定承継），当事者の行為により訴訟承継が生じる参加承継・引受承継がある。**参加承継**は，新たな紛争主体が訴訟参加の申出をし，新当事者となる場合である（49条・51条前段）。**引受承継**は，承継関係の相手方＝既存の当事者が承継人たるべき者に対する訴訟引受けの申立てをすることにより，その者が新当事者となる場合である（50条・51条後段）。

訴訟係属中の権利関係の変動への対応としては，当事者適格に影響を与えず，基準時後の承継と同様に，当事者の受けた判決は第三者（＝**承継人**）に及ぶとするドイツのような立法例もある（**当事者恒定主義**）。しかし，従来の訴訟追行の結果を維持しつつ，相手方と第三者の公平を図る趣旨から，日本では新当事者に訴訟状態を引き継がせる**訴訟承継主義**を採っている。当事者恒定主義に比べて訴訟承継主義は承継人への手続保障を重視している点で優れている。けれども，特定承継の場合に当事者は相手方が第三者に譲渡や賃貸するのをいつも見張っていなければならないのでは困る。そこで原告は，被告から第三者への譲渡を禁ずる処分禁止の仮処分（民保55条），賃貸等を禁ずる占有移転禁止の仮処分（同62条）をすることができる仕組みになっている。

(2) 当然承継

　訴訟の係属中に当事者が死亡しても，**二当事者対立構造**（→第**1**章第**2**節**1**）^{⇒43頁}の喪失として訴えを却下せず，財産権上の訴訟については相続人が新当事者として手続を受け継ぐ。新当事者はゼロから訴訟手続をやり直すのでなく，財産があれば相続されるのと同様，死亡した旧当事者の訴訟手続を引き継いで続けていくものとされている。

　当然承継に該当する場合についての規定はないが，**訴訟手続の中断と受継**（→第**2**章第**2**節**4**(4)）^{⇒114頁}に関する法規（124条以下）を手がかりにすることができる。当然承継の原因としては，当事者の死亡のほか，法人の合併による消滅，当事者に対する破産手続の開始などがある（124条1項1号2号，破44条1項）。当然承継の原因が生じ，当然に当事者が変動するときには，新当事者の手続保障のために訴訟手続を中断して，新当事者に手続を受継させることとなる。しかし手続の中断・受継は訴訟承継とは別個の概念であり，中断が生じても訴訟承継はない場合がある。たとえば，当事者が訴訟能力を喪失したり，当事者の法定代理人の代理権が消滅した場合，当事者が変わるわけでなく承継はないが，新たに訴訟を追行する者が登場するのを待つため手続は中断する（124条1項3号）。逆に，当事者が死亡しても訴訟代理人がある場合など，訴訟承継はあっても中断しない場合もある。すなわち，旧当事者に**訴訟代理人**がついていれば，代理人がそのまま訴訟を続行するので，手続を中断する必要はない（同条2項）。

　なお，離婚訴訟中の夫婦の一方が死亡した場合や，係争権利が扶養請求権などのように相続の対象とならない一身専属権である場合には，訴訟は意味がなくなり，訴訟は当然に終了する。

✊ 当事者の死亡と訴訟代理権

　当事者が死亡しても，訴訟代理人がいれば手続は中断しない。当事者は変動しても手続の外形上は変わりなく進行することになる。旧当事者が死亡した時点で新当事者が**当然承継**しており，旧当事者の訴訟代理人は，今度は新当事者のために訴訟を追行すると見るのが一般的であり，新当事者は受継の手

続をとる必要がないとされている。訴訟代理人は旧当事者の死亡時に，その財産を相続した者が誰とは知らなくとも，その訴訟代理人となって引き続き訴訟追行することになるが，訴訟代理権の範囲は法定されているし（55条），もし新当事者がその代理人に委任したくなければ解任して別の弁護士を立てることができるので問題ないとされる。そうして判決が旧当事者の名で下されていても，実質上承継人に対してなされたものと解される。

けれども，代理人または新当事者が，旧当事者の死亡の事実と承継人であることを届け出なければ，相手方当事者も裁判所もわかりようがない。関係者も誰もわからないうちに当事者が変わっていたと見るのは不自然ではないだろうか。実際，当事者の死亡後も訴訟代理人がいて受継手続がなかったため，口頭弁論終結後にはじめて承継が判明して，**口頭弁論の再開**（153条）が必要となった判例もある（最判昭和56・9・24民集35巻6号1088頁〈百選39〉）。考え方としては，裁判所に承継を届け出て（規52条）それが確認されたときに手続上は当事者が交替したと解し，従前の代理人も新当事者から委任を受けるまでは事務管理として活動しているとしてはどうか。

⑶ 参加承継・引受承継

　XのYに対する建物収去土地明渡訴訟の係属中に，Yが建物をZに賃貸したとする。Xは，建物はYの所有なのでYに対する請求を維持しつつ，建物賃借人Zに対しても明渡判決を得なければ，建物収去土地明渡しの強制執行ができない。Zとしても，訴訟係属中にその当事者であるYから賃借して係争中の土地家屋に入ったわけであり，Xから出て行けと迫られている。建物収去義務に関する紛争のうち，建物退去については占有を承継したZが当該紛争の主体たる地位をYから承継したと解される（最判昭和41・3・22民集20巻3号484頁〈百選104〉）。このような場合，Xが申し立ててZにこの訴訟を引き受けさせること（50条）を**引受承継**といい，Zから訴訟に参加することを**参加承継**という（49条）。義務の承継をした者も自ら進んで訴訟承継でき，逆に権利を承継した者も相手方からこれを訴訟に引き入れることができる（51条）。参加承継・引受承継の原因となるのは係争物の譲渡，すなわち訴訟の目的たる権利・義務ないし**紛争の主体たる地位**を第三者が承継することである。

参加承継の場合は独立当事者参加（47条）の形式で当事者になれる。旧当事者と争いがないときは片面参加によることができるし，参加があれば旧当事者は脱退できる（48条）。これに対し，引受承継の場合は申立て時に請求を定立する必要があるかにつき争いはあるが，引受人は従前の当事者と同じ請求であれば，引受け時に請求を立てる必要はない。引き受けさせるかどうかはZを審尋して，決定で裁判する（50条2項）。

　参加後の審理原則にも違いがある。参加承継の場合は独立当事者参加によるので**必要的共同訴訟**の原理（40条1項〜3項）がはたらくこととされている。これに対して，引受承継の場合はXY間の訴訟にXZ間の訴訟が追加されたことになり，構造上も審理原則も**通常共同訴訟**（39条）になるにとどまる。ただし，両訴訟は実体法上両立しない関係にあるので，同時審判申出共同訴訟の規定が準用され（50条3項），弁論の分離，一部判決が禁止されて，その限りでは審理の統一が図られる。けれども，参加の形態が違うだけで一方は強固な**合一確定**がはたらき，他方ははたらかないのはおかしいので，解釈・運用により両者を近づける必要があろう。

　承継人Zは，前主Yの訴訟追行に基づいて形成された訴訟状態を全面的に引き継ぎ，それまでにXY間でなされた弁論や証拠調べを含めて，Yの自白に反する主張，時機に後れた攻撃防御方法などは原則できないとされている。すると，たとえばYがXの土地所有権について自白していた場合，Zはそれに拘束されることになり，争い直すことはできないことになる。しかし，訴訟状態を引き継ぐことの実質的根拠が，承継人の利益が前主によって代表されていることにあるとすれば，承継人固有の攻撃防御方法は制約されずに当然に提出できることになる。さらに前主によって承継人の利益が十分に反映されていない場合には，承継人に独自の立場から主張・立証の機会を与えるべきである。すると，上記のYによる自白をZが争うことを認める必要があろう。

☝ 任意的当事者変更

　従来の当事者に代わって新しい当事者が訴訟を追行する場合を，広く「当事者の変更」といい，法定当事者変更と任意的当事者変更がある。前者はさらに，当事者変更が当然生ずる場合（当然承継）と，当事者の申立てによって生じる場合（参加・引受承継）に分かれる。

　任意的当事者変更は法律に基づかないで当事者変更が認められる場合であり，通常は，誤って当事者としてしまった者を本来当事者とすべき者に変更する場合を指す。たとえば実際に土地を不法占拠しているのはＹ個人でなく，Ｙが代表取締役をしているＺ会社である場合などに，当事者をＹからＺに変更し，Ｙとの従来の訴訟を維持し，旧訴状を補正して利用したり，印紙を流用したりするなど，Ｚとの訴訟に利用することである。別人に変えるため訴状の表示の訂正で済まないときは，新訴提起と旧訴取下げの複合行為と理解される。

　この任意的当事者変更には，広い意味では第三者の訴訟引込み（**主観的追加的併合→本節5(4)コラム**）も含まれる。⇒230頁 これは，すでに当事者となっている者が第三者を訴訟に引き込んで，対第三者との関連請求について併合審理を求めるものである。たとえば，原告が当初から第三者をも被告として訴えることができたのに脱落していたときに，追加的に第三者に対する訴訟を併合提起する場合などである。具体的には，交通事故の他の加害者を被告に加えるケースや主債務者に対する請求に保証人に対する請求を加えるケースが想定できる。このような併合は，明文の規定によらないとはいえ，第三者の引込みのなかでも最も認めやすいと考えられるが，最高裁は許していない。最判昭和62年7月17日（民集41巻5号1402頁〈百選91〉）は，原告が別訴を提起することしか認めず，それを裁判所の裁量で併合すれば足りる，つまり当事者には併合審理を申し立てる権限はないとしており，学説の批判を浴びている。

CHECK

1　共同訴訟にはどのような類型があるか，またその類型ごとの審理の特徴について整理しなさい。
2　訴訟の係属中に，当初の当事者に加えて，あるいは当事者に代わって利害関係人が関与する手続にはどのようなものがあるか，それぞれの場合を整理しなさい。

第 **5** 章

上訴・再審

1 上 訴

　法の定めた資格を有する裁判官といえども，人間である以上，常に誤りのない裁判をするとは限らない。にもかかわらず，いったん裁判が下されたら二度とその裁判に対して不服を申し立てることはできないとすると，裁判による当事者の真の救済は結局図られたことにはならないし，ひいては国民の裁判に対する信頼も揺らぐこととなる。そこで法は，当事者に不当・違法な裁判が確定する前にこれを是正する機会を保障しており，このような制度を上訴という。この節では，下された裁判（判決，決定・命令）に対して不服のある当事者に対する救済手段としての上訴制度の目的や仕組み，種類を確認し，当事者はどのような場合に不服申立てができるのかについて学んでいく。

1 上訴とは

(1) 上訴の仕組み・種類・目的

上訴とは，裁判所に審級を設け上級裁判所に下級裁判所の裁判の審査を行わせる制度である。わが国の上訴制度は，最高裁判所を頂点としたピラミッド構造のもと，**三審制**を採用している。第二審は第一審裁判の法適用の誤りだけでなく事実認定の誤りについても審査する**事実審**であるが，最上級審は第二審裁判の法適用の誤りのみを審査する**法律審**である。

上訴には，判決に対する不服申立てとしての**控訴・上告**と，決定・命令に対する不服申立てとしての**抗告**の3種類がある。

上訴制度の目的については，①誤判からの当事者の救済と，②法令解釈・法適用の統一の2つが挙げられる。事実審である控訴（抗告も同じ）については，①を主な目的としているという点でほぼ争いはない。他方，法律審である上告の目的については，上告審が法律審であり判例変更の際には大法廷で裁判することとされている（裁10条3号）ことなどを根拠に，②を上告の主たる目的とする見解（法統一説）や，敗訴当事者からの上訴がなければ法の統一も実現されないことから，①を上告の主たる目的とする見解（当事者救済説），さらには，①②のいずれが上告の主な目的であるかを論ずる実益自体さほどない（併存説）とする見解などが存在する。

(2) 上訴の要件と上訴提起の効果

(a) 上訴の要件

上訴が提起された場合に，不服申立ての当否（上訴の本案）について直ちに審理されるのではなく，その前提として適法な上訴でなければならない。

上訴の一般的要件としては，①原裁判が不服申立てのできる裁判であること（283条ただし書参照），②上訴の提起が適式であり（286条・314条・331条），上訴期間（285条・313条・332条）を遵守していること，③上訴権の放棄（284条・313条）や不上訴の合意（281条1項ただし書）がないこと，④原裁判に対して上訴人が**上訴の利益**（**不服の利益**）をもつこと，などが必要である。

上訴の利益とは，当事者が上訴を提起して原裁判に対する不服の当否について上訴審の審判を求めることができる訴訟法上の当事者の地位を指し，これはちょうど訴えの提起における訴えの利益（→第**1**章第**1**節**2**）に相当する概念といえる。上訴の利益の有無の判断基準については，原審における当事者の申立てと原裁判の主文の大小を比較して，前者よりも後者が小さい場合のみ上訴の利益を認める見解（形式的不服説）が多数説とされる（最判昭和31・4・3民集10巻4号297頁〈百選105〉など判例もこの立場といえる）。

　形式的不服説に従うと，全部勝訴の当事者には原則として上訴の利益はないが，一部認容判決などの場合には原告・被告双方に上訴の利益がある。また，被告が請求棄却を求めていたにもかかわらず訴え却下判決が下された被告には上訴の利益がある（最判昭和40・3・19民集19巻2号484頁参照）が，逆の場合（訴え却下を求めていて請求棄却判決が下された場合）には原則として上訴の利益はない。さらに，判決理由中の判断が当事者の主張と異なっていたにすぎない場合にも，原則として上訴の利益はない。

　しかし，相殺の抗弁のように判決理由中の判断であっても拘束力がある場合（114条2項→第**3**章第**3**節**4**(2)(a)）や，別訴禁止規定（人訴25条）により後訴が許されない場合には，形式的不服説の立場においても，例外的に上訴の利益を認めざるをえない。また，一部請求訴訟の場合に全部勝訴した原告については，形式的不服説によると上訴の利益が認められないことになるが，原告が残部についてまで請求の拡張を意図して上訴を提起しようとする場合についても上訴の利益を認めるべきだとすると，形式的不服説の立場ではこれも例外として扱わざるをえない。

　そこで近時では，原裁判が確定することで既判力その他の拘束力により致命的な（後訴では救済されない）不利益（一部請求後の残部請求を否定する立場では，この不利益が認められることになる）を被る者に上訴の利益を認めようとする見解（新実体的不服説）も有力に唱えられている。

(b)　上訴提起の効果

　適法な上訴がなされると，原裁判は確定しなくなり（**確定遮断効**。116条2項），事件全体の係属も（訴訟記録を含め）原審から上級審に移行する（**移審効**。規174条）。この2つの効力は，上訴人が申し立てた不服申立ての限度にとどまらず，

原裁判で判断された全部の事項について生じる（**上訴不可分の原則**）。ただし，通常共同訴訟の各共同訴訟人に対する請求が1個の判決で判断され，この判決に対し一部の共同訴訟人だけが上訴した場合には，共同訴訟人独立の原則（39条→第**4**章第2節**3**(4)(a)^{⇒221頁}）により，上訴した共同訴訟人に対する請求についてだけ確定遮断効・移審効が生じる。

2　控　訴

(1)　控訴の提起と附帯控訴

(a)　控訴の提起

控訴の提起は，控訴期間内に控訴状を原裁判所に提出して行う（286条1項）。控訴期間は，判決書（電子判決書）または調書判決の場合の調書（電子調書）（改正前254条2項，改正後254条2項→第**3**章第2節**3**(2)^{⇒184頁}）の送達を受けた日から2週間の不変期間であるが，判決言渡し後であれば送達前でも提起することができる（改正前285条，改正後285条）。控訴状には，当事者・法定代理人，原判決の表示およびこれに対して控訴をなす旨の記載が必要である（必要的記載事項。286条2項）。原判決の取消し・変更を求める事由（**控訴理由**）も具体的に記載すべきであり，この記載がない場合は控訴提起後50日以内に控訴理由書を提出しなければならない（規182条。ただし，任意的記載事項とされている）。控訴審裁判長は，控訴状の必要的記載事項や印紙の貼用を審査し，瑕疵があれば補正を命ずるが，補正がなされなかったときは控訴状を却下する（288条）。

(b)　附帯控訴

被控訴人は，控訴審の口頭弁論終結前まで控訴人の主張により限定された審判の範囲を拡張し自己に有利な原判決の変更を求めることができ，これを**附帯控訴**という（293条1項）。附帯控訴は，控訴の方式に準じて行われるが（同条3項），控訴に便乗し控訴に対抗するものであることから，控訴の取下げ・却下により効力を失う（同条2項本文）。ただし，附帯控訴が控訴要件を独自に満たしている場合は，独立した控訴とされる（独立附帯控訴。同項ただし書）。

(2) 控訴審の審理

第一審で行われた訴訟行為は控訴審においても効力を有することから（298条1項），裁判所は当事者に第一審での資料を控訴審の口頭弁論に上程させて（**弁論の更新**。296条2項）これを判決の基礎とし，さらに控訴審においても新たに判決に必要な資料を加えることもできる（**更新権**。297条・156条）。このように，第一審での資料に控訴審での新たな資料を付け加えて，原判決の当否を判断する審理構造を**続審制**という。

ただ，この更新権を無制限に認めると，第一審判決の軽視につながりやすく，また控訴審自体の審理の遅延を招くといった弊害が生じるおそれがあることから，控訴審裁判長は当事者の意見を聴いたうえで攻撃防御方法等の提出期間を定めることができるとともに，この期間を徒過した場合には当事者に期間内に提出できなかった理由の説明義務が課される（301条）。

控訴審での審理は，第一審の訴訟手続に準じ（297条），口頭弁論を開いて行われる（87条1項）。控訴審での口頭弁論は，第一審判決に対する不服申立ての限度で行われる（296条1項）。

(3) 控訴審の終了

(a) 控訴の取下げ・和解

控訴審の終局判決に至るまで控訴人は控訴を取り下げることができ（292条），これにより第一審判決が確定する（訴訟係属全体を消滅させたい場合は，訴えの取下げによらなければならない→第3章第1節1⇒168頁）。控訴審の口頭弁論期日に当事者双方が出頭しない場合は，1か月以内に新期日の申立てがなければ控訴の取下げが擬制される（同条2項・263条）。なお，上訴不可分の原則により控訴の一部取下げは認められない。

また，裁判所は，控訴審においても和解を勧試することができる（89条）。

(b) 終局判決

控訴が不適法でその不備を補正できない場合には，第一審裁判所の決定（287条）または控訴裁判所の判決（290条。口頭弁論は不要）により，**控訴却下**の裁判がなされる。呼出費用の予納がない場合には，控訴裁判所は，控訴却下の

決定を下す（291 条）。

　原判決が正当な場合には，控訴裁判所は，**控訴棄却**の判決を下す。原判決の理由が不当であると判断されるが，原判決の主文を維持すべき場合にも控訴棄却判決が下される（302 条）。

　他方，控訴に理由があり原判決を不当と認めるとき（305 条），または第一審の手続が法律に違反しているとき（306 条）は，控訴裁判所は，控訴を認容し原判決を取り消したうえで，自判，差戻し，移送のいずれかの判決を下す。**自判**とは，控訴審が第一審に代わって判決を下すことで，控訴審は事実審であることから，これが原則である。**差戻し**とは，第一審で審理をやり直させる場合をいい，これには，原判決が訴え却下であったために実体審理の審級の利益を守るための**必要的差戻し**（307 条）と，裁量的に第一審で審理し直すのが適当と認められた場合になされる**任意的差戻し**（308 条 1 項）とがある。移送とは，原判決についての専属管轄違反を理由に取り消す場合に，管轄権を有する第一審裁判所に直接事件を移送する場合をいう（309 条）。

(c) 原判決の取消し・変更の範囲

　上訴不可分の原則により，原審の全請求について移審効が生じるが，控訴裁判所が原判決の取消し・変更ができるのは，控訴の申立てがなされた部分に限られる（304 条）。その結果，控訴人は附帯控訴のない限り悪くても控訴を棄却されるだけで原判決以上に不利益な判決を受けることはなく（**不利益変更禁止の原則**），また，裁判所は原判決が不当であっても控訴人の不服申立ての範囲を超えて原判決より有利な判決を下してもいけない（**利益変更禁止の原則**）。これらの原則は，控訴審における処分権主義（246 条）の現れと一般には理解されている。この理解を前提とすると，処分権主義が適用されない境界確定訴訟（→第 1 章第 1 節 1 (2)コラム^{⇒29頁}）などにおいては不利益変更禁止の原則は妥当せず，また，職権ですることのできる訴訟費用の裁判や仮執行宣言などについても当事者の申立てに影響されない（67 条・259 条）。

　不利益変更禁止の原則の内容である利益・不利益は，申立てについての判決効を基準として決せられるので，訴訟物についての判断のみが問題となり，判決理由中の判断は問題とはならない。ただし，相殺の抗弁については判決理由中の判断であっても既判力が生じる（114 条 2 項）関係上，不利益変更禁止の原

則が妥当する。したがって，被告の予備的相殺の抗弁を認めて請求を棄却した原判決に対して，原告のみから控訴が提起され（被告からの附帯控訴はない），審理の結果，控訴裁判所が，訴求債権自体が存在していなかったと判断した場合，控訴審が第一審判決を取り消し，請求を棄却すると，相殺の基礎となる被告の自働債権の不存在の既判力も失われ，原告にとっては第一審判決より不利益が生じる。それゆえ，控訴裁判所は不利益変更禁止の原則に照らして，控訴棄却にとどめなければならない（最判昭和61・9・4判時1215号47頁〈百選107〉）。

3　上　告

(1)　上告審の構造と上告理由

　民事裁判においては，第一審が簡易裁判所の場合には高等裁判所が，第一審が地方裁判所の場合には最高裁判所が上告裁判所となる（311条1項）。

　控訴審判決に対する不服に理由があるかどうかについて上告審の判決を求める当事者の地位を**上告権**という。上告権は，上訴の利益と上告理由の主張によって基礎づけられる。上訴の利益の存否の判断基準については上述（→本節
⇒248頁
1(2)）のとおりなので，ここでは上告理由についてみてみる。

　上告理由とは，上告審が原判決を破棄すべき事由であり，この事由の提示を欠く上告は不適法として却下される。上告審が法律審であることから，この事由は法令違反（法令の解釈の誤りと法令の適用の誤り）に限られる。しかし，すべての法令違反が上告理由となるわけではなく，どのような法令違反が上告理由となるかについては，上告裁判所が最高裁判所か高等裁判所かで異なってくる。

(2)　上告の提起

(a)　上告受理の申立て（裁量上告）

　上告すべき裁判所が最高裁判所の場合で，原判決に最高裁判所の判例など先例と相反する判断がある場合やその他の法令の解釈に関する重要な事項を含む場合，これらは当然には上告理由とはならず，原判決に不服のある当事者は**上告受理の申立て**をしなければならない。そして最高裁判所が，上告受理の申立

てに理由があると認めた場合にのみ上告事件として扱われる（この判断は最高裁判所の専権事項である。最決平成11・3・9判タ1000号256頁）。このような制度を**裁量上告**制度といい，最高裁判所の負担軽減という趣旨から，現行法制定の際に導入された制度である（→序章第②節(1)(c)）。⇒18頁

　原判決に最高裁判所の判例など先例と相反する判断がある場合やその他の法令に関する重要な事項を含む場合，当事者は原裁判所に対し判決書（電子判決書）等の送達を受けた日から2週間の不変期間内に（313条・285条）上告受理の申立書を提出する（318条5項・314条1項。上告受理の申立てには確定遮断効がある〔116条2項〕）。原裁判所の裁判長は，申立書についての審査権を有し，申立書を却下することができる（318条5項・313条・288条・289条2項）。申立書に申立ての理由の記載がない場合は，所定の期間内に（規199条2項・194条）上告受理申立理由書を提出しなければならず，また申立ての理由は具体的に記載しなければならない（318条5項・315条，規193条）。申立てが不適法でその不備を補正できない場合や，上告受理申立理由書が提出されないかまたはその記載が具体的でないことが明らかな場合には，原裁判所は決定で上告受理の申立てを却下しなければならない（318条5項・316条1項）。

　原裁判所から事件を送付された最高裁判所は，上告受理の申立てに理由があると認めた場合には上告受理決定を下す（318条1項。逆に受理しない場合は不受理決定が下される）。上告受理決定がなされると，上告があったものとみなされ，以後は通常の上告手続と同様の手続が進められる。なお，最高裁判所は上告受理決定に際し，上告受理の申立ての理由の中で重要でないと認めるものを排除することができる（同条3項）。

　上告受理の申立ての相手方は，附帯上告受理申立てをすることができる（318条5項・313条・293条）が，上告受理の申立てにつき不受理決定が下された場合には，附帯上告受理の申立ては，独自に上告受理申立ての要件を備えない限り，その効力を失う（最決平成11・4・8判タ1002号132頁）。

(b)　権利上告

　高等裁判所に対する上告の場合は，①憲法違反（312条1項），②絶対的上告理由（同条2項），および③判決に影響を及ぼすことが明らかな法令違反（同条3項）を理由として権利として上告をすることができる。これを**権利上告**とい

う。これに対し，最高裁判所に対する上告の場合は，前述のように③は上告理由とはならず上告受理申立ての理由になるにすぎないが（318条），①②については上告理由となる。

権利上告においては，上告人は，控訴と同様に判決書（電子判決書）または調書判決の場合の調書（電子調書）の送達を受けた日から2週間の不変期間内（313条・285条）に，上告状を原裁判所に提出しなければならない（314条1項）。上告状の記載事項は控訴状に準ずるが，上告状に上告理由を記載しなかったときは，所定の期間内に（規194条），上告理由書を原裁判所に提出しなければならない（315条，規193条）。控訴の場合とは異なり，上告理由の記載は絶対的記載事項であるが，これは上告審が法律審であるためである。

上告状に不備があり補正命令があったにもかかわらず補正がない場合は，上告状を却下する（314条2項・288条・137条）。上告が不適法でその不備を補正できない場合や，所定期間内に具体的な上告理由が主張されない場合は，上告を却下する（316条1項・317条1項）。上告が却下されない場合は，上告状および上告提起通知書が被上告人に送達され（規189条），これにより事件は上告審に移審する。

被上告人は，原判決を自己に有利に変更することを求めて附帯上告を提起することができる。附帯上告については附帯控訴の規定が準用される（313条・293条）。

(3) 上告審の審理

上告審では職権調査事項を除いて，上告理由に示された不服申立ての限度で原判決の当否について審理する（320条・322条）。上告審は法律審であるから，原審までで確定された事実に基づいて審理する（321条）。審理は，原則として書面審理によるが，上告を認容する場合は口頭弁論を開かなければならない（319条）。ただし，近時では，上告審が原判決を破棄する場合において口頭弁論を必ずしも要さないとする裁判例もみられる（最判平成14・12・17判タ1115号162頁，最判平成18・9・4判タ1223号122頁，最判平成19・1・16判時1959号29頁など）。

上告審である最高裁判所は，上告理由が明らかに憲法違反および絶対的上告

理由に該当しないと認められる場合には，口頭弁論を開かずに決定で上告を棄却できる（317条2項）。上告審手続には，特段の規定がない限り控訴審手続についての規定が準用される（313条）。

⑷　上告審の終了

(a)　終局判決

書面審理のうえ，上告裁判所により上告理由が認められなければ，口頭弁論を開かずに上告棄却判決が下される（319条）。上告理由が正当と認められる場合でも結論において原判決の結論を維持できる場合には，やはり上告棄却となる（313条・302条2項）。

他方，上告理由が認められる場合には，上告を認容し原判決を破棄する。この場合，控訴認容の場合と同様，自判，差戻し，移送のいずれかがなされる（325条1項）。また，上告理由とされた事由以外の原判決に影響を及ぼすことが明らかな法令違反があると最高裁判所が認めた場合にも，原判決は破棄され，自判，差戻し，移送のいずれかがなされる（同条2項）。

原判決の確定した事実だけで原判決に代わる裁判ができる場合には，上告裁判所が自ら自判する（326条）が，上告審が法律審であることから控訴の場合とは異なり，差戻しが原則である。差戻しまたは移送を受けた原裁判所は，当該事件の控訴審として改めて口頭弁論を再開する（325条3項前段）。従前の訴訟手続については，破棄理由として違法とされていない限り効力を有する（313条・308条2項）。

差戻しまたは移送を受けた裁判所が再び審判をする際には，上告裁判所が破棄の理由とした法律上および事実上の判断に拘束される（325条3項後段，裁4条）。これを**破棄判決の拘束力**という。このような拘束力が認められるのは，破棄された判決と同一の判決が繰り返されるのを防止するためである。

(b)　上告の取下げ

上告審は，上告人の上告取下げによっても終了する（313条・292条）。

4 抗 告 ─────────────────────────────●

(1) 抗告の意義・種類

抗告とは，判決以外の裁判である決定・命令（→第**3**章第②節**1**(**1**)）に対して^{⇒177頁}認められる独立の簡易な上訴をいう。手続の進行に関係する事項や審理から派生する事項の解決のすべてを上級審まで持ち越すとなると，手続が複雑になり訴訟経済にも反する。そこで，事件の本体との関連があまり強くなく切り離して解決できる事項で，迅速に確定して手続を進めるのが適当なものなどについて，法は抗告という独立した上訴手段を認めているのである。

民事訴訟法に規定されている抗告にはさまざまなものがあるが，以下のように分類して理解するのが一般的である。

(a) 通常抗告・即時抗告

通常抗告は，抗告期間の定めはなく，原裁判の取消しを求める利益（抗告の利益）がある限りいつでも提起できる。これに対し，**即時抗告**は，迅速性の要請より，裁判が告知された日から1週間（不変期間）という抗告期間が定められ（332条），即時抗告できる場合については，法が個別に規定を置いている（21条・25条5項・69条3項・改正前71条7項，改正後71条8項・86条・199条2項・223条7項など）。また，即時抗告には執行停止効がある（334条1項）。

(b) 最初の抗告・再抗告

審級による区別であり，**最初の抗告**とは，決定・命令に対してはじめてなされた抗告をいい，**再抗告**とは，最初の抗告に対する抗告審の終局決定に対して，憲法違反や法令違反を理由に法律審に対してなされる抗告をいう（330条）。ただし，最高裁判所に対する再抗告は認められず（裁7条2号参照），代わりに許可抗告制度（(**4**)）が設けられている。^{⇒258頁}

(2) 抗告の提起

原裁判により不利益を受ける当事者または第三者（抗告の利益を有する者）は，抗告状を原裁判所に提出して抗告を提起する（331条・286条）。**抗告状**に原裁判の取消し・変更を求める事由の具体的な記載がない場合は，抗告提起後14日

以内に**抗告理由書**を原裁判所に提出しなければならない（規207条）。抗告が不適法でその不備を補正できないことが明らかな場合には，原裁判所は抗告を却下できる（331条・287条）。抗告が却下されないときは，原裁判をした裁判所または裁判長は改めて自ら抗告の当否を審査し（**再度の考案**），理由があると認めれば原裁判を更正（変更）することができる（333条）が，この機会に自ら更正しない場合には，事件を抗告裁判所に送付する（規206条）。

┃ (3)　抗告審の審理・終了 ┃

　抗告審は決定手続であることから，口頭弁論を開くか否かは抗告裁判所の裁量による（87条1項ただし書）。口頭弁論を開かない場合にも，裁判所は裁量で抗告人・相手方，およびその他の利害関係人を審尋することができる（335条）。抗告審の手続には，原則として控訴審に関する規定が準用される（331条本文）。抗告審の裁判は，常に決定の形式でなされる。

┃ (4)　最高裁判所への許可抗告 ┃

(a)　意義と問題点

　平成8年の現行法制定以前では，最高裁判所に対する抗告は，憲法違反を理由とする**特別抗告**しか存在しなかったため，高等裁判所のした決定・命令について再抗告をして法令解釈の統一を図るということができなかった。しかしながら，決定・命令事件の中にも重要な法律問題が含まれているものは多く，これらについても最高裁判所による法令解釈の統一の必要性が求められていた。そこで現行法は，高等裁判所の下した決定・命令について，最高裁判所等の判例と相反する判断がある場合その他の法令解釈に関する重要な事項を含むと認められる場合には，その高等裁判所が最高裁判所への抗告を許可し最高裁判所への抗告を認めるとする，**許可抗告**という制度（337条）を設けた。

　許可抗告制度のもとでは，抗告を許可するか否かの判断を原裁判所である高等裁判所自身がすることから，裁判の公正さに疑義が生じるのではないかといった懸念も当初は表明されていたが，今日では，最高裁判所に対する抗告が許可される事件も多数見られる（平成10年以降の文書提出命令に関する最高裁決定の多さ〔→第**2**章第**4**節**2**(7)(e)〕⇒147頁はこの制度の成果によるものといえる）ことから，

今日ではこの点はさほど問題ではない。とはいえ，許可抗告制度は，抗告を許可するか否かの基準を先例との整合性に求めるものであるがゆえに，抗告が許可されてひとたび最高裁判所による判例の統一がなされると，その事項についてはその後の新たな判例変更の可能性が閉ざされかねないという危険性がこの制度には内包されているという点には留意しておく必要があろう。

(b) 手 続

抗告許可の申立ては，上述の例外を除いた高等裁判所の決定・命令につき，最高裁判所の判例（これがない場合には，大審院または上告裁判所もしくは抗告裁判所である高等裁判所の判例）と相反する判断がある場合やその他の法令の解釈に関する重要な事項を含むと認められる場合にすることができる（337条2項）。申立ては，原裁判の告知を受けた日から5日の不変期間内に（同条6項・336条2項），申立書を高等裁判所に提出して行う（337条6項・313条・286条）。申立書には，抗告許可申立ての理由の記載が強制され（337条6項・315条），その記載は，抗告許可申立書または抗告許可申立理由書に具体的にしなければならず，判例違反を理由とする場合にはその判例を具体的に摘示しなければならない（規209条・192条・193条）。

申立てを受けた高等裁判所は，申立てを適法と認めるときは，許可理由の有無につき審査を行い，許可理由ありと認めた場合には，抗告の許可決定をしなければならない（337条2項）。この際，高等裁判所は，許可申立ての理由中に重要でないと認めるものがある場合には，これを排除することができる（同条6項・318条3項）。

高等裁判所が抗告を許可したときは，最高裁判所への抗告があったものとみなされ（337条4項），以後の手続は特別抗告に準ずる（同条6項）。したがって，事件の送付を受けた最高裁判所は原則として書面審理を行い，裁判に影響を及ぼすことが明らかな法令違反がある場合には，原裁判を破棄する（同条5項）。

CHECK

1 上訴制度の種類について，原裁判の違いや第一審の受訴裁判所の違いなどを踏まえて説明しなさい。

2 XのYに対する1000万円の支払を求める給付訴訟において，YがXに対して有する1000万円の金銭債権を反対債権とする相殺の抗弁を提出したところ，第一審は，Yの相殺の抗弁を認め，XのYに対する請求を棄却した。これに対しXが控訴を提起し，Yが控訴も附帯控訴も提起しなかったところ，控訴審は，XのYに対する金銭債権は弁済によって消滅しているとの心証に至った。この場合，控訴審はいかなる判決を下すべきか。

 再　審

　　終局判決が確定すると既判力が生じ，同一当事者は既判力の生じた事項についてこれと矛盾する主張をすることは禁じられるが，判決が確定した場合であってもこれを維持したままにすることが法的正義の見地から看過しがたいような場合には，再審という非常の救済手段が認められている。既判力による法的安定の要請との関係上，どのような場合にこの非常の救済手段が認められるかをまずは確認しておく必要がある。そのうえで，再審の手続について見ていくことにする。

1　再審の意義

　再審とは，いったん確定した終局判決を取り消して，審理をやり直すことを目的とする非常の不服申立方法である。なお，確定した決定・命令に対しても再審は可能であり，講学上これを準再審という（349条）。
　判決のなされた訴訟手続やその資料に重大な欠陥があったことが判決の確定後に発見された場合であっても，もはや既判力により取消し・変更ができない

とすると，不当な判決により当事者の権利が侵害されるばかりか，正義に反し国民の裁判に対する信頼を損なうことにもなる。とはいえ，確定判決の取消し・変更を徒に認めることは，法的安定の観点からは好ましいことではない。そこで，法的正義と法的安定との調和を図るべく，法は特に重大な再審事由を制限列挙し（338条1項），その事由があるときに限り一定期間（再審期間。342条）内に再審の訴えを提起することを認めているのである。

2 再審の要件

(1) 再審事由

再審事由とは，確定判決の瑕疵でその存在ゆえにそのまま放置しておくことは是認できず，再審理すべきと考えられるほど重要な事由で，民訴法338条1項がこれを制限的に列挙している。

再審事由については，従来，①重要な手続上の瑕疵に関するものと，②裁判の基礎に関係する瑕疵に関するものとに分類されるとされてきた。①に該当するものとしては，法律違反の判決裁判所の構成（338条1項1号），判決に関与できないはずの裁判官の関与（同項2号），代理権の欠缺（同項3号）が，②に該当するものとしては，文書偽造・偽証などの犯罪行為の存在（同項4号〜7号，これらを再審事由とするときは有罪の確定刑事判決が必要である。同条2項），判決の基礎となった裁判自体に変更があったこと（同条1項8号），判断遺脱（同項9号），原判決の内容と矛盾する先行判決の存在（同項10号），がある。

もっとも今日では，3号の再審事由は単に代理人の代理権欠缺等だけではなく，実質的に見て当事者に対する手続保障を欠いていたような場合にも再審事由として用いることを認める裁判例があり，同号の拡張的解釈・運用という傾向が見られる。たとえば，事実上の利害関係の対立のある同居人に対してなされた訴状等の補充送達は有効としつつ，手続関与の機会が与えられていなかったとして3号の再審事由が認められた裁判例（最決平成19・3・20民集61巻2号586頁〈百選38〉）などがある。

再審によれば確定判決といえどもいつでも取消し・変更が可能というのでは，法的安定の観点からは問題である。そこで，代理権欠缺を理由とする場合と矛盾する先行判決の存在を理由とする場合を除き（342条3項），判決確定後再審事由の存在を知った日から30日以内に（同条1項），また，原則として判決確定の日から5年以内に（同条2項），再審の訴えを提起するよう，提訴期間が制限されている。これを**再審期間**といい，前者の期間は不変期間であり，後者の期間は除斥期間である。

(3) 再審の補充性

再審事由を既に前訴の上訴手続で主張していたが斥けられた場合，またはその存在を知りながら主張しなかったときは，もはや再審の訴えを提起することができない（338条1項ただし書）。これを**再審の補充性**という。これは，再審の訴えの提起に至るまでにその瑕疵を主張しうる機会があったにもかかわらず，後になってからそれを主張することを規制することで，再審の濫訴を防止し，確定勝訴判決を得た相手方当事者の地位の安定を図る趣旨である。

3　再審の手続

再審の訴えは，再審期間内に不服申立てに係る判決をした裁判所に対して提起しなければならない（340条1項）。再審の訴状には，当事者・法定代理人，不服申立てに係る判決の表示およびそれに対し再審を求める旨のほか，不服の理由（再審事由）を記載しなければならない（必要的記載事項。343条）。

再審の申立てを受けた裁判所は，まず再審の訴えの適法要件を審査し，これを欠く場合には，訴え却下決定を下す（345条1項）。また，再審事由が認められない場合には，請求棄却決定を下す（同条2項）。この再審棄却決定が確定すると，同一の再審事由を理由として再度再審の訴えを提起することはできない（同条3項）。逆に，再審事由の存在を認めるときは，相手方を審尋したうえで再審開始決定を下す（346条）。ここまでの手続（再審開始決定手続）は，非公開

の決定手続で行われる。

　再審開始決定手続が確定すると，不服申立ての限度で本案の審判に移行する（本案再審判手続。348条1項）。本案再審判手続での口頭弁論は，以前の訴訟の復活でありその続行である。再審理の結果，前訴の判決内容を正当と認めるときは，請求棄却判決を下す（同条2項）。逆に，前訴の判決内容を不当と認めるときは，前訴の確定判決の取消しをしたうえで，新しい内容の判決を言い渡さなければならない（同条3項）。

　このように現行の再審制度は，再審開始決定手続において再審の許否をまず判断し，再審事由が存在する場合にはじめて本案の再審理に入るという2段階構造を採用している。

4 詐害再審

　前訴における訴訟当事者が共謀して第三者の利益を害する内容の判決を得ようとする訴訟（馴れ合い訴訟）や，被告となる者に訴訟追行の意欲がないことを利用して，原告が単独で第三者の利益を害する判決を得ようとする訴訟など第三者を害する内容の判決を取得する訴訟（詐害訴訟）が行われ，その結果，第三者の権利を不当に害する判決効が及ぶような結果となった場合に，当該第三者を救済するために再審を認めることができるか（詐害再審ないしは第三者再審）という問題をめぐり，民事訴訟法学においては従前より多くの議論がなされてきた。

　もともと詐害再審という制度は，旧々民事訴訟法（明治23年法律第29号）においては明文で定められていたものであるが，旧民事訴訟法（大正15年法律第61号）の制定の際に削除され，現行民事訴訟法（平成8年法律第109号）もこれを踏襲したため，詐害再審を一般的に認める旨の規定は現在では存在しない。

　これに対し，近年の裁判例（最決平成25・11・21民集67巻8号1686頁〈百選113〉）においては，①判決効の拡張によって自己の権利を害されるとする第三者は，詐害防止参加（47条1項前段）の申出をするとともに再審の訴えを提起することによって，再審の訴えの原告適格を取得する，②判決効の拡張を受ける第三者に訴訟係属の事実が知らされず当該第三者の訴訟参加の機会が奪われ

ており，反面，訴訟の当事者による真摯な訴訟追行がなされていなかったといった，第三者に確定判決の効力を及ぼすことが手続保障の観点から看過することができない場合には，上記確定判決には，民訴法338条1項3号の再審事由がある，という判断が示されており，一定の要件のもとに，第三者による詐害再審が現行法の解釈論の枠内において認められることとなった。

CHECK

1 再審の手続の流れについて，その手続構造に留意しながら説明しなさい。

2 妻Aは，夫X名義のクレジットカードを無断で使用してきた。その後，クレジット会社YからXに対して提起された立替金支払請求訴訟にかかる訴状等をAが受領したため（補充送達→第1章第4節2(3) ⇒78頁），Xが同訴訟係属の事実を知らないまま，Y勝訴の判決（調書判決→第3章第2節3(2) ⇒184頁）が言い渡され，これが確定した。このような場合のXの不服申立ての方策について検討しなさい（→本節 ⇒261頁 2(1)，第2章第2節4(3)(b)コラム ⇒113頁）。

第**6**章

簡易裁判所の手続

　本章では，これまで見てきた地方裁判所以上の手続と比較して，軽微な紛争を扱い，市民に身近な存在である簡易裁判所の手続を紹介する。まず，通常訴訟でも簡裁を第一審とする場合，地裁の手続とどのような違いがあるか確認しよう。さらに一定額以下の金銭請求については，法律の素人である当事者本人でも，自分で訴訟手続を進めて速やかに和解を成立させたり判決を得ることができる手続（少額訴訟手続）もある。この手続を知ることが本章の中心となる。このほか，必ずしも両当事者が裁判所に出てくることなく，債権者の言い分だけを聴いて債務者に対して債権者に支払えと督促を発すること（督促手続），当事者間で訴え提起前にした和解の記録を裁判所に残すことにより，それが強制執行の債務名義となる手続も見ていこう。

1　簡易裁判所の通常手続 ————————————————●

　簡易裁判所は，もともと，少額で軽微な紛争を簡易な手続で迅速に調整することを目的として設置されている（270条）。そのため，民事の通常訴訟は訴額が140万円以下の事件が簡裁，それ以外の事件が地裁を第一審裁判所として管轄することになっており（裁33条1項1号）（**事物管轄**→第1章第③節**3(1)**），地裁における第一審手続に対して，いくつかの特則が設けられている。

　①口頭による訴えの提起が認められ（271条），請求原因に代えて紛争の要点を明らかにすれば足りる（272条）。なお，口頭弁論でも準備書面が要求されてはいない（276条）。ただ実務上は，当事者が簡裁に用意されている定型訴状（裁判所のウェブサイトで参照可能）を用いることができ，規定の趣旨を生かしながら使いやすい手続が工夫されている。②当事者が期日に出席しない場合，地裁では**陳述擬制**が第1回期日に限って認められているが（158条）（**不熱心訴訟追行**→第2章第②節**3(2)**），簡裁では続行期日でも認められる（277条）。③証拠調べについても証人などの尋問に代えて書面の提出で済ませることもできる（278条）。令和4年IT化改正により，**ウェブ会議**による証人や当事者本人尋問（277条の2〔新設〕），鑑定人の意見陳述にも尋問に代わる書面提出が可能となる（278条2項〔新設〕）。④金銭支払請求訴訟で，被告が原告の主張を争わない場合には，原告の意見を聴いたうえで，裁判所が被告の資力その他の事情を考慮して，5年以内の期限猶予または分割払を命ずる**和解に代わる決定**をすることができる（275条の2）。⑤和解の補助または事件に関する意見聴取のために，職業裁判官ではない**司法委員**を審理に関与させることもできる（279条，規172条）。このように簡裁の第一審手続は当事者本人に身近なものとして設計されているが，現実の運用では専門技術性が高くなり，ミニ地裁化して利用しにくくなっていると批判されてきた。

　なお，平成14（2002）年から，認定を受けた**司法書士**が簡裁において訴訟代理ができるようになった（司書3条1項6号・2項→序章第②節**(2)(b)**コラム，第1章第②節**4(3)(b)**）。それまでは訴訟につき書面作成や法的アドバイスという形での当事者本人のサポートしか認められていなかったところ，弁護士と並んで訴訟代理権が認められたわけである。今後，司法書士の代理のあり方，運用の仕方

によっては，さらに簡裁の専門化が進み地裁の手続に接近するか，簡裁の当初の理念を実現する市民のための手続として再生するかが分かれてくるだろう。

2　少額訴訟手続 ────────────────────●

(1)　意　義

　民事訴訟を利用者にわかりやすく使いやすいものにすることを目指して現行法が制定されるにあたり，市民に最もアピールする制度として設けられたのが**少額訴訟手続**（→序章第 2 節(1)(c)）^{⇒18頁}である。たとえば，借りたマンションの 1 室を引き払おうとするとき，特に不都合なく部屋を使用していたのに不動産賃貸業者が敷金をほとんど返さないとか，アルバイト代 7 万円が 2 か月も未払であるといった日常的なトラブルは，訴訟の場に訴えることができるとはいえ，弁護士や司法書士に依頼すると，そのコストが割に合わない。このような場合，当事者本人が自分の手で訴訟を使い，簡易・迅速に紛争を調整できるように，当初は訴額 30 万円以下の金銭請求について，原則として 1 回の口頭弁論期日で審理を終え，直ちに判決を言い渡す，この手続が創設された。順調な事件数の増加，手続運用を背景に，平成 15（2003）年改正により訴額の上限が 60 万円に引き上げられている（368 条 1 項）。利用者として主に一般市民を対象とするため，少額訴訟手続を利用できる回数を年間合計 10 回に制限して（368 条 1 項ただし書・3 項，規 223 条），業者の利用を抑えている。

(2)　少額訴訟の手続

(a)　手続の選択

　訴額が 60 万円以下の事件であれば当然に簡裁の管轄に属するところ，このうち金銭支払請求であれば，原告は前述 **1** の通常手続によるか少額訴訟によ^{⇒266頁}るか選択できる。訴額は同等でも物の引渡しや権利の確認などの請求は少額訴訟手続を利用できない。原告は，少額訴訟手続を利用したい場合には，訴え提起のときにその旨の申述をしなければならない（368 条 2 項）。これに対し，被告側も，少額訴訟手続ではなく通常訴訟の手続を選択することができる（373

条1項）。すなわち，最初の口頭弁論期日において弁論をする前に，被告が通常手続にしてほしいと申述すれば，原告が少額訴訟として訴えていても，自動的に通常手続に移行する（同条2項）。両当事者にこのような手続選択権があることを理解してもらうため，裁判所書記官は口頭弁論期日の呼出しの際に少額訴訟の手続内容を説明した書面を各当事者に送り，裁判官も口頭弁論期日の冒頭に当事者に対して所定の手続説明を行うことになっている（規222条）。

このほか，裁判所も，少額訴訟の要件を満たさないとき，被告の住所・居所が不明で普通の送達により期日の呼出しができないとき，事件が複雑であるなど少額訴訟の審判が相当でないと認めるときは，職権で訴訟を通常手続に移行させる決定をしなければならない（373条3項）。

(b) 審理と判決言渡し

少額訴訟には，法律の素人である当事者による**本人訴訟**が多いので，そのことに配慮した次のような特徴がある。①少額訴訟では，原則として最初に開かれる口頭弁論期日において審理を完了することが求められている（**一期日審理の原則**。370条）。そのため，反訴（146条）は許されない（369条）。証拠調べも，即時に取調べできる証拠に限られる（371条）。②尋問手続では証人の宣誓を省略でき，尋問の順序も裁判官が柔軟に調整できるように定められている（372条1項2項）。③口頭弁論が終わると，裁判所は直ちに判決を言い渡すのが原則である（374条1項）。判決書を作成する時間もないから，判決書の原本（電子判決書）を作成せず，**調書判決**（→第3章第2節3(2) ^{⇒184頁}）で簡易に言い渡してよい（374条2項）。また，請求認容判決には，職権で仮執行宣言が付される（376条1項）。

(c) 支払猶予・分割払判決

少額訴訟手続では，被告の資力その他の事情を考慮し，必要に応じて支払期限を猶予したり，分割払を命じる判決ができる（375条）。被告の資力が乏しい場合などは，単に支払を命じる通常の判決方法では不親切である。できるだけ被告が判決に従って任意に支払い，原告が強制執行を申立てをしなくて済むように，支払方法まで考えた判決が出せるようにしたのである。

従来，このような措置は，本来すぐに一度に支払を受けることができる原告の実体権の内容を変更することになり，和解ではできても判決では許されない

と考えられてきた。少額訴訟でも当然に和解が可能であり，実際に活用されてもいるが，それにとどまらず判決でもこのような和解的な調整ができるようにしたことは注目される。それでは，なぜこのような判決が正当化できるのか，少額だから例外が許されるというのでは理由にならない。根拠としては，原告が少額訴訟を選択しているので，裁判所の合理的判断に委ねることに黙示の同意をしているという考え方や，事実上被告が倒産に近い状態にあるのだから実体権を変更できるという考え方などもある。しかし，審理において実際に，実体権の有無だけでなく，その発生経緯やその後の返済などの当事者関係，被告の現状と将来の返済の見通しなどが話し合われるので，その弁論過程を反映した結論を出すのはむしろ当然であるとの考え方が妥当であろう。

(d) 不服申立て

少額訴訟は，一審限りで，判決に控訴することはできない（377 条）。その代わりに，その判決をした簡裁に，（電子）判決書または（電子）調書判決の場合の調書送達後 2 週間以内なら，異議を申し立てることができる（378 条 1 項）。適法な異議申立てがあると，訴訟は口頭弁論終結前の状態に戻り，通常手続による審判がなされる（379 条）。なお，異議後の判決に対しても控訴できない（380 条）。

(e) 強制執行

少額訴訟によって請求認容判決を得ても，被告が任意に支払ってくれなければ，原告はさらに強制執行の手続を申し立てる負担がある。そこで，まず，少額訴訟によって成立した和解調書や確定判決（**債務名義**。民執 22 条）により強制執行を申し立てる場合には，通常は必要な債務名義どおりの執行力の存在を公証する文書＝**単純執行文**を，例外的に不要とし，原告（＝執行法上は債権者）の負担を軽減している（民執 25 条ただし書）。

さらに平成 16（2004）年の民事執行法の改正により，少額訴訟の債務名義に基づく強制執行については，簡裁において裁判所書記官が執行処分を行うことができる，**少額訴訟債権執行**の制度（民執 167 条の 2 ～ 167 条の 14）が設けられた。通常なら，強制執行は地裁や地裁に所属する執行官が実施する。そうすると，少額訴訟の原告＝執行債権者は，債務名義を作成したのとは別の裁判所を探して申立てを行わなければならない。しかし，少額債権執行の手続なら，

原則的に債務名義を作成した裁判所の書記官に申し立てればよく，比較的容易である。なお，この強制執行の手続につき代理人を付ける場合は，弁護士に限られず，簡裁の民事訴訟手続について代理ができる資格を持った**司法書士**（司書3条2項）に委任することもできる（同条6項・1項6号ホ→本章**1**）。^{⇒269頁}

3 督促手続 ─────────────────────────────────●

(1) 意 義

　相手が債務のあることを争わないけれども履行もしない場合，通常の訴訟手続によるのでは，当事者に過大なコストがかかる。そこで，金銭その他一定の給付請求権については，簡易な手続で迅速に強制執行ができる文書＝**債務名義**（民執22条4号7号）を取得できるようにしたのが**督促手続**である。実務では，クレジット業者や消費者金融業者などによる一般消費者に対する少額債権の取立てをはじめ，相手方が争ってこないだろうと予測される事件で非常によく利用されている。この手続は，債権者の言い分だけしか聴かず，請求内容の当否についての実質的な審理を省略して，簡裁の**裁判所書記官**が「支払え」という督促を，いきなり債務者に対して発する手続である。これを受けた債務者は，もし言い分があるなら，自分のほうから督促異議を申し立てることになり，これにより通常の訴訟手続に移行する。

　このような簡略な手続でも事後に取り返しがつくように，督促手続の対象は金銭その他の給付請求に限定されている（382条）。また，債務者に督促異議の申立ての機会を保障するため，支払督促を日本国内で現実に送達できること，すなわち**公示送達**（110条以下→第1章第4節**2**(2)(d)）によらないことが要件である（382条ただし書）。^{⇒77頁}

　なお，民事訴訟手続では平成16（2004）年の改正により**オンライン申立て**を可能とする規定が導入されていたが（改正前132条の10→第1章第4節**1**(2)），手続全体のオンライン化が定められていたのは督促手続に限定されていた（改正前397条～402条）。東京簡裁の裁判所書記官に対しては，383条による土地管轄が他の裁判所にある事件でも，支払督促を申し立てる際にあらかじめ電子^{⇒72頁}

証明書取得などの事前準備を経たうえで，インターネットを利用し，督促オンラインシステムのフォームに従って申立てができ，その後もオフィスに居ながらにして手続を進めることができる。これは主に業者が利用する。令和4年IT化改正により，オンラインによる告知は（改正前399条3項），債権者の同意があれば**システム送達**（109条の2〔新設〕→第1章第④節**2**(2)(e)）⇒77頁 の規定に統合され，告知の発効時の規定のみが残る（改正後399条）。

▌(2) 支払督促の手続 ▌

(a) 申立てから発令・発達まで

支払督促の申立ては，請求の価額に関係なく，債務者の普通裁判籍所在地（4条→第1章第③節**3**(2)(a)）⇒60頁 の簡裁書記官に対してする（383条・397条）。申立てが要件を備えていないこと，申立ての内容が不当な請求であることが明らかになれば，裁判所書記官は申立てを却下するが（385条），そうでない限り，債務者を審尋することなく（386条1項），直ちに債権者の申立てどおりの金額を支払えとする支払督促（387条）を発する。令和4年IT化改正により，**オンライン申立て**がされた場合だけでなく（改正前400条・132条の10ただし書），書面による申立ての場合も電子支払督促となり（改正後387条1項），書記官がファイル記録することとなる（同条2項〔新設〕）。発せられた支払督促（以下，改正法施行後は電子支払督促）は債務者に送達され，送達時に効力を生ずる（388条1項2項）。

これに対し，債務者が(b)で述べる督促異議をしないときは，債権者は，さらに裁判所書記官に申し立てて，支払督促に「仮に執行することができる」という宣言を付けてもらうことができ，この**仮執行宣言**を記載した支払督促が当事者に送達される（391条）。そして債権者は，この仮執行宣言付支払督促を債務名義として（民執22条4号・25条）強制執行の申立てをし，債務者の財産を差し押さえ，強制執行によって金銭の支払を受けることができる。仮執行宣言付支払督促の送達を受けた債務者が，2週間以内に督促異議の申立てをしないときは，督促手続は終了し，支払督促は確定判決と同一の効力＝執行力を有するに至り，これも債務名義となる（396条，民執22条7号）。

(b) 督促異議

債務者は，自分の言い分を聴かずに発せられた支払督促に対し，発令した裁判所書記官の所属する簡裁に**督促異議**を申し立てて，通常訴訟の審判を求めることができる。この督促異議は，①支払督促の送達から2週間以内（386条2項）と，②仮執行宣言付支払督促の送達後2週間以内（393条），つまり仮執行宣言の前と後にできる。

①の段階で申立てがあれば，支払督促は失効し（390条），支払督促の申立て時に訴えの提起があったものとみなされ，訴訟に移行する（395条・398条）。すなわち，訴額に応じて，その簡裁またはその所在地を管轄する地裁に訴えが提起されたものとして，当然に通常の訴訟手続が始まる。

②の段階で督促異議の申立てがあるときも，①同様，訴訟に移行する。ただし，この場合に支払督促に基づく強制執行を止めるには，別に執行停止の仮の処分が必要である（403条1項3号）。

なお，督促異議の申立てを受けた裁判所は，異議を不適法と認めるときは，それを決定で却下しなければならない（394条）。

4　訴え提起前の和解 ————————————————————●

民事の紛争については訴額にかかわらず，当事者が，訴えを提起する前に，簡易裁判所に和解を申し立てて紛争の調整を図る制度を**訴え提起前の和解**という（275条→第**3**章第⓵節**3**(1)）。通常は，当事者間ですでに作り上げていた裁判外の和解を，こうして裁判所で調書に記載してもらい，確定判決と同一の効力，主に執行力を獲得することをねらっている。この手続により，債権者は債務者が任意に債務を履行しない場合に直ちに強制執行ができる**債務名義**を簡易・迅速に取得できる。

当事者は，請求の趣旨・原因のほか，争いの実情を表示して，相手方の普通裁判籍（4条）の所在地の簡裁に和解を申し立てる（275条1項）。裁判所が両当事者を呼び出して，成立した合意を和解調書に記載する（規169条）。和解が不調に終わった場合，期日に出席した当事者双方の申立てがあれば，和解申立て時に訴えの提起があったものとみなして，裁判所は直ちに弁論を命じることに

なる（275 条 2 項）。

CHECK ━━

1　簡易裁判所における通常手続と地方裁判所の手続，簡易裁判所の通常手続と少
　　額訴訟手続とはどのような違いがあるか，整理しなさい。

2　少額訴訟手続に限り許される特別の判決とはどのようなものか確認したうえで，
　　それが許されるのはなぜか，根拠を検討しなさい。

事 項 索 引 ■

判 例 索 引

高等裁判所

【有斐閣ストゥディア】

民事訴訟法〔第3版〕

Civil Procedure, 3rd ed.

2014 年 4 月 15 日 初 版第 1 刷発行	2023 年 3 月 30 日 第 3 版第 1 刷発行
2018 年 2 月 25 日 第 2 版第 1 刷発行	2024 年 9 月 30 日 第 3 版第 4 刷発行

著 者 安西明子・安達栄司・村上正子・畑 宏樹

発行者 江草貞治

発行所 株式会社有斐閣

〒101-0051 東京都千代田区神田神保町 2-17

https://www.yuhikaku.co.jp/

装 丁 キタダデザイン

印 刷 萩原印刷株式会社

製 本 大口製本印刷株式会社

装丁印刷 株式会社亨有堂印刷所

落丁・乱丁本はお取替えいたします。定価はカバーに表示してあります。
©2023, A. Anzai, E. Adachi, M. Murakami, H. Hata.
Printed in Japan ISBN 978-4-641-15110-9